添富书库
CUAM COLLECTION

汇添富基金·世界资本经典译丛

华尔街的陷阱

——顶级资金经理人关于规避危险产品的洞见

西蒙·拉克
(Simon Lack) 著

张月 徐轲 译

上海财经大学出版社

图书在版编目(CIP)数据

华尔街的陷阱:顶级资金经理人关于规避危险产品的洞见/(美)西蒙·拉克(Simon Lack)著;张月,徐轲译.—上海:上海财经大学出版社,2019.5
(汇添富基金·世界资本经典译丛)
书名原文:Wall Street Potholes: Insights from Top Money Managers on Avoiding Dangerous Products
ISBN 978-7-5642-3103-3/F·3103

Ⅰ.①华… Ⅱ.①西… ②张… ③徐… Ⅲ.①金融产品-风险管理 Ⅳ.①F830

中国版本图书馆 CIP 数据核字(2018)第 195071 号

图字:09-2016-179 号

Wall Street Potholes

Insights from Top Money Managers on Avoiding Dangerous Products

Simon A. Lack

□ 责任编辑 胡 芸
□ 封面设计 张克瑶

华尔街的陷阱

——顶级资金经理人关于规避危险产品的洞见

西蒙·拉克
(Simon Lack) 著
张 月 徐 轲 译

上海财经大学出版社出版发行
(上海市中山北一路 369 号 邮编 200083)
网 址:http://www.sufep.com
电子邮箱:webmaster @ sufep.com
全国新华书店经销
上海华教印务有限公司印刷装订
2019 年 5 月第 1 版 2019 年 5 月第 1 次印刷

787mm×1092mm 1/16 13.5 印张(插页:3) 220 千字
印数:0 001—3 000 定价:55.00 元

总序

书犹药也，善读之可以医愚。投资行业从不乏聪敏之人，但是增智开慧乃至明心见性才是成长为优秀投资人的不二法门，读书无疑是学习提升的最佳方式。

常有人说投资是终身职业，但我认为投资更需要终身学习。很多人投资入门多年，依然不得其道；终日逡巡于“牛拉车不动，是打车还是打牛”的困境，不得要领。从业多年，我接触过太多这样的投资人士，个中缘由不尽相同，但有一点却非常普遍：或是长期疏于学习，或是踏入“学而不思则罔”的陷阱。

我认为，学习大致有三个层次，亦是三重境界：

第一重是增加知识，拓展基础的能力圈。着眼点是扩大个人对于客观世界的认知积累，这是大多数人的学习常态，这一重固然重要却不是学习的本质。

第二重是提高逻辑，改进个人的认知框架。达到这一境界，已经可以将刻板知识灵活运用，但仍然仅可解释过去却无法指向未来。

第三重是强化洞见，思考从个人出发，无视繁复的信息噪声干扰，穿透过去、现在和未来，最终开始正确地指导现实世界。在这一境界，学习已不只是追求知识，更是追求“知识的知识”。这是无数积累之后的茅塞顿开，更是质量互变之际的醍醐灌顶，不断思考感悟尤为重要。

书籍浩如烟海，书中智慧灿若繁星，而若能由自己抽丝剥茧得到“知识的知识”，将会终身受益。二十多年前，我还是一名上海财经大学的普通学生，对投资有着浓厚的兴趣，可惜国内的投资业刚刚起步，相关资料远没有今天互联网时代这样发达，此时财大的图书馆像是一个巨大的宝库，收藏着大量有关投资的英文原版书籍。我一头扎进了书丛，如饥似渴地阅读了许多经典，通过这一扇扇大门，我对西方资本市场发展窥斑见豹，其中提炼出的有关投资理念、流程、方法的内容潜移默化地影响并塑造了日后的我。时至今日，常有关心汇添富的朋友问起，为什么根植于国内市场的汇添富，投资原则和方法与外资机构如此类似？我想多少应该与我当年的这段经历有关。

今天，我依然非常感恩这段时光，也深深地明白：那些看过的书、走过的路对一个人的人生轨迹会产生多大的影响，特别是在以人才为核心的基金投资行业。今年恰逢中国基金行业二十周年，二十年斗转星移，正是各路英杰风雨兼程、夙兴夜寐才有了今天的局面，汇添富基金是见证者，也有幸参与其中。这些年，我总试图在汇添富重现当年我学生时的氛围，鼓励同事们有空多读书、读好书、好读书。在此，奉上“汇添富基金·世界资本经典译丛”以飨读者，希望大家能够如当年懵懂的我一般幸运：无论外界如何变化，我们都可以不断提升进化自己。

是以为序。

张　晖

汇添富基金管理股份有限公司总经理

2018 年 12 月

致 谢

本书的灵感来源于共同撰稿人凯文·布罗利(Kevin Brolley)、约翰·伯克(John Burke)、鲍勃·琴特雷拉(Bob Centrella)和戴维·帕西(David Pasi)。我们之间有一个共同的信念:投资应该更加简单、便宜,去除中间的费用陷阱。对于本书更多的鼓励来自其他许多金融界的专家,其中包括瑞慈·科温顿(Rich Covington)和托尼·洛维斯克(Tony Loviscek)。

在我的职业生涯中,我有幸日复一日地为银行业中的唐·莱顿(Don Layton)、唐·威尔森三世(Don Wilson Ⅲ)、大卫·普斯(David Puth)和杰弗瑞·拉森(Jeffery Larsen)工作,他们都有着无价、崇高的正直品质。他们代表了最优秀的金融从业人员,并且我坚信,金融业的大多数从业人员仍然是好的,尽管存在一些为数不多的害群之马。这些优秀金融从业人员的价值观也就是我的价值观。

特许金融分析师协会提出的“未来金融”目标,包括“将投资者放在首位”的理念,都促使金融伦理成为衡量金融业从业人员投资能力的基石,从行业角度确定了“做正确的事”的重要性。

任职于 John Wiley 公司的出色的编辑人员在一个重要课题上非常认同我们的理念,他们的帮助大大提高了我们最终的研究成果质量。

前 言

在 2008 年金融危机之前，金融家从不曾被特别喜欢过。银行的紧急救助计划与另外一种普遍共识相伴而生：银行家总是不计顾客后果地赚钱。但是我从来不曾认同这种观点，在我的职业生涯中，我的第一份工作是在伦敦，紧接着的工作是在华尔街。尽管毋庸置疑的是现实中确实存在一些腐败分子，但是我仍然坚持这样一种观点：对金融家信誉的质疑来源于普通大众对该行业的不了解。

正如第一章中所述，我之后遇到了佩内洛普(Penelope)，并被推荐学习非交易性的房地产投资信托基金(REITs)，这是证券市场中的一个昏暗角落，参与面向大众进行此类证券销售的人员信誉也都将受到损害。其中所涉及的费用、利益冲突、虚假营销以及更多的费用是非常惊人的。而这一切将通过一份厚厚的、密密麻麻的纸质招股说明书进行披露而变得合法化，这种现象同样非常惊人。

在与业界同人的讨论中我发现了一些志同道合的从业者，他们也有从业人员向已经取得信任的客户提供虚假、自利的投资建议的例子。很明显，从内部从业人员那里得到的建议可以为这样一类人提供一些投资相关的教育，他们只想为自己的退休生活进行储蓄。

特许金融分析师(CFA)协会为构建“未来金融”所做出的努力，特别是提出的“将投资者放在首位”的理念，为我们通过防范打击那些错误的投资建议和产品来促进更好的投资结果提供了进一步的动力。目前在绝大多数情况下，金融销售人员的利益都远远被置于投资者前面。

牢记“将投资者放在首位，进而为他们提供更好的投资结果”的目标，本书的五名作者聚集到了一起。与我们想要为大众提供的帮助相比，我们在本书中可能提供的帮助就显得不那么重要了。

目 录

第一章　非交易性的房地产投资信托基金：不应该存在的证券

不好的建议

“恐怕你之前得到的都是一些不好的投资建议，”当一位新的女性顾客坐到了我的办公室时，我这样跟她讲。这当然已经是一种轻描淡写的说法，实际上她一直在被之前管理她的资金的经纪人公司骗取钱财。

我们刚刚结束了对其投资组合中投资项目的回顾，其中她明显向我表达了对其前金融顾问的不满。而这种讨论于我而言非常熟悉。我从业至今都是在金融业，主要是在纽约，但是我的职业生涯更早是在伦敦。自 2009 年起，我开始自己的投资生意，主要为从个人到机构的不同客户管理他们的资金，帮助他们进行投资。我在摩根大通(JP Morgan)和其他银行的 23 年从业过程中经历了银行间的多次并购风云，为我开始自己的生意做了充分准备。在那期间，我负责管理过衍生品交易，有巨大的增长，同时也存在高波动性，我负责监督交易人员在多种产品和货币之间把控风险，并且最近的一次，我通过招揽业务成功地帮助一只对冲基金获得起步性的进展。我从局内人的视角观察了华尔街和“伦敦城”(伦敦的金融城)。这是一份崇高的职业，但是在 2009 年我已经做好准备去接受一项新的挑战。日复一日地每日通勤上下班带来了一种心灵麻木的折磨,并且大型的金融公司在它们的行动上可能要面临空前的限制。金融改革政治一定程度上反映出大众对美国政府在 2008 年金融危机后所要求的金融支持水平的厌恶。

我曾为自己在摩根大通的从业经历感到自豪,并且我现在仍然为之感到骄傲。该公司自 2008 年开始呈现出优于任何一家同行企业的状态。诚然,它必须对监管者在某些特定协议上做出一定的妥协,任何一家企业都无法完全杜绝行业中一些不好的决策或者坏的行为。但是摩根大通的企业文化以及我与之共同奋斗的同仁都坚决反映出金融行业最好的价值观和正直感。

当然,我已经离开那家我几乎度过了整个青春期的大企业,我离开这样一家企业是为了经营规模小得多但却完全脱离官僚组织的生意。我的公司将会反映出那些与我一起并肩奋斗多年的优秀的金融同业人员的最好的价值观,因为我通过将客户的资金完全看作自己的资金来追求有利可图的长期投资。许多公司和许多人也都在做同样的事情,但是自 2009 年开始,我发现他们并没有都在做正确的事情。在提供给投资者的理财建议上仍然存在很大的改善空间。

当我们在自己不熟悉的事情上需要寻求帮助的时候,我们都需要相信专业人员的意见,不管是医疗诊断建议、法律事项建议还是汽车维修建议。我们通常是以外行人的知识和经验来购买产品和服务,也常常容易受到那些不良供应商的伤害。我们追求诚实,但是当我们没有遇到诚实的供应商时,我们有时会适时找到保护自己的方法,但有时我们也会找不到保护自己的措施。

投资咨询行业可以说是具有可怕的迷惑性。为退休生活进行储蓄日益成为每个成年人的责任,因为固定收益的养老金计划逐渐被淘汰,取而代之的是固定收益计划、401(k)计划和个人退休账户(IRAs)计划。除非你是公共部门的员工,他们的养老金仍然根据他们退休前的工资发放,不然的话,当你停止工作时你所拥有的资金将大大依赖于自身职业生涯几十年中所做出的投资决策。

我的客户,在这里我将称呼她为佩内洛普(这不是她的真名),坐在我的对面,正在等待我就她接受了哪些不好的投资建议做出尽可能准确的解释。她是与她的丈夫一起过来的,而我们是通过一个共同的朋友认识的。就像其他许多投资者一样,佩内洛普和她的丈夫已经取得了其所在专业行业内的成功,不需要彻底了解投资产品的错综复杂。佩内洛普在医药行业(在新泽西州非常普遍)工作,而她的丈夫在一家信息科技公司工作。

佩内洛普之前买入的投资产品是一个非常常见的投资项目，叫作房地产投资信托基金。房地产投资信托基金通常拥有能够产生利润的商业资产，包括商务写字楼、仓库、商业中心、可租赁公寓等。这是投资者通过一家专业公司来管理自有房产的非常好的方式。许多房地产投资信托基金产品可以公开交易，允许投资者以市场价格交易自己的份额，并且存在共同基金和交易所交易基金(ETFs)对房地产投资信托基金进行披露。通过合理利用，房地产投资信托基金可以成为投资者投资组合计划中的一个合理组成部分，能够为投资者带来收益，减少通货膨胀带来的损失。

但是并非所有的房地产投资信托基金产品都是好的，一个典型的房地产投资信托基金种类是“非交易性的房地产投资信托基金”，这种产品普遍被投资者所规避。然而，佩内洛普在不经意间将她的部分积蓄投资在了这种错误的房地产投资信托基金产品上，投资者在出售这种产品时需要付给经纪人特定的佣金，而在持有期间获得的收益也往往令投资者大失所望。

根据 1940 年《投资公司法案》，公开发行的证券需要在美国证券交易委员会(SEC)进行有效注册。而一家公司就其发行的证券在美国证券交易委员会的注册需要这家公司通过多种会计准则、透明度等的测试。进行证券注册的优势在于，通过注册的证券可以向普通大众销售。未进行注册的证券的潜在购买者是受到限制的，这种证券投资者必须是“老练的”(本书是指那些资金非常雄厚的富有的投资者)，而发行机构对这种非注册证券必须实行一种针对性的营销手段，它们需要直接对那些可能对其产品感兴趣的顾客进行营销。通常情况下，你不会看到对非注册证券的公告，这是因为法律不允许对这类产品进行广告营销。

对冲基金(hedge funds)是另一种非注册性的证券种类。对它们的销售仅限于那些能够鼓励进行行业研究的“老练的”投资者。房地产投资者往往是购买注册的证券，并且这些证券通常可以公开交易，允许投资者在需要的时候能够适时卖出持有的证券。而那些“老练的”投资者，尤其是那些高净值的个人和机构投资者，并不需要这种类型的投资者保护措施，他们可以考虑进行那些非注册的投资项目，在可能获取较高投资收益的同时，其投资风险也会较高。

非交易性(也称未上市)的注册制房地产投资信托基金产品的界定介于两类投资产品之间。通过对产品进行注册，这类产品可以向普通大众进行销售。已经就产品在美国证券交易委员会得到有效注册进行了努力，那么我们理所当然会问公司为什么不对这种产品进行公开上市呢？公开上市带来的高证券流动性主要是给投资者带来了利益，因此他们可以选择在未来进行出售。事实上，非交易性的房地产投资信托基金产品的流动性非常低，经常是完全没有流动性。它们只能被回售给发行机构，并且房地产投资信托基金的发行机构没有任何法定义务对其产品进行回购。它们是一种混合型的证券——没有公开市场的流动性，但是却可以向普通大众进行销售。

通常情况下，需要进行融资的公司，不管是进行股权融资还是债务融资，都希望在高流动性的市场上发行它们的证券。行业普遍认同高流动性的市场能够有效降低企业的融资成本。这是因为当投资者变现的可能性非常有限时，他们通常会寻求非流动性溢价，或者是较高的投资收益。相比公开证券市场上的证券投资，私有股权投资者要求的证券收益将会更高。而与大盘股(large-cap stocks)相比，对小盘股(small-cap stocks)的投资者来说也同样会因为其持有股票的流动性低而要求获得更高的回报。

虽然月度收入是主要的销售卖点，但是非流动性意味着你对资产的持有期限将会超过其租赁期限。比如说，如果你已经投资的非交易性的房地产投资信托基金对资产具有 5 年的租赁期限，但是你却持有这项投资 10 年时间，那么相较于你没有实际获得的收入，你实际面临的投资风险将会更大。

债券发行机构非常关注自己所发行的债券的流动性，因此其在对债券承销商的选择方面也一定程度上考虑的是承销公司的承诺以及在债券发行后持续进行造市的能力。债券在未来市场上的销售能力将使得购买者接受相较于购买其他公司债券来说更低的收益，因而能够有效降低债券发行公司的利息支出。

高频交易者(HFTs)在股票市场上使用闪电般快速算法的理由是，这样能够提高其所持有股票的流动性。迈克尔・刘易斯(Michael Lewis)在《闪电小子》(*Flash Boys*)一书中，就高频交易公司如何通过提高他们的算法速度以提前执行订单来从投资者中提取客观的利润，提供了一种非常引人入胜的观点。在本书中，我不会对高频交易公司进行研究，但是这个例子足以说明隐藏在可能存在的最高流动性市场中的势不可挡的公共利益。

产品为什么不公开上市？

我们现在回到非交易性的房地产投资信托基金上，为什么一些公司已经对其发行的证券在美国证券交易委员会进行了注册,具有了公开发行证券资格,却最终选择不对其产品进行公开上市呢?通常情况下,你总是希望按照可能的最低成本进行融资,那么为什么这些企业却故意采用那些会提高自身融资成本的方式来发行证券呢?

我认为,针对这些问题的答案就是这些公司不愿意吸引任何华尔街金融机构对其进行研究。经纪公司通常会对股票和债券产品进行研究,发布研究报告,并通过佣金的方式从自身的研究成果中获取收益。好的研究报告会使得投资者进行购买,从中产生的佣金就是研究收益。而证券的发行公司希望看到对其所发行证券的正面的研究报告,因为这些报告能够推动证券价格的上涨,使得证券持有者更加富有,并且公司的未来融资需求将会容易得到满足。

但是假设你在经营一家公司,你会以牺牲证券购买者的利润来使得证券担保人获取更大收益吗?如果你清楚地知道从经纪公司的研究报告中获益势必会导致投资者支付巨大的费用,也为你的商业运营模式带来利益冲突呢?那么你将会得出结论:尽管不通过公开上市的方式来发行证券会提高公司的融资成本,但是相较于被那些显眼的研究报告抽取的费用,融资成本中高出的部分是合理的。因为如果没有证券的公开上市,那么将不存在股票交易中产生的佣金费用,没有佣金则意味着经纪公司没有对其股票进行研究的动力。

非交易性的房地产投资信托基金产品的发起人和承销商,就是在这种监管空白中开展自己的业务。非流动性的证券通常只面向"老练的"投资者进行销售,但是一旦这些证券进行了有效注册,那么它们可以被销售给任何投资者。这就意味着数百万的不成熟老练的投资者可以被诱导进行一些通常情况下他们最好规避的投资项目。

在非交易性的房地产投资信托基金中,美国内陆房地产信托公司(IAR)引起了我的注意。佩内洛普在阿默普莱斯金融公司(Ameriprise)的经纪人推荐她进行房地产投资信托基金产品的投资。披露是一种伟大的防御手段。事实证明,如果你告诉客户你的所作所为将会进行备案,那么你可能会对他们做出一些非常过分甚至是恶劣的事情。美国内陆房地产信托公司的招股说明书中披露了他们如何运营业务的许多不光彩的方面。因为这些产品进行了注册,所以它们的注册以及许多其他文件都是可以通过公开搜索获得的。它们并不一定代表了这类产品中的最好或是最坏的部分,但是它们确实是最大型非交易性的房地产投资信托基金之一,因此研究它们的公开文件非常有用。

例如,证券发行过程中的承销费用由7.5%的"销售佣金"、2.5%的"营销佣金"和0.5%的"尽职调查补贴"组成,加起来在收益中的比例相对稳定,为10.5%。但是承销费用远不止这些。在一些构思缜密的材料中,文件会继续进行解释"我们的经理人同意支付……费用在营业额中的比例将超过15%"。也就是说,投资者投入资金中多达15%的比例被用来缴纳各种费用了。

证券产品的注册材料中都是像上面这样狡猾的语言。整份文件多达132 192个英文词汇,是这本书中词汇总数的将近2倍。试想一下,那些不是在这个行业工作的投资者又怎么会读完并消化完如此冗长的文本材料呢?顾客支付的15%的费用在文本材料中会被披露成20%,因此从法律意义上讲,顾客确实被告知了相关信息,但却不是以那种顾问和个人间的合伙人关系方式告知的。

当然也存在一些其他的小惊喜。公司将会做一些由其附属公司或机构管理的资产投资。也就是说,美国内陆房地产信托公司的股东既可以从管理美国内陆房地产信托公司自身的资产中获益,也可以在运营美国内陆房地产信托公司自身的过程中获益。"管理费用"这个词在整份文件中出现了45次,并且包含了总收入的成本费用(比如租金)。还有1%的管理费用是针对资产的。投资者起初必须得到5%的收益,但是这笔收益是"非累积、非复利"性质的,这意味着如果他们在某一年中没有为投资者获取5%的收益,那么他们为了获得自己的管理费用也不会在第二年中将这笔收益为投资者补上。如果投资者选择的是固定收益的房地产投资项目,那么还有2.5%的费用是付给商业经理人的。在投资者获得了10%的收益后,还会产生一种15%的奖励费,这基本上是一个利润份额(它不是10%以外的超额利润,而是所有利润的一定比例)。"费用"一词在整份文件中出现的次数高达528次。

文件中还存在40多种"利益冲突",最常见的是由美国内陆房地产信托公司所持有的建筑将会被其股东的附属公司或者机构所管理,尽管投资者与这些公司或者机构之间并没有任何投资协议存在。说得清楚一些就是投资者不要指望资产会通过合理的价格进行有效管理,而是应该警惕其资产会以非常不合理的高昂价格被他人进行管理。

现在,我们可以公正地说,当任何一家公司对外发行证券产品的时候,它们都会雇用一些律师来起草发行文件,其目的就是将发行之后可能被起诉的风险最小化以保护发行公司。综观任何一家公司的年度财务报告(通常被称为10K)，你都会发现一系列的“风险因素”提示，这些公司用这些因素告诉你可能会在你的投资项目上发生财物损失。即使是一些你认为比较诚实的公司，就像沃伦·巴菲特旗下的伯克希尔·哈撒韦公司(Berkshire Hathaway)，你也会在该公司的年报中发现一些显而易见的风险因素列示，就像“整体经济环境条件的恶化会显著减少我们的经营收益并进一步降低我们以合理价格进行融资的能力”。你或许认为任何一个投资者都应该知晓这些风险，而发行证券的公司则会认为它们已经在各种文件中列示了这些风险，也就相当于它们提醒了投资者相关投资风险的存在。

美国内陆房地产信托公司提示了 44 次“风险因素”。它警示投资者其是在一个“盲池”中运作，投资者在进行投资时并不知道他们将要投资的房地产是什么。它也会继续警示投资者，他们所持有的投资在销售上有很小甚至没有流动性。

关于非交易性的房地产投资信托基金的另外一个问题是吸引投资者的高红利并不能通过后续收益进行兑现。近年来，美国内陆房地产信托公司对投资者发放的红利是非常低的，并且正如我在上一本书《债券不是永恒的：固定收益投资者所面对的危机》(*Bonds Are Not Forever*: *The Crisis Facing Fixed Income Investors*)中所阐述的那样，这种低收益还将持续相当长的时间。低利率会为那些过度借贷的人们和政府机构带来好处，这种手段在美国以及其他国家中的应用非常广泛。债券的低收益使得投资者非常渴望得到在相对较低的风险水平下获取相对合理收益的投资机会。

非交易性的房地产投资信托基金就是利用这种高收益的卖点进行销售。然而并没有规定它们对投资者的高收益必须通过自身收益进行支付。它们可以简单地从资本中进行支付。这种现象当然并不仅限于房地产投资信托公司。任何一家公司都可以支付超过其利润的股息，至少在一段时间内能够持续。许多公司都遵循这样的原则，即使它们自身的利润出现了浮动，也还是会对自己的投资者支付固定股息，这也体现出投资者对于这种固定股息的重视。只要公司的利润足够用来支付股息并能够通过再投资手段从长远角度支持公司发展，那么在短期内支付超过利润的股息对公司而言是不会产生伤害的。

但是非交易性的房地产投资信托基金会向投资者支付从长期来看无法得到

持续保证的高额收益。这些基金产品拥有一个资金池，它们每年花费 2%，并取出另外 3%作为支付给投资者的红利。这些红利中的一部分其实就是投资者自己的资金回到了自己手中而已。将这些回报称为红利，会使投资者认为其是来自于房地产投资信托基金的收益，但事实上并不是这样。最重要的是，一些非交易性的房地产投资信托基金经常投资的那些房地产往往租金高昂并持续减值。一个典型的例子是美国沃尔格林公司(Walgreen)旗下的一家药店，如果其在租赁合约到期时决定续租，那么这家药店会继续对承租房产持有一份 10 年的租赁协议，而在这 10 年当中将不会有其他非常明显的替代性租户出现。在这种情况下，这家药店需要向租赁房东(比如说房地产投资信托基金公司)支付高于市场价格的租金费用，以补偿以下情况出现的可能性给租赁方带来的损失：在未来 10 年中，租赁方为了找到下一个租户需要对房产进行重新布置甚至是推倒重建。因此，考虑到这套房产建造的特殊性质，其在未来 10 年租赁期内将会大大贬值。但是房产贬值通常不会在房地产投资信托基金的财务报表中显现出来，导致该项损失的延迟计算确认。

事实上，非交易性的房地产投资信托基金因其不符合实际情况的净资产价值(NAV)而臭名昭著。这些公司往往不会更新它们所持有资产的价值，并且它们的证券产品不进行交易，因而投资者无从知晓它们所持有资产的价值浮动变化情况。

虚伪的建议

非交易性的房地产投资信托基金的一些支持者完全无羞愧感地认为公开交易市场的空缺是一件好事。萨米尔·杰恩(Sameer Jain)是美国房地产资本公司(American Realty Capital)的首席经济学家兼董事总经理，他曾在 2013 年称赞了"非流动性有利于长期投资者"的观点，认为这是一件好事。但是萨米尔·杰恩当然知道非流动性从来不会给任何投资者带来利益，不管是长期投资者还是短期投资者。这也解释了为什么非流动性投资项目较那些流动性强的类似项目会要求额外的非流动性风险收益，它们需要为投资者所承担的更高风险支付费用。不能够及时卖出你所持有的资产从来都不是一件好事。他还补充道，非交易性的房地产投资信托基金"不会受到公开市场波动性的影响"，按照他的表述，好像这是一件更大的好事一样。他的观点也可以这样理解:关闭证券市场将对投资者有利,因为投资者们将不会看到他们的投资出现波动情况。萨米尔·杰恩毕业于麻省理工学院(MIT)和哈佛大学(Harvard University),因此我认为他必然要比其以上论点所显示出来的更加聪明才对。如果你完全不想知道自己资产组合的价值,那么你可以不看。无论如何,只要你没有借钱进行投资(少见的聪明举动),那么浮动的价格信息将不会逼迫你去做任何你不想做的事情。只是参考错误的历史价格信息而不懂得去更新实时价格不会为任何人带来舒适感。这就如同将头埋进沙土当中,是鸵鸟投资。

举例来说,战略性房地产信托公司(Strategic Realty Trust)——另外一家非交易性的房地产投资信托基金公司,在2014年7月将自有的房地产投资信托基金的价值降低了29%(投资新闻,2014),每份净值由10美元降至7.11美元。事实上,之前10美元的每份净值自2009年8月起直到2014年7月从来不曾变化过,当时这一高发行价格能够用于投资任何资产。我也怀疑战略性房地产信托公司的那些倒霉的投资者会认同萨米尔·杰恩的观点,更不会认为5年来战略性房地产信托公司不对基金净值的变化进行报道对他们来说是一件有益的事情。

事实告诉我们,标的资产的价值将会根据经济宏观状况、房地产市场的需求变动、资产的位置、竞争强度、租户成功续租以及其他因素等进行实时浮动变化。疏于报道证券产品的净资产价值变动并不会使得投资者感受不到这些因素的变化,只会让投资者不知道他们的投资资产价值是如何伴随这些因素的变化也发生了改变。而公开交易的房地产投资信托基金会通过实时变动的基金净值信息反馈市场对这些影响因素所做出的反应。

战略性房地产信托基金的净值并不是突然下降了29%,这一降幅反映的是其在过去5年中净值变化的累积效应。这也解释了为什么投资者通常对那些非流动性的投资项目要求更高的收益,更不用说是这些非交易性的房地产投资信托基金产品。

本书至此想要阐述的是,伴随任何一个投资项目而生的那些冗长的法律协议掩盖了多少重要信息。这为投资者带来的挑战就是如何驾驭这些信息。佩内洛普的投资经历也象征性地代表了现实生活中那些试图进行资本投资的人会遇到的普遍问题。他们往往会发现自己经常与一些自称是专业的金融顾问坐在一起，但是实际上这些投资者所面对的只是一些销售人员。

不像萨米尔·杰恩所暗示的那样，事实上非流动性并不会为“长期投资者”带来好处，但是却能够为发行者带来利益。因为事实证明，在没有公开市场发行的前提下，如果你后悔自己在非交易性的房地产投资信托基金产品上所进行的投资而欲进行抛售，那么这时唯一可能的买家就是非交易性的房地产投资信托基金公司本身。劝服投资者进行非流动性的证券产品投资，然后在投资者想进行抛售时将自己置于唯一可行的买家地位，这就是如上所描述的销售陷阱的关键之处。

佩内洛普就是接受了阿默普莱斯金融公司的相关工作人员的推荐进行的投资，阿默普莱斯金融公司是一家大型的经纪公司(从监管角度被称为经纪交易商)。如同其他经纪公司一样，阿默普莱斯金融公司将那些与客户打交道的工作人员称为金融顾问。确实，这些工作人员会对佩内洛普和其他成千上万的投资者做出一些投资建议，但是这并不意味着他们有责任将投资者的利益放在首位。美国的监管机构承认两种类型的公司可以服务于投资者：经纪交易商和投资顾问公司。而这两种公司之间的差异是微妙的，特别是因为许多大型企业同时在运作这两种公司模式。经纪交易商会对投资者进行的每笔交易收取佣金，比如说你想从经纪交易商手中购买债券，那么你需要支付一部分溢价给经纪交易商。而投资顾问公司是对他们对你所做出的投资建议服务收取费用。最关键的不同之处在于经纪人在你进行交易的时候会获得盈利，他们将会获得佣金或产品溢价收入(有时这两项收入都有)。于是便出现了利益冲突，有些交易可能并不会为投资者带来收益但却总能为经纪人带来收益。经纪人没有被要求一定要把投资人的利益放在首位，然而投资顾问却有一种法定的受托义务，他们需要将投资者的利益置于自己的利益之前。

容易让人混淆的是，经纪公司可以称呼自己的工作人员为金融顾问，但是他们却不同于投资顾问，投资顾问从法律角度被定义为那些受托为你做出投资建议的人。

谁又愿意透彻地学习清楚美国那些错综复杂的金融监管条例呢？人们只是想获得诚实的投资建议。在投资人的眼中，那些被称为金融顾问的工作人员就跟医生或者律师一样，而后面两种专业工作人员都具有将顾客(或病人)的利益放在首位的法定责任。这就像将汽车销售称为交通顾问，或将房产经纪人称为房产顾问,两者都将为你做出投资建议,但是这些建议的接受者将会使用与自己利益相悖的知识对其进行评价。只要你自己知道你所处的投资关系是属于哪一种,那么这些知识对你来说有益无害。

在此我需要指出的是,经纪公司的许多金融顾问都是诚实的人,他们会将投资者的利益放在首位。我有一些经纪公司的朋友就是这样做的,而且我也不想抨击整个经纪行业。但是他们确实并不都是好的,而那些坏的金融顾问为顾客和其他金融顾问都带来了麻烦。

对于在经纪公司工作的员工来说,把自己看作同投资顾问一样职能的金融顾问并以这样的身份来接受投资受托准则可能意义非凡(是的,我知道这很让人困惑,金融顾问可能听上去跟投资顾问一样,但实际上他们是不一样的)。如果金融顾问真的必须遵守那些投资受托准则,那么这将会使投资人的生活变得简单很多,他们在寻求财务投资建议时完全不需要把自己变成金融监管专家。但是鉴于近期证券经纪行业如此成功的游说现状,这种情况似乎并不可能出现。我认为,只要顾客能够真实地了解顾问的实际责任,那么他们也并不需要成为受托人。

佩内洛普就是错误理解了自己与在阿默普莱斯金融公司工作的金融顾问之间的关系。佩内洛普认为与自己打交道的这位顾问应该将其利益放在首位(就像医生和律师那样),然而实际上与其打交道的这位顾问就等同于一位房地产经纪人,他依靠从佩内洛普的每笔交易中抽取佣金来获得收入。

这也就解释了内陆房地产信托公司从何而来。在投资者接受金融顾问的建议进行实质性投资时,其投资资金中含有10.5%(甚至可能高达15%)的佣金费用,而这些佣金的一部分显然是归属于佩内洛普的金融顾问自己。因此,当佩内洛普被建议做某项投资时,其金融顾问必然会面对利益冲突。如果医生可以从医药公司拿到销售回扣,那么金融顾问与医生在为病人开处方时遇到的利益冲突一样。

你的金融顾问站在哪一阵营?

一些自称是金融顾问的人真的是站在投资者这一阵营,并且从投资者的利益出发进行决策,他们是注册投资顾问(Registered Investment Advisor)。他们作为你的投资顾问,具有法律义务将你的利益放在他们自己的前面。然而另外一些金融顾问则站在与投资者对立的阵营中,他们对待投资者就如同那些销售人员一样,而这类金融顾问往往是工作于经纪公司(与投资顾问公司不同)。是的,他们也想将你的资金投向那些有价值的项目,但是他们又想从你的交易中获得佣金,因此那些能够产生高额佣金的项目更能得到他们的青睐,而没有交易他们也无从获得收入。

虽然不是绝大多数,但是许多任职于经纪公司的金融顾问着实会将投资者的利益放在首位。我自己就有一些经纪公司的朋友,他们也是这样做的。并且采纳注册投资顾问的建议进行投资的客户不仅需要支付咨询费用,也需要为他们进行的投资本身支付佣金。这使得那些任职于经纪公司的金融顾问更具“吸引力”,因为他们只向投资者收取交易佣金一项费用。但是我认为,这些金融顾问在进行投资建议决策时所面对的利益冲突会对投资者的利益产生负面影响,进而其对投资者被游说进行不好的投资的保护是非常微弱的(这也解释了佩内洛普为何会进行非交易性的房地产信托基金产品投资)。经纪公司做出了各项成功的努力使得它们的销售人员不需要履行投资受托准则(这些人经常自称为金融顾问),在这种情况下,投资者能够依靠的就是与之打交道的金融顾问的个人品质。

我自己就是做注册投资顾问的,并且我是一名投资顾问代理人。我认为尽管我们会对投资者收取投资咨询费,但是与经纪公司对顾客的每笔交易所收取的佣金相比,我们的投资咨询费足够低以至并不会给投资者带来多大影响。如果你是通过网络交易并且不是非常频繁,那么你需要最小化交易费用、税费,并克制试图从短期市场波动中获取收益的不理智冲动。注册投资顾问需要将投资者的长期利益放在首位。如果经纪公司的金融顾问足够感性,那么他或许也会将你的利益放在首位,但是他们并没有法定义务这样做。只要他的推荐是好的并且得到了适度披露,那么他就可以被接受。他的收入将会基于收益产品,而这种收益产品往往是受交易规模而不是他提供投资咨询建议的账户规模的驱动。

我们再回到佩内洛普不幸持有的内陆房地产信托公司的非交易性的房地产投资信托基金产品上来。这只产品没有公认的市场价值,因此佩内洛普没有办法出售她所持有的份额。这只产品自发行以来表现非常差劲,而收取的费用却高得惊人。事实上,与其高费用相比,更惊人的是这种行为严格来说并不违法。

你或许认为经纪公司向你收取高达 15% 的交易佣金可能会触犯某些证券监管规定，但是事实上并没有。我认为，如果文件中确实有这样的交易佣金比例规定，那么你应该读到过它。

尽管如此，我还是强烈建议佩内洛普再次回到向她销售了这种投资产品的阿默普莱斯金融公司，要求他们以当初发行价格回购她所持有的基金份额。她显然并不了解自己所购买的这种产品，并且我认为从一开始这种产品就不应该被她所购买。起初，佩内洛普并不想这样做，她认为她的金融顾问是一个好人（虽然在向其提供投资建议这件事情上他并没有表现得那么好），但是最终她还是决定做这件事，并且她希望这家公司后续能够从她手中回购其所购买的基金份额。

几个月后，美国的马萨诸塞州公开了其针对同一家公司的同一只证券产品的解决意见。威廉 · C. 高尔文（William C. Galvin）是马萨诸塞州公共财政部的秘书长，身居这个职位，他需要经常追查金融公司在这个州中进行的不法行为。毫无疑问，很多金融公司会认为他的行为过于激进，但是于我而言，他只是在保护他所代表的这个州的所有市民而已。在 2013 年初，马萨诸塞州就公布了其对阿默普莱斯金融公司在销售美国内陆证券（Inland American Securities）中所发生的一系列不当行为的处理方案，其中涉及1 100万美元的罚款。尽管证券产品就是有这样的设定：经纪公司可以对其销售的证券产品向消费者收取佣金，然而阿默普莱斯金融公司却应该在将产品销售给不合适的投资者这件事情上承担责任，一些投资者根本不能满足某些产品对投资者收入或财富价值设定的最低门槛，他们根本就不是这些产品的合适投资者。换句话说，阿默普莱斯金融公司的一些经纪人违反了自己制定的某些标准，比这些标准本身就过于宽松的严重程度轻一些。

无论如何，本书呈现了经纪公司的金融顾问面对的利益冲突。他们或许会因为交易产品的佣金而向投资者销售证券产品，然而如果他们是真正意义上的投资顾问的话，他们将不会依赖交易佣金获得报酬、具有法定责任将顾客的利益放在首位，那么他们也就不会出现前一种情况。

当马萨诸塞州的新闻公布以后，我得以劝说佩内洛普向政府提交一份对阿默普莱斯金融公司的投诉信。马萨诸塞州对阿默普莱斯金融公司的处理方案得益于一位将强有力地保护本州市民作为己任的监管者。而新泽西州对于同样的案件并没有做出与马萨诸塞州相同的处理方案并不能证明阿默普莱斯金融公司是无辜的，这只能说明该州的监管人员没有彻底追查此案件所涉及的经纪公司。

佩内洛普在进行投资决策时显然并不知悉这项投资方案的风险和成本，但是在该情形中的任何个人要想取得经纪公司的赔偿都是非常困难的。其招股说明书(总计132 192字)中确实已经列明风险事项，并且佩内洛普被假定已经通读过这份文件。不久之后，一家私募基金公司提出用原发行价格75折的单价来对投资者的基金份额进行回购。佩内洛普也非常理智地接受了现金兑现并准备继续前行。买者自负盈亏(买家须知)应该在每一只非交易性的房地产投资信托基金产品的招股说明书中都出现过。

佩内洛普没有从经纪公司对其投资账户分配的金融顾问那里得到良好的服务。当佩内洛普认为其金融顾问会为自己提供量身定制、服务于最优利益目标的财务管理建议时，实际上其陷入的只是一种利益严重错位的买方卖方关系。当然，消费者从销售人员那里买入产品并没有什么错。你只是需要以正确的角度和立场来处理这种关系。佩内洛普就是以与医生之间的相处方式来处理自己与金融顾问之间的关系，并且其还假定金融顾问在为其进行投资决策时会摒除利益冲突、始终将投资者利益放在首位。然而现实生活中，与其打交道的只是一个二手车销售员。

市场监管人员在哪里？

这时你可能已经产生了疑问，监管人员在哪里呢？如果投资者被销售了佣金奇高却无流动性的证券产品，那么政府为何又对此种现象不做出任何回应呢？毫无疑问，适用于金融行业的那些法律和监管条例并不存在缺点；相反，金融是一个受高度监管的行业，并且对该行业的监管力度正日益加强。然而幸运的是，证券交易委员会(SEC)并无责任对“投资是好还是坏”这一问题给出观点，但是显然它应该对此做出解释。理智的投资人总是不会承认一项投资与另外一项投资比较得出的相对优势。政府对此提出自己的观点也不会产生任何好处。

但是监管人员可以就特定种类的投资项目向投资者提出风险警告。值得称赞的是，金融业监管局(the Financial Industry Regulatory Authority，FINRA)已经做了这样的事情。在该机构网站(金融业监管局，2012)上，其向投资者警示了非交易性的房地产投资信托基金的最负面特征，包括高费用、缺乏流动性、暗箱操作(在购买资产之前你就进行了投资，因此你根本不知道你所持有的是什么资产)。其网站还警示投资者这种产品的费用可以高达你所投入资金的15%(15%是法律对该项费用设定的最高限值，因此阿默普莱斯金融公司也将其设定为最高值并非偶然)。

金融业监管局在其网站上的"投资者警告"板块中警示投资者需要对几种类型的投资保持警惕，提高怀疑意识，其中包括特定类型的年金、结构性票据和一些交易所交易基金(ETFs)。这些产品以及其他一些投资陷阱产品都在本书的其他章节中有所提及。在我专门搜索"金融业监管局"之前我甚至不知道该网站的存在，因而我认为金融业监管局应该采取措施广而告之其网站的存在，但不是以那种商业发布会上电视节目制作人争相排队预定播报的话题形式。无论如何，至少监管人员在做一些事情来提醒投资者相关风险。

如果某种证券产品已经出现在金融业监管局网站上的"投资者警告"页面中，那么为什么一些懂得自重的公司仍然涉及其中呢？那些真正将投资者利益放在首位的公司不是应该对这些问题产品敬而远之吗？我认为这其中就存在部分问题。太少的房地产投资者知道这些行业警示以及潜在问题。这其中涉及的证券经纪公司只顾自己获取佣金，很少发现它们会对投资者说明为什么公司在销售金融业监管局网站"投资者警告"页面中已经明确列示的产品。当然这些金融公司也给自己带来了坏声誉。任何购买了非交易性的房地产投资信托基金产品并且后来又后悔做出该项投资的那些投资者，都会对自己当初如何被推销这种产品的过程感到气愤。也许应该设定这样一种要求：如果你在向投资者推销金融业监管局网站上的"投资者警告"页面中出现的一种产品时，那么在投资者做出投资决策之前你必须向投资者展示这样一份"投资者警告"材料。对非交易性的房地产投资信托基金产品的风险警示就如同"吸烟有害健康"一样明显。其实对该种类型产品的风险警示已经存在，只是金融业监管局没有进行很好的宣传。难道那些有责任保护投资者的金融监管人员不想让房地产投资者知道监管人员已经发现的那些危险因素？金融业监管局除了发表研究观点以外，是否还采取了更多行动呢？

我和一些不赞同我对非交易性的房地产投资信托基金产品观点的业界人士做过交流。甚至有人认为我在不了解该类产品优势的前提下对非交易性的房地产投资信托基金做出了不公正批判。而他的论点则是依据自己对该类产品的正面投资体验做出的，在其推荐下，他的顾客对该类产品进行投资并获得了收益。换句话说，他发现了一些投资可行的非交易性的房地产投资信托基金产品，只要你是通过像他这样具有敏锐洞察力的金融顾问进行的该类投资，那么你的投资收益会很好。

这是一种常见的论点，同时也是一种弱论。首先，只因为一些人赚到了钱并不能够得出投资者平均而言都会盈利的结论。赌场或者彩票都可以说明同样的道理。现实中总是会有一些赢家，但是绝大多数赌徒都知道成为赢家的可能微乎其微。而这些人仍然会进行赌博，原因在于他们对潜在胜利的那种兴奋性冲动已经超过了他们对输赢概率理论的理解。赌场的业主往往不穷，而那些公开运营的彩票生意增加了许多州的税收收入。我抵触赌场也不买彩票，但是那些的确在与彩票概率博弈的人们使得我们摆脱了可能更高的税率，因此他们在为我们提供无私的公共服务。

显然，用一个好的个例来说明所有的非交易性的房地产投资信托基金都是好产品的做法不能算是一种严谨的研究观点，就如同别人老虎机上响起了铃声并不代表你应该手持一满筐的硬币坐在老虎机前等待你的机器铃声同样响起。正确的问题是，这些非交易性的房地产投资信托基金产品到底怎么样？但是对这种问题，业界并不存在可靠答案，并不存在非交易性的房地产投资信托基金指数。对于那些依赖销售产品获得佣金的证券经纪公司来说，这种指数的存在可能会损害它们的生意。它们当然不希望顾客对该类指数了解很多，而是这些顾客了解得越简单越好。并且这种指数的存在使得我们能够将一只特定产品与其同类产品进行比较分析，从而揭示出该产品有利可图是因为其真实的市场竞争力还是经纪公司的溢价吹嘘。

整体收益很低

蓝色拱顶伙伴(Blue Vault Partners)与得克萨斯大学(the University of Texas)在2012年联合分析了17只非交易性的房地产投资信托基金产品从发行到注销期间的收益(路透社，2014)。他们发现这些产品的内部收益率(一种反映多个时间段内现金流入流出的整体回报水平)仅为10%。这一比例看上去是好的,但是同一时期的公开交易性的房地产投资信托基金产品内部收益率要高出一个百分点甚至更多。

总部位于弗吉尼亚州费尔法克斯的证券诉讼与咨询公司(Securities Litigation and Consulting Group)也公布了另外一项研究成果(华尔街日报,2014),他们比较了27只非交易性的房地产投资信托基金产品自募集资金到向投资者发放收益阶段的表现。他们的研究周期长达20多年,从1990年6月到2013年10月。他们发现与房地产投资信托指数基金(Vanguard REIT Index Fund)11.9%的收益率相比,非交易性的房地产投资信托基金的投资者费后收益率仅为5.2%。因此这些投资者用非流动性、高费用、低稳定性所换来的是更低的收益。私募证券投资者往往期待获得比公开市场证券更高的收益,这是对自己为投资承担更多风险的补偿。3%~5%的附加收益率是私募产品投资者的普遍要求,这就意味着如果罗素2000指数公布期间的平均收益率是10%,那么投资者要求自己投资产品的收益率是13%~15%,甚至可能更高。否则,与那些更具有流动性的公开市场交易证券相比,他们投资私募证券是不值得的。

华尔街有这样一种说法:某些投资产品是卖方市场而不是买方市场;也就是说,他们会要求销售人员将顾客推向他们而不是他们需要积极寻找顾客。这一状况同样适用于非交易性的房地产投资信托基金。因为对于任何一个投资者或者善意的顾问来说,在进行非交易性的房地产投资信托基金投资决策时首先要考虑的问题就是这只产品后续会如何运行。资产配给是指投资者需要将多少资金分别投资于股票、投资级债券、房地产投资信托基金、高收益债券、商品以及其他资产类别,其会在80%~90%的程度上决定投资者的整体收益。换句话说,假设你持有的是合理、多样化的投资组合,而不过分依赖于几个投资项目,如果股票价格上涨10%,你的整体资产价值也只会小幅度增长。当然,这只是一种普适情况,重要的是投资者需要做出的最大决策就是如何在不同资产类别之间进行投资分配。

因此你在进行个人非交易性的房地产投资信托基金投资以前需要考虑标的产品之后可能的发展态势,并且将其与其他可替代性投资项目进行比较分析。这就是机构投资者在进行投资时的首要流程。考虑到非交易性的房地产投资信托基金的可得数据非常有限,而投资者自身又缺乏行业经验,因此投资者不太可能在进行投资决策前注意到该问题的存在。除非你自己就是在金融行业谋生,否则你无法轻松容易地完成投资产品与基准之间的收益比较分析。

参照基准的重要性

尽管非基准收益对经纪人来说非常有利，但是在你看来，数据才是投资的核心，经纪公司应该用数据来展示、探讨投资项目的收益。难以置信的是，实际上，对产品投资收益进行展示时并不会与可替代的其他投资选择进行比较，更不会与合理基准进行对比。5%的收益水平只有在与你为了进行该项投资所放弃的其他投资选择收益相比时才能得到正确的评价。以非交易性的房地产投资信托基金为例，前期费用以及后续基金运营中的日常开支都会对该产品的表现以及参考基准的比较收益造成实质性阻碍。这就解释了为什么产品的收益往往不会与其他产品进行比较分析。与数字相比，经纪公司更喜欢用一些形容词来描述他们为其投资者所带来的产品收益。经纪人非常乐于告诉投资者"你的投资上涨了7%，这是非常好的收益"。但是如果你的投资已经出现了损失，那么这时金融顾问就会将你的情况与基准进行比较来安慰你说，"你的投资现在发生了9%的损失，但是考虑到整体市场11%的平均亏损率水平，你目前的状况还不能说是最坏的"。它或许是也或许不是一种合理比较。如果投资者账户中股票和债券的投资各占一半，那么在进行比较分析时就不应该只简单参考股票市场的基准收益。

顾客总是对如何评价股票投资决策产生疑问。这就如同刚刚认识自己的金融顾问时你向他提出的问题一样简单，"我们应该看什么数据来正确适当地评价你为我做出的股票投资决策?"从观念上，我们应该参考一个合理的基准来进行比较分析。如果实际投资的标的股票是美国大盘股的话，那么其收益就应该与标准普尔500指数做比较分析。反之，如果小盘股在股票组合中占比显著，那么其收益就应该与罗素2000指数做比较分析。而固定收益的投资策略收益则应该与债券指数进行比较，比如巴克莱债券指数。而参考基准指数应该在投资开始之初就可以确定下来。如果这个金融顾问是善良的，那么他不会介意将其对投资者的投资策略成果进行基准化分析。但实际上，许多金融顾问都试图辩称他们的投资策略无法找到合适的基准指数进行比较分析，或之前设定好的基准指数对于当前市场来说已经不太合理。而作为顾客，你对金融顾问的狡辩需要做出的回应非常简单。你仅仅需要对金融顾问说，如果我们无法就如何评价你的财务咨询表现达成一致，那么我们也将永远无法知道你是否很好地完成了工作。而如果不能评价你做得怎么样，那么我们在一开始又为何要选择与你合作呢？

平庸的金融顾问往往工作表现也是非常混乱的。对于那些只想以所产生的佣金这一指标进行绩效评价的销售人员来说，非交易性的房地产投资信托基金是最完美的产品。因为针对这类产品，行业中并不存在公认的评价基准，并且几乎不存在投资研究。而这些因素都将对顾客的利益带来负面影响。

看涨和看跌期权

最近，我的一位新顾客让我评价一个个人退休金账户(IRA)，这一账户的管理人就是这位客户的前任顾问。这一账户是由一些支付股息并附有选择性期权的股票组成。许多人都喜欢所谓的“抵补看涨期权”策略，他们对已经拥有的股票出售看涨期权，约定的执行价格会高于当前市场价格水平。这通常被描述为一种通过赚取期权溢价来产生额外收入的方式，如果持有的股票确实出现了上涨行情，那么将会有一个你在任何情况下都乐于出售的价格。

这其中存在一些问题。如果你持有 XYZ 股票，并且你对其沽出看涨期权，那么其实你的这些行为的效果与你简单卖出看跌期权是一样的。这被称为“涨跌转换”。运用数学方程式表达，只要行权价格和期限一样，不管你采用的是卖出看跌期权还是看涨期权，该抵补看涨期权交易的盈利/损失值是一样的。虽然抵补看涨期权策略听上去并不是那么有风险，但是许多人会发现卖出看跌期权是非常有风险的。你认为所持有股票已经受到了所有负面因素的影响，并且上升空间有限。过去，我进行过利率期权交易，范围从普通期权到复杂的海外期权交易。利用涨跌转换来管理风险是金融工具的一种基本方式，并且在当今期权交易中仍然存在。

我曾经遇到过一位对冲基金经理，他表示自己就在执行抵补看涨期权策略。我问他为什么不直接卖出看跌期权，因为这样操作需要执行的交易数量会减少，可以用更便宜的成本来获得同样的结果。片刻之间，他的诚实超越了其销售技巧，因为他承认没有任何一个投资者会认真考虑对一个仅仅卖出看跌期权的对冲基金进行投资。自然而然，我们没有通过这位经理进行投资。

抵补看涨期权策略对于那些不想让其产品收益可以轻易地与市场基准进行比较的投资经理同样具有吸引力。抵补看涨期权策略通常不会跑赢上涨行情市场，因为产品价格会上涨，现金收益会被用于再投资。但是抵补看涨期权策略可能会跑赢下跌行情市场，只要其期权溢价收益能够在弥补股票价格的下跌后仍有剩余。但是投资者很难计算清楚最终收益到底是好还是坏。如果股票价格一年中上涨10%，那么抵补看涨期权策略年化6%的收益率是否就很理想呢？还是需要达到8%才行？现实中并不存在真正好的答案。类似地，在下跌市场行情中，当股票价格下跌20%时，是否抵补看涨期权策略15%的损失率就是很理想的呢？还是该比率需要控制在8%？由于不存在绝对的标准，因此对于抵补看涨期权策略的评价也是开放性的，而进行会计核算的经纪人在为客户总结其投资项目的收益情况时，往往会使用“好”或者“在当前的市场环境下可以接受”这样的语句。因此，客户也常常很难判断出自己是否获得了与其承担的风险相称的收益。这种情况对于投资经济是好的，但是对于客户来说是坏的。并且交易佣金也可以继续增加。

金融顾问需要做得更好

尽管金融服务行业中到处都是好人，但是佩内洛普确实是成千上万没有得到公平交易的投资者的代表。非交易性的房地产投资信托基金绝不是唯一一种存在高费用的投资产品。了解过她的投资经历，我更加坚定了自己的观点：尽管这个系统并没有完全失效，但是确实存在一些进步空间。公众也一直在报道华尔街金融市场的负面信息。2008年的银行救助计划就造成了这种负面情绪，尽管就我个人来说，虽然政府确实需要为金融危机的发生承受责难，但是其也为我们走出金融危机做出了正确决策。那些无固定资产所有权的人可以获得政府资助的抵押贷款；监管政策过松；市场中存在过大的财务杠杆，尤其是在投资银行系统中。但是政府已经创造了导致金融危机发生的舞台，我并不认为当前还有比正在实施的一系列救助计划更好的替代方案了。

就像2008年金融危机为许多人带来的创伤感一样，我就不对当前情况的悲观程度做出更多评价了。行业中的一份市场调查(华尔街日报，2014)指出，国会比华尔街更不受欢迎。两者都不会对互相比较的结果感到满意。

管理公众的积蓄是一个非常严肃的课题。对于绝大多数人来说，在其有生之年，能够在退休后仍然具有一定的购买力是非常重要的，这样他们才能在没有工作时仍旧可以获得他们所需的物资。那些就你的财务健康状况进行咨询服务的金融专家应该具备信心来得到你的信任，就像那些医学专家有信心能够让你活得更加快乐长久一样。在我的从业经历中，我碰到过太多的个人或者公司机构投资者错误地相信了他们的金融顾问，认为这些专家能在公允价格下指导他们进行好的投资，然而事实上，他们为那些劣等投资项目支付了过高的成本。个人投资者会将销售关系错误理解为财务咨询关系。金融行业的销售人员深谙两者之间的微妙差异，他们在顾客面前会以咨询专家的形象做销售的事情。

佩内洛普的经历让我深思金融行业中存在什么感性问题，又是什么导致了这些感性问题。我曾与同样在该行业中工作的朋友讨论过这个问题，得到的回答也大致相同。"是的，我刚刚接触到一个新客户，他曾进行过一个非常差的投资。"这个项目可能是年金，也可能是封闭式基金，又或者可能是标价过高的市政债券。但是显然，行业中的其他人员也看到了我所看到的情况。

我曾有一个客户，他向我展示了一家大型国际银行为其制订的资产分配建议方案。通常情况下，这类分析报告需要就每一个分项资产类别做出未来收益预测。浏览完这位朋友收到的分析报告，我看到债券投资的期望收益率为 6%，理论依据是该债券在过去的收益情况。显然这与我们看到的任何一份投资文案都不同，因为法律规定每一份投资文案都必须警告投资者"过去收益并不代表未来收益"，因此该债券利率不再是 6%。你持有债券的实际收益很大程度上取决于你购买该债券时的收益水平。参照依据年限和信用风险推算出的当前利率水平为 1%～4%，6%的预期收益率假设就是荒谬的。

另一个朋友向我展示了其已故父亲为其购置的信托基金情况。该信托公司有责任对其资产进行有选择性的合理投资。他们承诺的年收益率为 1.5%。但是其资产账户的年管理费率也是 1.5%，并且该账户需要纳税。因此，我的朋友虽然持有债券，但是她需要将其 100%的收益交给信托公司，并且首先她还需要向政府纳税。也就是说，信托公司和山姆大叔（美国政府）都可以从这项资产管理项目中获得收益，只有我的朋友在承受损失。尽管这个资产托管计划中并不存在什么违法的事情，但是或许你会认为这家信托公司有义务对客户的资产管理计划做出一些改变(可能是降低管理费率),最起码需要保证其管理的信托资产收益不被耗尽于支付信托公司管理费用和纳税。这似乎是一种常识。

秉持“阳光是最好的消毒剂”这样一种信念,我和我的同事撰写了这本书。我们希望通过告诉你我们为自己和我们的客户避免了什么,来帮助像你一样的投资者,并且从长远角度以一种温和的方式来提高财务咨询服务的标准。财务咨询服务仍然存在进步的空间。

第二章　为什么投资者为了得到收益需要付出那么多

封闭式基金之谜

在投资活动中一直都存在的一个未解之谜就是封闭式基金投资的低效率。封闭式基金已经出现了几十年，其中一只最古老的封闭式基金是亚当斯快运公司(Adams Express，纽交所代码为 ADX)，这只基金声称自 1929 年开始一直在持续运营，包括亚当斯快运公司在内，目前仅有 5 只基金声称运营历史是自 1929 年开始的。现在，许多投资者都可以通过仅用于连接大型银行和经纪公司的科技产品以及实时分析软件来操作自己的经纪账户。事实上，通过多种方式，金融市场已经变得更加高效。但是，封闭式基金产品仍然保持着低效率的运作方式，投资者也反复地做着那些被广泛认为耗费他们自有资金的事情。

与共同基金相似的是，封闭式基金(CEFs)是专业化的公司(法律术语称之为注册投资公司)，它们持有其他公司发行的证券产品。但是，共同基金会持续地向投资者发行和赎回证券份额来平衡供给和需求，而封闭式基金却始终持有固定的份额。当你投资于共同基金时，你将获得共同基金公司的份额，之后共同基金公司上市，你可以用现金投资于更多共同基金公司持有的证券份额。相反，当你投资于封闭式基金时，意味着你在公开市场中从已经持有封闭式基金份额的投资者手中购买尚未偿付的封闭式基金份额。

这就是为什么共同基金交易以基金的资产净值成交，而封闭式基金交易以基金份额的现行市场价格成交。封闭式基金通常以资产净值的一定折价进行成交，这意味着封闭式基金份额可以以低于持有时的价值进行交易，以低于某物的实际价值进行购买，这一概念非常具有吸引力。当然，虽然股票的估值在一定程度上是公正的，但其成交价格通常也低于基本估值水平。由于封闭式基金持有其他公开交易的证券，因此其资产净值并没有太大的议价空间。作为结果，能够以资产净值10%的折价买入封闭式基金的机会在过去十几年的时间里吸引了大量的投资者，且这种吸引力无疑将得以延续。

由于封闭式基金的折价对于投资者来说通常是一个非常具有吸引力的机会，因此我们稍后将会讨论它。投资者容易忽视的一个环节就是封闭式基金的首次公开发行(IPO)。这将考验华尔街编造封闭式基金完成首次公开发行的故事的能力。

承销商试图围绕公司股票的首次公开发行创造尽可能多的市场热点。新上市公司的所有优点都会被关注，例如公司的新技术、创新商业模式和惊人的发展前景等。一些股票(如谷歌)首次公开发行后就一路上扬不回调，成交不断创新高。有时一些股票(如脸书上市初期)首次公开发行后就破发。但是，不约而同地，市场总会充斥着投资机会的故事，没有比华尔街更能带来对于首次公开发行的期待了。

很难去证实封闭式基金的首次公开发行也适用于同样的炒作模式。毕竟新的封闭式基金只是简单地投资于新投资者的现金收益，这些投资者持有公开交易证券的投资组合。封闭式基金的首次公开发行并不涉及新技术或者创新商业模式，仅仅是上市前后可买卖的股票和债券。然而，令人惊讶的是，承销商通常要收取6%的收益作为承销费用，但这笔费用已经由投资者支付。因此毫不夸张地说，如果你参与封闭式基金的首次公开发行，以20美元(多数封闭式基金的首次公开发行价格为20美元)购得新证券后，证券立刻贬值6%或者仅值18.8美元。

我能够理解为什么封闭式基金值得基金管理人支付6%的承销费用。毕竟封闭式基金代表着所谓的永久性资产，即一旦资金到位，只要基金管理人没有将工作做到令投资者联合起来投票解雇他的地步，那么他就可以永久地从投资中获得佣金收入。如果封闭式基金打算向基金管理人支付管理费用，则每年要支付 1.5%，或许提前约定 6%的费用比例是明智的。

但是，并非是基金管理人支付了 6%的费用，而是投资者。通常傻钱会以 20 美元的价格在封闭式基金的首次公开发行进行买入，而聪明的资金会等到下一个交易日基金价格充分反映最初买家支付的 6%承销费用后，以 18.8 美元的价格进行买入。

当然，经纪商(收取 6%费用的一方)会声称由于封闭式基金购买的股票价格会被推高，因此基金的资产净值之后会有所增加。或者专业封闭式基金管理人的能力可以保证其基金份额可以以资产净值的固定溢价成交，从而使得首次公开发行价格更具吸引力。这种情况也许听上去比较奇怪，但是如果你完全避开在封闭式基金的首次公开发行进行买入，则你将会更为富有。

我曾经在一家即将首次公开发行封闭式基金的大型公司里与一位华尔街分析师进行交谈。她一时忘记了我的金融背景，而把我想象为另一个易受骗的投资者，即无条件地愿意放弃 6%的投资收益。她试图说服我成为首次公开发行日的投资者，但是我指出多数投资者都知道要避开封闭式基金的首次公开发行，而在下一个交易日以 6%的折价买入基金。她很快认识到了自己的失误，并轻松地承认了我的观点的正确性！尽管她的工作是撰写研究报告来说服投资者进行大量的证券投资，但是她同样理解自己所推送的信息是荒谬的。

实际上，亨利·布罗吉特(Henry Blodget)与那些 20 世纪 90 年代互联网泡沫末期的人们所遇到的问题是相同的。布罗吉特之后到了美林证券工作，他被发现公开地推荐互联网股票，但他私下却否定这些股票。艾略特·斯皮策(Elliot Spitzer)是后来纽约州的总检察长，他因起诉布罗吉特和其雇主——美林证券——的虚假言论而闻名。虽然后来斯皮策因与其他女人传出绯闻而败坏了自己的名声，但这是题外话了。

作为结果，华尔街的分析师们的公开言论理应被相信。随后实施的规章要求获得认证的分析师在任何其发表的报告中添加声明，强调分析师对所撰写的内容完全负责，这一点似乎是合理的。一些业内人士对这一规章的必要性嗤之以鼻。上述的分析师们显然不符合这一规章的要求。实际上，很难相信分析师们在推荐首次公开发行的封闭式基金时可以做到在报告末尾真实地声明“我完全相信”。分析师们都明白这种做法。他们不会愚蠢地不知道多数首次公开发行的封闭式基金仅仅是相当于多支付了6%的价款。

如果你避开首次公开发行的话，那么封闭式基金可以给个人交易带来一些有趣的机会。管理1亿美元以上的资金是难度较大的，但并非不可能——我所知道的一些公司就是这么做的。但是如果投资金额在十万到几十万美元之间的话，只要你花足够的精力来分析，你就会发现真实的错误定价。封闭式基金通常以折价进行交易，因此当你在买入的时候需要考虑最终将折价出售。偶尔会有积极的投资者参与并要求股票回购，或者将股票转换成共同基金(无折价)，如此一来，这些投资者的交易就是有利可图的。有些基金是以溢价进行交易，最有名的是业主有限合伙制企业(MLP)封闭式基金，并且那些制定报税表时会采用1099格式的投资者往往更喜欢业主有限合伙制企业基金而不是K-1s基金。如果你的投资资金规模较小并且不希望花精力于业主有限责任合伙企业封闭式基金的研究，那么通过封闭式基金持有业主有限责任合伙企业封闭式基金是一种非常低效的方式。

收益率通常被投资者所误解。如果一个100美元的银行存款为你每季度提供了1美元的支票，那么即使它只有0.25%的收益，你也不会将4%的收益率与4%的费用开支混淆，你会认为多数的分配来自你自有的资金收益。然而封闭式基金就是这样运行的，虽然采用1099格式的报税表会准确地显示资本收益和投资收益的组成分配，但是多数投资者通常仅将现金收益视为收益的来源。多数非交易性的房地产信托基金也发生了同样的事情，即虽然它们在招股说明书中声称向买方作了登记，但近年来市场的发展显示信息并没有向买方登记。

投资者为简化税收需要支付更多

一些封闭式基金投资于业主有限合伙制企业。业主有限合伙制企业属于大类资产，它们是能源基础设施企业，涉及管道、储存设施、资产收集和处理、运输和物流——基本上所有燃料从产地到消费地的管道设施业务。多年来，它一直未被公共股票市场所发掘，并蕴含着丰厚的利益。像收费公路这样的中游业主有限合伙制企业(运营介于石油、天然气或煤的勘探和生产公司与分销零售公司之间)主要关注它们系统内的流通量。虽然该类公司同样受到经济周期和大宗商品价格的影响，但它们并不像多数其他传统能源企业那样敏感。

业主有限合伙制企业是以合伙制而非公司制组建的，它赋予投资者具有吸引力的延期缴税的功能。多数情况下的实践结果表明，投资者在出售证券时所获得的分配(也称业主有限合伙制企业的分红)大多是征税的。实际上，对于买入并持有的投资者来说，此举将税金缴纳递延至未来的 10 年甚至更长的时间。这是那些较为富有且需要纳税的美国投资者所明显青睐的投资对象。当然这里面存在一个问题，即以采用 K-1 形式的报税表替代采用 1099 格式的报税表。结果表明，想要获得税金递延还需要在纳税申报时做一些工作。由于多数人需要税务会计师来完成这些工作，所以富有的投资者更倾向于投资业主有限合伙制企业。多数个人投资者并不关心其投资对象不能提供采用 1099 格式的报税表。

回想起 2004～2005 年间，我见证了加布里埃尔·哈蒙德(Gabriel Hammond)的经历，他是一位非常睿智的年轻人。加布(Gabe)当时刚离开高盛，他在那里是一位业主有限合伙制企业的分析师。当他向我解释他们所具备的一切运营优势时，使我对业主有限合伙制企业产生了浓厚兴趣，那个时候我在高盛从事对冲基金推广业务，我们决定向加布的新对冲基金——阿勒勒(Alerian)——提供融资。那个时候加布还不到 30 岁，发行对冲基金的经验尚且不足。实际上，我和加布的会面是在他人的建议下发起的，起初我怀疑这次会面能否达成共识。但是加布已经有一个非常深思熟虑的商业计划，其中包括通过简化税务报告的方法来进一步扩大潜在投资群体的范围。加布同样认识到业主有限合伙制企业明显缺乏合适的标准，因此他编制了阿勒勒业主有限合伙制企业指数，该指数在目前这个领域仍然被广泛采纳。

对有限合伙企业的税收分析以及对这些企业在其法律责任较少的税收报告中呈现出的收入进行重新界定，仍然是一个相对模糊的业务领域。然而，在随后的几个月内，大量的法律、税收人才被高薪引进用以解决该问题。最根本的问题是在以符合条件的、采用 1099 格式的报税表呈现之前，合伙制企业的收入必须通过公司征税。你可以通过税收递延或者采用 K-1 形式的报税表的方法来投资有限合伙企业，或者你可以投资一家反过来投资业主有限合伙制企业的公司(例如共同基金)，这样你将得到采用 1099 格式的报税表。通过后面这种方法，业主有限合伙制企业的收入将被征税，你将获得剩余部分收益——大约 65%。每个人都想要获得的业主有限合伙制企业的收入没有经过公司税务过滤的以及以简单的、采用1099格式的报税表。

人们讨论了很多解决这一问题的可能性，但是没有人可以承受这些细致的法律、税收分析师所遇到的问题。也许不同寻常的是，这些高收入的法律人才不能够确定税收的漏洞。罗纳德·里根(Ronald Reagan)总统通过了1987年《税收改革法案》，该法案为业主有限合伙制企业的后续发展建立起了法律框架，这至少证明对税收进行套利是安全的。

美国公司的税率为35%，这解释了你与业主有限合伙制企业之间的中介公司给予你65%的收益。多年来，这一常识有效解决了采用1099格式报税表的业主有限合伙制企业投资的发展问题。我指的是，谁会为了简化税收而放弃这1/3的收益呢？任何放弃35%正常收益的投资结果都确实变得不具吸引力了吗？

令人惊讶的是，业主有限合伙制企业65%的收益仍然吸引了大量投资者的资金。结果，推出了大量的相关金融产品，这些产品提供业主有限合伙制企业65%的收益，企业采用1099格式的报税表。我的朋友加布编制的阿勒勒指数如今已成为普遍采纳的基准，投资者们都致力于获得该指数的收益，个人投资者购买金融产品，可能并不能完全获得招股说明书中承诺的收益。其中，那些资金规模超过90亿美元的大资金投资者，他们的投资对象均是阿勒勒业主有限合伙制企业交易型开放式指数基金(Alerian MLP ETF)(ALPS,2015)。由于基准指数不像交易型开放式指数基金那样需要承担35%的税收，因此投资者的收益通常低于基准指数(阿勒勒业主有限合伙制企业基础设施指数)收益几个百分点。理论上，基金持有人是由大量1万美元资金账户组成的，对于这些持有人来说，采用K-1形式的报税表的成本是高昂的。由于税收导致业主有限合伙制企业业绩的下滑已经使得其投资收益落后于标普500指数和房地产信托基金，因此标普500指数和房地产信托基金可能是更好的投资选择，虽然如此，但是以这样的投资规模衡量的话，业主有限合伙制企业甚至有可能是一个很好的金融产品。或者可能是大多数投资者根本不理解这个问题。

罗恩·罗兰(Ron Rowland)是探寻阿尔法网站(SeekingAlpha.com)的一名博主，他曾指出2010年阿勒勒业主有限合伙制企业交易型开放式指数基金首次发行时的税收情况。在阿勒勒业主有限合伙制企业交易型开放式指数基金不断扩张时期，他曾是一位孜孜不倦的评论家。基于资金的流动，你也许会得出结论认为阿勒勒业主有限合伙制企业交易型开放式指数基金取得了广泛的成功,投资者用金钱进行的投票表明罗兰是错误的。非此即彼,包括乔舒亚·肯农(Joshua Kennon)在内的多数人感到叹息:多数投资者花更多的精力用于选购冰箱而非证券,乔舒亚·肯农曾为个人投资者创建了一个专栏。阿勒勒业主有限合伙制企业交易型开放式指数基金具有与指数相媲美的收益率,但之后应支付的税额调降了其资产净值。只看收益率的话并不代表所有。

杰瑞·斯万克(Jerry Swank)经营着库欣资产管理公司(Cushing Asset Management),他曾和其他人一样长期投资于业主有限合伙制企业。我曾见到他在一个会议上发表关于税收低效率金融产品(例如业主有限合伙制企业)的演说。不久之后,由于他的公司发行了相似的税收低效率基金,因此他一定会得出结论:如果你不能战胜对方,那么你最好的选择也许是加入它们。

高频交易的税收

一些封闭式基金的书籍旨在教育投资者在投资中可能遇到的陷阱和机遇。然而,市场长期以来使得那些相信市场有效性的投资者感到迷茫。市场的相对流动性不足不仅限制了资金量,也象征着另一个风险来源,这些资金会被有效地用来发掘市场的低效率。2008年,由于封闭式基金的市值较小以及杠杆的利用导致封闭式基金的折价急剧扩大,从而当年许多封闭式基金跌幅远远超过整体股市。

投资者不仅仅为证券的发行支付了太多。虽然美国公开股票的二级交易市场成本从表面上来看非常低(基于佣金来说),但高频交易(HFT)却悄无声息地在其他方面收取了高昂的费用。迈克尔·刘易斯(Michael Lewis)因在其2013年出版的《闪电小子》(*Flash Boys*)一书中用平易的语言解释了高频交易的工作原理而获得高度评价。刘易斯是一位伟大的作家,我曾经欣赏他的每一部著作。我甚至读过他的《点球成金》(*Moneyball*)一书。1982年我从英国来到美国之前,我主要通过电视收看英式足球节目,从来没有对美式运动产生过兴趣,这本书让我对棒球有了一个高度的评价。

《闪电小子》一书优雅地阐述了当代股票市场的结构及其市场监管在软件工程师能力影响下所经历的几个阶段。一些高频交易有了用武之地。据说内森·

罗斯柴尔德(Nathan Rothschild)更早地获悉英国在1815年滑铁卢战役中战胜了法国,因此他能够通过提前购买英国金边债券(政府债券)而获利丰厚。虽然这个传闻被认为是杜撰的[凯(Kay),2013],但它仍然是一个很好的故事。人们一直在寻求获取信息的速度。

但是,一些高频交易具有明显的破坏性,它象征着向投资者征税。假设你能够看到电子化的交易指令传输速率下降到原来的千分之一,那你会看到交易指令从纽约传输到芝加哥往返需要15秒[而它真正需要大约15毫秒(刘易斯,2013)]。你将看到你发出的交易指令首先离开纽约,但之后由算法发出竞争指令将其传送至芝加哥,算法发出竞争指令可以看到你的交易指令的发起,并在你之前获取将指令传送至最便宜卖价指令的最快路径。刘易斯明确地描述了布拉德·胜山(Brad Katsuyama)——一位在纽约工作的加拿大皇家银行的交易员——是如何从事一些高科技的侦查工作来找出最快传输路径的。

自由的市场允许创新,但是在理解上述案例之后,我们中的多数人会认为抢先交易是一种复杂的交易模式。如果经纪人在执行客户交易指令前自己优先购买了股票,则此举是非法的。你会认为设计一种算法来做同样的事情会增加设计者的相似开支,但是生活本来就是复杂的。对于交易指令速度的追求导致高频交易服务器被放置在距离纽约股票交易所较近的地方以及交易指令成本较低的地方[查克曼(Trugman),2014]。由于交易指令是难以处理的,同时又能够带来丰厚利润,因此雇用经纪人将交易指令发送至你的流动性"暗池"这一行为是令人厌恶的。

公众疾呼监管部门和国会听证会采纳刘易斯著作中修复交易指令的建议,这将有助于恢复市场的平衡以及公众对金融市场完整性的信心。由于存在很多这种类型的问题,因此《纽约时报》在其头版发起的关于"为什么会发生这样的问题?"的调查并没有取得成功。大批人士要求将发掘交易指令的行为和相应的整改公开。如果你看不到受害者的话,做出伤害他们的事情在道义上受到的谴责就会小一些。正是我们相互联系的世界提供了人们之间的匿名沟通。

投资者如何保护自己?最明显的方法是将交易指令纳入限制交易指令的股票市场。这种方法不能使得投资者免于高频交易的税收,但是至少可以免于投资者的交易指令被算法发出的交易指令抢先。如果你并不试图提高市场的报价,那么高频交易程序就没有动机去打压你的交易指令。但是,当算法旨在领先你的交易指令买入并在你提高报价(也许会)时卖出获利,那么算法发出的交易指令价就会高于你的交易指令价1美分,如此一来,你仍然是被算法所利用。同时,如果市场下跌,则高频交易将会快速调整方向并以你的买入价出售,这样在市场大幅下跌时高频交易仅损失1美分。

在我们的交易中,我们并不是活跃的交易者,并且无意与高频交易就交易速度形成竞争关系。我们仅仅是以尽可能地控制支付高频交易税收费用的方式完成我们的交易。当高频交易在竞价以及识别“真正有钱”的投资者(例如个人)试图做什么的时候,多数大型股票会在1分钟内多次调整价格。这会形成大量的价格“噪音”,通常需要更大的耐心去交易。如果你选择了一个你可以执行的、接近当前市场的价格,并且你就简单地以该价格发出交易指令,那么你至少代表了市场参与高频交易最无聊的一种方式,高频交易导致的价格大幅波动可能最终促成你以指令价格完成交易。这是我们所可以做出的最好的防守。我认为,应该允许纽约股票交易所成为一个盈利实体,打开交易指令滥用的大门,所有的交易者所能够获得的收益将不会有明显差异。股票交易所应该以公用事业的方式运营。竞争的流动性池结构有违常理,即所有的获利动机来源于共同利益。

当基金经理从自身利益出发来运营管理公司的时候

上市公司主要以股东收益最大化为经营目标,但是也有例外。像安然、世通、泰科这些公司通过欺诈行为骗取投资者的资金,最后自然难逃牢狱之灾。在这种环境下,证券投资者得出结论:他们应该仔细地进行分析,否则损失是不可估量的。但是也有一些公司以实际行动和公开资料的方式表明,其经营目的是以股东利益为代价使得管理人的薪酬最大化。这些公司通过信息披露从而保持在法律的框架内,并不断掠夺其他公司。我们几年前遇到的一个典型例子是科达伦(Coeur d'Alene,纽约证券交易所代码为CDE),一家银矿开采公司。

白银是一种有趣的研究商品。全球多数白银并非从银矿中开采,而是其他金属如黄金、镍的附属品。纯银矿并非白银生产的主要来源。结果造成白银的供给对于与其一同开采的黄金、镍价更加敏感,相比较而言,黄金更具价值、镍资源更丰富。白银价格的变化并不会引起白银供给的转变。需求方面,大约一半的白银消费用于“工业制造”(白银协会,2015),它在消费者电子产品类别(例如智能手机)中的占比非常小[费雷(Ferré),2015]。白银具有替代品无可比拟的优良导电性,因此价格的变化同样不会引起白银需求的转变。

作为结果,由于白银价格的变化对其供需影响甚微,因此它是非同寻常的商品。白银的生产和消费一直很少反映其价格。因此,例如由交易行为导致的供需的实际微幅变动会导致价格的剧烈波动。正是这一价格的剧烈波动吸引了交易者和投机者。白银的波动并没有特别地吸引我们去研究科达伦这家公司,但是我发现白银的基本面非常有趣。

2010 年,当我们开始着手研究科达伦这家公司时,由于一些矿产资源可以以低于其资产净值的价格买入(例如低于投资者持有的外汇储备的价值),因此我们更加感兴趣以这种低价的方式投资黄金、镍等贵金属。当我们进一步研究时,我们越来越关注管理层的利益并且投资者们并不像我们所想的那样团结一致。2012 年,我们得出结论认为这些公司实际上通常只是一个合法的传导机制,它们将财富从投资者传递到了管理者。

通常一些"主张金本位"的信仰者坚信黄金白银最终会被证明是最好的投资对象。这是一种宗教信仰的形式,即它完全不受反面证据的影响,例如金价大跌。像宗教信仰一样,与信徒讨论这个问题没有任何意义。信仰不需要承认事实,通常多数情况下,信徒被证明是错误的。

我长期坚持写博客。我发现这是一种很有用的可以表达我的思想的方式,同时我的思想也可以被他人所读到。当我得出结论认为科达伦公司是一家成功的管理公司,它以投资者的利益为代价而使公司不断获得财富时,我将此结论发表在博客上,并被探寻阿尔法网站发表(洛克,2012)。我曾描述了公司股票的变动路径和公司长期首席执行官丹尼斯·惠勒(Dennis Wheeler)(退休前)的薪酬有着鲜明对比。不同寻常的是,该公司的薪酬计划奖励产出的增长而非股东回报的增长。这将导致任何理性的首席执行官(作为一名首席执行官,惠勒曾在工作中出现过失误,但他仍然是一个理性的首席执行官)为了个人薪酬的最大化而无论价格怎样都会通过稀释股权的融资方式来寻求增长。惠勒曾积极抗议这种错误的激励机制,并通过持有那些被低估的低市值股票来进一步凸显自己的明智。

互联网对于那些希望写作的人来说没有进入壁垒。如果你不限制你的写作内容出现在那些运行良好、审核写作内容的网站上的话,那么你在网上写作就不存在筛选机制和质量控制。结果，当你写了一个故事涉及对一家公司批评的时候，你就会激起那些失业的人们去进行反驳。当这一批评的目标是针对贵金属开采公司时，你可以观察到一些这一公司的信众会前去捍卫他们的信仰。这使我确信，无论多么的无效率和糟糕的计划被曝光出来，总会有易于开发但管理不善的资本被源源不断地提供出来。同时，我可以写一个相似的关于科达伦公司的故事，这是因为当前的首席风险官还在重复着他的前任所巧妙完成的事——投资者持续承担成本。

上市公司将公司的利益置于股东利益之前，这样的案例数不胜数。像我这样，运营自己的公司，创造一种大家都可以看到的美好自由空间。但由于大型金融公司会寻求与其他上市公司开展业务，因此他们难以做到公开批评上市公司。

例如，赫兹公司(Hertz)将其总部从新泽西州搬迁至佛罗里达州的那不勒斯。我作为一名新泽西州饱受批评的纳税人和那不勒斯的房屋所有人，完全理解佛罗里达州的零所得税极具吸引力。然而，如果你将一家全球化公司的总部搬迁至佛罗里达州，则至少更加接近机场，如奥兰多、迈阿密或者坦帕。我可以证实那不勒斯有许多吸引人的地方，但这里没有直达美国各个城市的商业航班。不难发现(现在是前任)首席执行官——马克·弗里索拉(Mark Frissora)属于那不勒斯一家非常高级的高尔夫俱乐部，冒着被冷嘲热讽的危险，我怀疑在马克下班回家的路上打一局九洞高尔夫还是可能的。

火腿三明治测试

美国地区电报公司(ADT)是一家警报公司，2013 年该公司开展了积极的股份回购计划，在维权对冲基金——科维克斯(Corvex)的促使下，该回购计划提供额外的债务融资，这一对冲基金是由基思·迈斯特(Keith Meister)管理的。当迈斯特决定留下少部分未实现价值的时候，对他的这一管理能非常确信可以通过努力而将价值返还给股东，他利用了特有的股票回购计划，在此计划中，他倡导以持有一个周末的方式向公司出售科维克斯的股票。从回购者手中买入股票，这一非常愚笨的美国地区电报公司的管理措施无疑导致公司股价在信息披露后的几周下跌了 30%。随后公司盈利能力下降的信息进一步加速了股价的下跌，而迈斯特和美国地区电报公司的首席执行官拿伦·固沙哈尼(Naren Gursahaney)在美国地区电报公司从科维克斯回购公司股票的时候已经提前知道了这一信息。虽然美国地区电报公司倒霉的首席执行官从狡猾的运营商那儿受到了侮辱,但是由于最初的支持者——科维克斯——通过卖出回购发生了 180°大转变,因此这是一个空洞而勉强可信的状态。如此一来,那些独立的资金管理人并未遭受美国地区电报公司相关资本市场业务的损失,他们可以写下关于火腿三明治测试的文字。(伯克希尔·哈撒韦公司的)查理·芒格(Charlie Munger)的忠告:你最好投资于那些可以通过火腿三明治测试的公司,这是因为总有一天它们会带来收益。美国地区电报公司并没有认为通过火腿三明治测试同赚钱一样有趣,但它可以是暂时令人满意的资金流向。

这里给投资者的建议是,当你投资一家公司时,你就成了公司股票的持有者,你需要评估负责管理你资产的其他代理人的管理能力。期望他们能以受托人的规范要求自己,将你的利益放在首位。但是不要设想他们会这样做,在这种情况下相应地重新调整你的投资组合将会是有意义的。在赫兹公司的案例中,我们认为公司搬迁总部的举措是一项重大失误,许多持有公司股票的维权对冲基金通过新的管理来纠正这些失误。这种情况及时发生了。在美国地区电报公司的案例中,我们并不乐观,选择"用脚投票"。

维权对冲基金在赫兹公司和美国地区电报公司的案例中均有出现。通过获得董事会的代表权,投资者可以为各种有利于价值增加的方法造势。他们可以迫切要求改善操作性能、更高的资产利用率、出售表现不佳的业务单元、股票回购甚至将公司出售。按照定义,他们参与识别低估值的股票以及修正这一股票的价值。投资者角色的日益重要吸引了多数上市公司首席执行官的注意。卡尔·伊坎(Carl Icahn)已经历练成为一名非常厉害的投资者,在他的网站上警示道:"很多人死于暴政。我至少能做的是投票反对暴政。"(股东圆桌论坛,2015)这是伊坎在 1988 年德士古(Texaco)年会上引用的话。

虽然我相信投资者的加入对于股东是有积极影响的,这是因为投资者致力于多数能提高股票价值的举措,但投资者的投资行为构成了一把"双刃剑"。虽然公司管理负有投资者的受托义务,但维权对冲基金并不承担相似的义务(虽然一旦他们获得了董事会席位就会改变义务关系)。科维克斯基金展示了它是如何从操作上支持美国地区电报公司的流通股股东快速转变为放弃他们的利益。不是每个投资者都可以被依赖为目标公司的股东赚钱。

如果招股说明书说你会上当受骗，那它必须是合法的

投资者通常会不公平地遭受资金损失，而这些令投资者亏损的方法多数是合法的且发生在光天化日之下。对于投资者来说，最大的困难在于确定你所持有股票的公司与监管你投资组合的金融顾问之间是否存在利益结盟。避免盲目的最有效方法是直面委托—代理问题。你是委托人，无论你的代理人是公司首席执行官还是投资顾问，他们都需要对你财务的波动负责。如果他们没有持股或者投资于曾要求你购买的资产，则你将处于弱势地位来确保你的最佳利益被放在首位。

当投资者为一只股票付出的成本过于高昂时，接受高昂的费用或者与那些倾向于自我丰富的不法管理联合，投资者在其中需要承担怎样的责任呢？本书的分析主要取自于公共资源，虽然作者均为金融专业人士，但相关信息只对那些有时间且愿意研究的人们有用。其中的一个问题是研究太耗费时间了。以典型的非交易性的房地产投资信托基金的招股说明书为例。基本的文件资料可以轻松达到200页的内容，再加上额外信息的补充，页数就更多了。非交易性的房地产投资信托基金的招股说明书提供了大量的、关于运营计划安排的信息，这些计划安排揭示了基金的成本开支。例如，菲利普斯·爱迪生ARC购物中心二期房地产投资信托基金公司(Phillips Edison ARC Grocery Center REIT Ⅱ, Inc.)(2013年11月25日)的招股说明书就包含了250页的基本文件资料和50页的附录。

招股说明书封面显示初始费用为10%的收益，第14页进一步显示“其他开办费”是2%的收益，但是费用清单仅仅是从这里才开始。虽然你也许会认为购买资产是房地产投资信托基金的基本业务，但是他们同样收取1%的购置费。如果他们达到75%的目标杠杆率，则100美元将最终购得175美元的资产，并产生1.75美元的费用或者1.75%的投资金额。购买资产的其他相关费用累计达到0.65%的资产价值或者1%的投资金额。所有加总将达到初始投资金额的14.75%。

房地产投资信托基金管理人每年将额外获得房地产投资信托基金价值的1%。基金每年支付2%的加盟费。0.75%用于支付组织融资；每月总收入的

4.5%用于支付资产管理费；还有租赁和施工管理费用(无法从招股说明书中获得)。15%的收益流向管理人，以及如果房地产投资信托基金上市的话还需要支付升值金额的15%。

同样有长达13页的内容是关于利益冲突的说明。房地产投资信托基金所涉及的所有人群均对各自的时间有其他要求。但是他们同样受益于支付给服务提供方的费用开支，费用“并没有谈妥”。招股说明书上写道，经销商管理人，或者称之为承销商，并不是独立于房地产投资信托基金。由于经销商收取了高额的费用，因此他们所推荐的投资并非是客观的，此外经销商不独立于房地产投资信托基金进一步影响了其投资建议的可信度。管理资产的公司也是房地产投资信托基金的一个隶属机构，投资价值不会独立而生，它是由房地产投资信托基金的管理人创造的。

坦白地说，除了所有这些堪称奇迹的费用和冲突，招股说明书中剩下的部分对于个人购买者来说就是可接受的投资收益。作为一个对客户负有受托义务的投资顾问是无法向客户推荐这种投资资产的。他们不会这样做。非交易性的房地产投资信托基金是基于适用性和信息披露而销售的。由于这一切都是完全合法的，因此实用性对于受托人来说显然是一个非常低的标准。由于我曾基于公开资料讲述了所有的费用，因此这显然是信息充分披露的。

但是投资者们都理解吗？买方真正理解了他们将要进入的市场吗？在第一章中我的朋友佩内洛普的回答是否定的。如果大量的信息展示给投资者，结果会造成领会这些信息就会像读懂一本枯燥的书籍那样费劲，如此一来投资者是否真正领会了任何信息呢？如果你对非交易性的房地产投资信托基金发起金融类的调查，不久你就会发现人们认识到他们正在等待一场意外的发生。实际上，我发现极少数的人群对金融产品从来都是报以高度负面的、愤世嫉俗的观点。设想，少数医生在开药方时完全知道药物的有害性，而其余的保持沉默吗？将会(几乎确定，应该)有各种各样的结果。会有公开批评和辩论。我们这个行业需要对整体行为承担更大的集体责任。我不相信我的任何一个朋友可以在这些有害的金融工具下生存，但是为了揭露这一完全利己主义的行为，我敢冒风险与一些参与交易的人接触。其他人不应该那么害怕被批评。

个人投资者(通常也有机构投资者)会在使用金融服务的过程中犯下大量的遗漏错误和支付大量佣金。从最基本的层面来看，从1980年到2007年金融在

GDP 中的比重大致翻了一番，但没有增加任何社会福利（定义为家庭实际收入的中值或净资产）。从更加细微的层面来看，投资者购买的投资产品给经纪人带来的收益超过客户、投资者的投资行为显示其更像赌博者而非投资者、重要的公开披露文件上只有粗略的审查等这些例子不胜枚举。绝对自由的市场不仅提供了大众所需的产品和服务，而且也提供了大众经过深思熟虑后应该不需要的产品和服务。当你在评估有效的资本是如何创造无数成功的、有真实价值的产品时，为什么金融业没有做得更好？为什么金融业不能以更高的标准发展？

时机代表一切

最受欢迎的建议必定是时机的选择。在投资者参与的所有活动尤其是做购买决策时，他们很少考虑所投入的资金是否受益于合适的投资时机。就拿购买房屋来说，当投资者在评估一项房地产的近期市场方向时，致使投资者做出相似的投资决策的驱动因素在于需求和可用金融资源。

由于在决定投资前后很容易重新计算昨天购买与一个月后购买的差异，因此易于理解。我以许多不同的形式来询问通常的问题。像其他人一样，我也跟随市场的方向。但是我更想对市场下一步的变动有着坚定、正确的把握，多年的经验告诉我，从短期来看这几乎是不可能的。

但是资金管理人、银行以及经纪商通常会暗示你他们拥有一些方法来帮助你把握正确的时机。他们利用计量经济模型、专有工具，甚至（死了心吧）技术分析。通过图表发现历史行情的模式从而预测未来市场的波动，任何投资者都熟悉这种方法。虽然有少数投资者独立地基于技术分析来判断市场变动，但是多数投资专业人士广泛地使用基本工具和技术工具。就我自己而言，我对通过历史业绩决定未来投资决策可以盈利的模式表示怀疑。但是图表相比每日收盘价格曲线更好地讲述了市场的故事，因此这种方法在当时较为普遍。

我知道有投资者会严肃指出他的投资委员会认为一只特定股票的图表“看上去很好”或者“表现很差”。这说明他是一位趋势投资者。虽然并非所有的绘图派都是趋势跟踪者，但趋势最容易在图表中显示，股票在下跌趋势中不会吸引趋势跟踪者去买入它——多数投资者同样不会，这就是该股票会持续下跌的原因。当我听到这样的投资者观点时我总是会苦笑，因为如果你是一名投资者，那么当你在试着买入的时候其他人正在抛售。你很希望图表看上去很差;你希望从短线、技术驱动的交易员手中买入,这是因为一旦销售殆尽,那么股价就会很快转向,从而图表就会变得好看。

总之,这是一种炼金术。在金融领域,那些以证券图表模型来形成对一只股票整体观点的人被同事们认为是有些可笑的。当然,并没有理由去这么做。我经常在想,图表模型可能的基础是投资者集体持有的行为偏差的视觉表现。趋势投资是趋势跟踪的一种形式,它是长期收益的来源,反映了我们跟随自己的同龄人的购买选择,因为它证实了我们的信念。就其本身而言,它是一种无效的工具,但是它偶然地与其他有帮助的分析模式(例如审核财务报表)结合在一起,或者至少感觉其他分析模式是有帮助的。因此存在的问题是:如果图表代表了决策制定过程的一部分,则也许难以区分出图表在决策制定中的重要性。由于相对那些无法量化的方式来说,图表也许是有所帮助的,因此在你自负盈亏时将忽视技术分析。虽然我未曾看到任何明确的研究论文可以展示技术分析产生可靠的、有吸引力的回报,但是图表模型的信徒众多且均激情高昂。

我记得一位技术派人士(正是因为他们唤起洞察市场的布线概念才这样称呼他们),他的每日预测可以总结为如果股价上涨则会保持上涨,如果股价开始下跌则会一直下跌。当他在阐述自己的预测时看起来知识渊博,他经常公布具体的操作建议。他的这些预测并不承担实际赚钱的要求。这种业务模式是非常流行的模式之一——如果大量的投资者对技术派人士的观点感兴趣,那么其所在公司的曝光率不断提升最终会反映在其薪酬上。

我曾雇用过一位外汇交易员,他是不折不扣的图表派人士。他坚信你所需要的所有信息均已反映在货币的历史中。由于至少对于发达国家的货币来说,没有必要通读每季度财务报表,因此如今投资者在交易货币中的确要比个股考虑的因素更少了。根据我的经验,货币所展现出来的趋势的可持续性要比债券或者商品更可靠。例如由货币利差(通过在高收益投资领域投资更高收益的货币)导致的失衡会持续数年时间。当然,图表分析的另一个好处在于它给回避财务报表分析和其他基础数据分析提供了借口。技术派分析师对待工作往往是认真且努力的,但非专业的技术分析人士可能利用喝咖啡、吃面包的 10 分钟时间就完成市场分析。这可能形成一种图表分析人士是高效的假象。

我在上文提到的外汇交易员,他十分乐意参与我们的内部市场技术人员推荐的交易机会。图表分析和技术分析有着共同的收益承诺,图表分析是一种被忽视的通向市场成功的路径,图表分析的观点与内部市场技术人员避免交易任何实际头寸截然不同,从而达到证实图表分析可以洞察交易利润的目的。当遇到挑战时,他总是反驳称管理交易头寸会挑战其客观性,似乎持有亏损的头寸会促使他持续推荐亏损的标的,尽管这个时候图表已经给出了相反的观点。但是事后,如果图表分析没有给出这样的操作建议,那么为什么还要持有亏损的头寸呢?我经常会利用在交易员餐厅排队等待就餐的时间来争论这一折磨人的、简洁但有趣的逻辑。

令外汇交易员而非我吃惊的是,技术分析交易账户是不赚钱的。在解释这一结果时,我雇用的酷爱牌饮料(Kool-Aid drinking)交易员因有时曲解了其分析的信息而承担部分责任。沿着这一方向,他应该已经认识到图表模式的演化而非愚蠢地解释错误的图表。似乎造成这一结果并非是错误信仰的结果,而是信仰者不完全信任所采取做法的结果。因此那些不完全信任并跟踪图表的图表流派人士在利润趋向的交易环境中究竟采取了什么做法呢?在这一点上,我必须承认我们尽了最后的努力去挽回那些持续亏损的雇员所造成的利润流失。交易员以交易持仓形式展现的市场观点已经是完全不赚钱的,因此剩下需要看的是他如何对待其他人的观点。这一试验不仅仅在于呈现我们内部市场技术人员市场观点的“实弹”记录,这是我尽最后的努力来证明我最近的招聘决策不是一个坏的决定。遗憾的是,交易员的失败证明了我前一个试验目的,因此我必须解雇他。不过,这一切并没有因此失去,因为他能够将自己作为一个自营交易员的失败经验转移到向客户建议他们的对冲基金投资。

在交易中,由于借助了杠杆,因此时机就是一切。无论是借钱进行投资的显性杠杆,还是利用像衍生品这样的资产负债表的隐性杠杆,一旦你引入了杠杆,你就会关注股票的走势。尽管我不能声称已经预见到了 2008 年的危机和股票市场的崩溃,但我至少在组织我的事务中秉持了严格的保守主义(意思是没有举债),我从来没有面临任何抛售的经济压力。对于我来说,雷曼兄弟的破产和随后市场不断地创新低,让我不得不考虑账面损失,虽然我坚信这些损失最终将得以弥补,但在我们亏损出局之前我仔细考虑了最坏的结果,从而避免被那些任何人都无法控制的事件所束缚。

投资者相比交易员的一个巨大优势在于,投资者较交易员拥有充裕的时间。

沃伦·巴菲特给予我们无尽的精彩语录和明智的建议，他经常忠告用借来的钱投资是愚蠢的想法。如今有人会指出伯克希尔利用其保险的"浮动"金额来投资等额的股票，巴菲特自己经常称他喜欢保险业务，因为人们付钱让你拿着他们的钱。他的意思是客户支付的保险费并不会即刻创造收益，而只需要在未来通过保险索赔进行支付。但是撇开这种有利的业务模式已经运行几十年了，对于广大个人投资者来说它仍然是明智的建议，一方面限制你投入真正拥有的资金，另一方面不增加借款。

这同样适用于进行杠杆交易的公司。他们的业务越循环，承担的债务就越少，因此当市场低迷时不会看到股票持有者取代债券持有者。

虽然投资者只使用他们自己的钱的话不容易受到不良市场时机的影响，但他们非常理性地关注其他投资者买入的好时机。

第三章　为什么结构性票据并不经常是投资的最优选择

——凯文·布罗利

买者自负风险

当前的投资市场并不容易操作。2008 年的痛苦记忆仍留存在我们的脑海中，这使得我们不愿意将更多的金钱投入到股票和债券市场中去，多数人实际上坐拥着大量的、几乎没有任何收益的现金。我们担心当前的投资市场是否确实拥有坚实的基础或者市场是否被美联储(Federal Reserve)的宽松政策所人为支撑。当我们看到通胀水平下降、美元走强的时候，散布谣言者多年来一直抱怨高通胀的出现以及美元的崩溃。在 2009 年 3 月市场开始反弹的时候，这些不确定因素在远离我们，而那时我们的投资却是不足的，然而，当前我们不情愿在较高价格之上介入市场。正如专家们所津津乐道的那样，那时的投资市场是记忆中最令人恼火的牛市之一。

在经历这些挑战的过程中，带来的机遇是你的经纪人提出了结构性票据的概念。高息票的结构性票据，其收益远远高出你的现金收益，或者结构性票据向你保证市场下跌时你将收回本金而市场上涨时你将获得 90%的上涨收益，在那样的市场环境下，结构性票据确实有吸引力，你将会好好考虑它们。你也要仔细考虑，那些潜在的、有吸引力的回报可能带来潜在的风险和缺点。

这一章将会讨论一些上述缺点，并希望这能给你带来较好的认知。这些结构性票据是价格昂贵的、完全缺乏流动性的以及过于复杂的。我们将通过一些细节来讨论这些负面特征以及观察一些可以凸显这些负面特征的具体结构。无论你从中收获怎样的结论，都可以带着问题询问你的经纪人，这些问题包括流动性、佣金、开证银行的资金成本和大型银行结构性子公司的内置利润。在开始细节讨论之前，简要说明一下发行结构性票据的交易场所。

过去几年，银行和投行雇用了大量的精英人士。这些精英是拥有金融 MBA 和数学博士学位的工程师和学生。这些精英人士汇聚在大型银行的交易场所，在那里他们被传授金融工程的细节要点，被鼓励去培养敏锐的商业直觉。他们当中最精锐、最具有商业直觉的精英将会从事复杂的衍生品业务并获得高薪。而不幸的是，这些由技能、头脑、商业直觉和金钱构成的令人眼花缭乱的组合的一个结果就是更具侵略性和掠夺性的市场环境。请注意，这个场所就是你投资结构性票据的场所。

衍生品业务是华尔街最复杂以及最不透明的业务之一，也是最具营利性的业务之一。除了已经提到的特征和观点外，多数衍生品交易是场外交易，这意味着交易是由双方单独协商完成的。在给定的时点上并没有权威的市场报价，你必须去电话联系其他交易商，并且从不同交易商处获得不同报价。专业的交易商在衍生品业务中拥有复杂的定价模型，这是粗心的散户投资者所不具备的。在场外交易的衍生品业务中，专业交易者与个人投资者的知识差异非常大，而知识的差异以及缺乏透明度带来了丰厚的利润空间。

结构性票据是华尔街的一种工具，它用于将复杂衍生品配置到大量的知识匮乏个人投资者的投资组合中。通常，很少有个人投资者理解衍生品，更不用说理解内嵌这些复杂衍生品的结构性票据了，为此银行创建了一个卖点框架用于支持结构性票据的使用以及宣传它可以给个人投资组合带来的价值。在银行营造的正面影响下以及与理论知识的接触后，个人投资者感到更加适应——看似有点聪明，从而他们更愿意购买结构性票据。这使得银行能够利用其所拥有的知识优势，正是这种利用手段创造了大量收入，其涉及生产和分配的各个方面。正如我们将看到的，这种专业交易平台可以从结构性产品的客户费用中获得丰厚的利润。如果你试图进入这样的市场,“买者自负风险”。

结构性票据的基础知识

结构性票据是债权和衍生品的结合,通常以复杂的、新奇的期权形式呈现。衍生品决定了你的结构性票据的回报。它可能与下列标的资产有联系:单只股票或者一揽子股票,指数或者指数组合,利率、汇率或者商品。它还可以涉及这些标的资产的任何组合。

结构性票据可以提供较高的息票或者不提供息票。支付息票可以是定期的,也可以是在到期时。息票的支付可能取决于某些条件被满足,就像权责发生制那样。在一些结构性票据中,本金是存在风险的,而在其他一些结构性票据中确保到期返还本金。结构性票据的变化和组合是无穷尽的。

当前许多结构性票据无论组合中的衍生品怎样运作都确保返还本金。确保本金类型的结构性票据之所以受欢迎,简单的原因是他们在市场上涨时进行参与,或者其息票高于现行的市场利率,但是一旦衍生品的表现不及预期,则只要结构性票据持有到期就可全额收回本金。

保障本金有两种方式:联邦存款保险公司为本金投保或者依附于开证银行的信用度。这两种形式有明显差别。联邦存款保险公司保险意味着美国政府的充分信任和信用。联邦存款保险公司发行的票据被称为与市场挂钩的信用违约互换,这与依附于发行方信用而发行的市场挂钩票据是不同的。联邦存款保险公司发行票据涉及的具有吸引力的条款不及相似的隐含着发行方信用风险的结构性票据。

依附于发行银行信用度的保本是一个重要考虑方面。典型的,大型、良好信誉的发行银行有:摩根大通、高盛、巴克莱、摩根士丹利、一些加拿大和欧洲的银行等。通常这些银行的风险不高,投资者们对这些银行的信用度较为满意。一个慎重的建议是:结构性票据缺乏流动性。它们不能进行交易而只能持有至到期。一些结构性票据是远期的。一些与掉期利率挂钩的权责发生制票据其呈现的收益率曲线的周期长达 15 年。长周期叠加完全缺乏流动性,因此风险大幅提升。15 年中一直伴随借款方的风险敞口是一段较长的时间,但是如果在票据存续期间借款方的信用条件改变,则投资人不能转嫁风险敞口就是一件愚蠢的事。

2008年的经济危机和雷曼兄弟的破产将信用度问题凸显出来。雷曼兄弟发行了价值10亿美元的结构性票据，这些票据中的多数在销售时声称"100%保本"。这些票据依附于雷曼兄弟的信用度而非联邦存款保险公司的投保。在雷曼兄弟破产时，这些票据以很低的价格成交，投资者蒙受大量的损失。可悲的以及不明智的是，在结构性票据的大背景下，很少有个人投资者仔细阅读招股书和管理文件，那上面清楚地载明保本依附于雷曼兄弟的信誉。瑞士联合银行通过其零售分销渠道抛售了大量的雷曼兄弟票据，随后拿出1.2亿美元来对不当销售和交易这些票据的行为进行理赔。虽然对于瑞士联合银行的索赔仍在进行中，但投资者所能获得的赔偿远低于他们当初的投入。非联邦存款保险公司投保的保本票据应该谨慎地被定义为更短存续期的票据。

其他的结构性票据部分保本或者根本不保本。这些票据的条款清单上有警示：投资者将会损失大量或者全部的投入资金。总之，每当结构性票据不再是与市场挂钩的信用违约互换的时候，投资者的所有现金都将暴露在发行银行的风险敞口之下。

结构性票据除了涉及保本风险敞口外，也被认为存在潜在的风险敞口。结构性票据可能与下列标的资产挂钩：股权、利率、商品、外汇。结构性票据也可能被认为存在各种标的资产组合的风险敞口。

结构性票据市场的完备数据难以获得，这里仅提供了部分数据。这给我们想尽可能地表述这一市场提出了挑战。一些个人发行方的发行票据规模在1亿～2亿美元，但是大多数发行规模在500万美元以下甚至100万美元以下。如下表所示，截止到2014年9月5日，全年累计发行票据规模在289亿美元。这是由6 132家慎重的发行方共同完成的，意味着平均交易规模仅有470万美元。

2010年	494亿美元
2011年	455亿美元
2012年	390亿美元
2013年	405亿美元
2014年	433亿美元年化数据(截止到2014年9月5日数据为289亿美元)

注：这些数据只包括已经在美国证券交易委员会中登记注册过的票据数据。与彭博(Bloomberg)数据库一致。

除了反映市场交易规模的部分数据外，数据也反映了所发行票据类型的重大变化。将数据归整并用于分析和讨论是一个复杂的过程。在过去几年，美国每年发行的结构性票据的规模一直稳定在400亿美元以上。

尽管每年结构性票据的发行总量一直保持相对稳定，但发行票据类型却在不断推陈出新，并且市场对于利率和股权的观点也在不断变化。

广义的与股权挂钩的票据占全部结构性票据的比例在2011年为50%、2013年为75%。截止到2014年9月5日，与股权挂钩的票据交易占所有票据交易的81%，鉴于2013年的股市大涨，这一现象不难理解。

与利率挂钩的票据占全部结构性票据的比例在2011年为18%，2013年降至11.7%，截止到2014年9月5日，这一比例进一步降至10%。鉴于量化宽松的结束和高利率的普遍预期，与利率挂钩的票据交易呈现下降同样不难理解。

与商品挂钩的票据占全部结构性票据的比例从2012年的6.7%降至近两年的3.3%。

除了与股权、利率、商品挂钩的票据外，其他分类还包括可回购转换债券、外汇、标的资产组合以及“其他”类型的票据。在每一个分类中都有一个广泛的多样性的基础结构，这为试图讨论这个市场的时候带来了挑战。

那么对于这些结构性票据，它们在个人投资者的投资组合中是否应占得一席之地呢？

为什么要购买结构性票据？

一项由谷歌发起的关于结构性票据利弊的调查提供了大量的文献和观点。毫无疑问，我们可以很容易找到金融专业人士、学者和权威人士出现在辩论双方的阵营中。鉴于我们已经阐述了结构性票据的多样性和票据类型的组合，因此可以很容易掌握这场辩论是两面的。从表面上来说，市场中的每一位参与者都是不同的。多数结构性票据都是有价值的，但是也有一些是没有价值的。一些票据对于非专业人士是易于理解的，但多数是难以理解的。本节从金融专业知识有限的个人投资者角度出发。资深的机构投资者可能有不同的视角。机构投资者可能更加关注衍生品的实际技术性细节和定价，当然，多数机构投资者会直接进入衍生品市场而非借助结构性票据。尽管如此,本节将提示非专业投资者警惕围绕在这些证券资产附近的“陷阱”。

上述结论并不是明确反对这些投资,而是明确反对投资这些结构性票据,因为你的经纪人向你推销它们且你信任你的经纪人。如果你将要参与这类证券,你一定要完全了解你的资金所投入的对象;了解相关的风险和局限性,并在涉及这些风险时擦亮眼睛。希望在你投入资金之前,提出更多的问题、阅读更多的文献以及试图理解你将获得什么。当你在考虑结构性票据时要牢记这条有用的准则:一旦在你的投资组合中的这些结构性票据是非常困难、非常昂贵的,那么再把它们踢出你的投资组合。

对谷歌搜索内容进行小幅修改,它可以提供大型银行和其他金融评论员的文件和小册子,这些文件和小册子解释了为什么投资者的投资组合要包括结构性票据,并将这一卖点作为论据。这些论据通常包括以下几个所谓的好处:

- 分散投资;
- 保本;
- 减少波动;
- 能够结合任何观点和预期制订一个票据方案。

当然对结构性票据的支撑论据还有很多,但上述这些论据是最常被反复提及的。遗憾的是,总的来说,上述论据是支持了以出售这些证券谋生的人的私利为前提的。

分散投资曾是支持结构性票据的一个很好的论据。过去,个人投资者很难参与到像商品、外汇以及海外股票这些资产类别中去,但是在当前分散投资并不是支持结构性票据的一个非常相关的论据。例如,当前交易型开放式指数基金(ETF)的爆发式增长将以前流动性差的多种类资产的具体风险敞口展现给个人投资者。外汇和商品 ETF 已经适用于个人投资者,借助这些 ETF,个人投资者可以实现任何看涨或者看跌的观点。ETF 可以投资于全球股票市场的组合,也可以投资于单一市场。ETF 因股权市场的子行业而存在,也因利率交易而存在。一些 ETF 提供杠杆风险。简而言之,如今个人投资者可以参与到几乎所有的市场中,包括任何市场组合、任何商品或者外汇。但不像结构性票据那样,ETF 具备流动性这一额外的显著优势。

当然,ETF 并不保本且 EFT 并不涉及触发条件、壁垒、派系和其他独有特性的期权，因此 EFT 并不是结构性票据的准确替代品。然而，从成本和流动性的优势来评估的话，有充分的证据可以说明 EFT 是更好的选择。此外，关于 ETF 的场内期权发展迅猛，其与零息债券进行组合几乎可以复制结构性票据的风险敞口。

结构性票据可以降低投资组合波动的观点听上去是技术性的，但实际并不是这样。通常波动的降低是试图保本。例如，以与标准证券挂钩的票据为例，投资者将能够分享标的资产上涨的部分好处，同时在标的资产贬值时也能确保收回投资金额。如果票据可以确保在到期时偿还本金，那么该票据自然能够在任何熊市的情况下跑赢大盘。鉴于票据只能偿付标的资产上涨的部分收益，因此根据定义，该票据较直接在市场中投资的波动率要小。无论市场是上涨 20%还是下跌 20%，投资者的收益均在 0%~20%，且根据定义，这是一项低波动率的投资。

这也适用于部分保本的情况。缓冲回报增强型票据(BRENs)就是一个典型的案例。不同于到期时完全保本，BRENs 的投资倾向于降低熊市风险。如果到期日标的资产减值超过 10%，那么拥有 10%缓冲区间的 BRENs 才会亏损本金。如果减值 20%，则投资者亏损 10%；如果减值 50%，投资者损失 40%。如果市场或者标的资产上涨，则投资者通常享有资产上涨的收益，但收益上有封顶。如果市场大幅上涨，则投资者只能享有封顶水平之内的收益。就像与标准证券挂钩的票据那样，BRENs 在熊市跑赢大盘，在明显是上涨行情的市场中跑输大盘。这同样也降低了波动率。

认为结构性票据可用于实现任何观点和预测的论据就其自身而言同样是错误的论据，但是它并没有实际告诉我们更多的内容。每个人都希望任何投资者购买的投资标的可以反映投资者认同的市场变动的风险敞口或者反映他可能希望增加的风险敞口。结构性票据对此并无特殊要求。相反，一个更好的论据是：当结构性票据被用于对冲投资者核心观点和预测时，它可以提供价值，提供与投资者预测相反的风险敞口。

本章的剩余内容将着重分析结构性票据的缺点，主要是高成本、低流动性、高复杂性。

问题的核心:对立观点

● 成本:结构性票据是昂贵的

2012年,美国证监会与9家华尔街银行召开会议,旨在促使它们提高结构性票据发布的信息披露。从那时起,银行在其定价附录中增加了相关信息。例如,当前去查找结构性票据定价之日的估值是可行的。但是早先,这些信息是不公开的且严格保密。发行银行并不乐于将它们在结构性票据交易中的获利公之于众。不同于股票,相同时间里结构性票据的估值低于投资者购买的价格;然而两个价格之间的差异令人震惊。通常这些数字可以在最终定价附录的首页中找到。

一般来说,结构性票据的估值在90～96美分。当投资者以100美分的支付标准购买时,投资者购得的结构性票据就已经比银行出售这些票据时贬值4%～10%。

对2014年11月发行的37个结构性票据定价附录进行随机抽样得到一些数据。这些票据包括信用违约互换、保本票据、部分保本票据和其他不保本票据。这些票据所挂钩的标的资产包括国内和国外股票、外汇、商品。以这些票据为例,它们在发行日的估值如下:

价值区间	90%～91%	2个
	91%～92%	0个
	92%～93%	9个
	93%～94%	11个
	94%～95%	12个
	95%～96%	2个
	96%以上	1个

此外,8个反向可交易票据的定价附录显示它们的估值在95.81%～97.44%。这对于这些存续期在6～12个月的票据来说是一笔高昂的费用。

投资者的购买价格(通常是票面价格)与估值之间的差异是由三种成本构成的函数:销售佣金、筹资成本和套期保值成本。我们将分别来分析这三种成本。

销售佣金的支付直接明了地反映在最终定价附录中。这笔费用是发行银行拿来支付经纪人——发行银行自身或者第三方机构——销售票据的报酬。通常,6 个月反向可交易票据的佣金为 2%,更长周期或者结构更复杂的票据的佣金可达 4%~5%。这笔费用是从发行方的收入中扣除的。从投资者角度来看,这笔费用直接出自投资者的投资额。你的经纪人可能获得这笔费用的大部分。换句话说,如果你投资 5 万美元在一个佣金为 4%的票据中,那么将有2 000美元从你的口袋直接划转到你经纪人的口袋。

发行银行的融资利差是投资者负担的另一项成本开支,但是这项成本开支并不容易被察觉。关于这些融资利差的术语出现在不同的警示语句中,但是细节并没有披露,我们可以尽可能接近观点。银行的信用违约互换利差就是一个很好的指引,可用以理解银行将以什么价位来发行普通债券。例如在 2014 年 11 月末,5 年期的摩根大通 CDS 以 55 个基点进行交易。这大致说明摩根大通可以以伦敦同业拆借利率上浮 55 个基点的利差来发行普通债券。虽然这一说法不是非常精确,但已经是非常接近真实的了。相似的观点是,银行将为结构性票据的发行寻找大量的、更加有成本优势的资金。为什么?因为银行基本上可以做到。其他专业的交易平台难以反向构建销往零售市场的结构性票据;个人投资者同样难以反向构建复杂的结构性票据且不能计算得出发行银行通过结构性票据获得的融资成本。

然而一个有根据的推测将证明这一观点。我们合理地假设,如果摩根大通发行 5 年期结构性票据,除了将伦敦同业拆借利率上浮 55 个基点作为融资成本目标外,它也更愿意将融资成本锁定在伦敦同业拆借利率上浮 25 个基点,从而每年节省 30 个基点的成本开支(这也许是相对保守的假设)。为什么这会关系到投资者?因为每年 0.3%的成本将会从投资者的收益中扣除而流入发行银行的金库。将这笔成本进行折现,5 年期的结构性票据,30 个基点意味着投资者放弃了 1.45%的收益。

这里存在另外一种曲折的情况。如果投资者在到期前要出售结构性票据,且如果银行提供买入价格(银行并没有义务这样做),那么潜在融资成本将会明显超出伦敦同业拆借利率 25 个基点。银行会制定一个包含惩罚性利率的价格,这一利率将超过其普通债券的融资成本。鉴于银行发行票据时获得的融资成本优势,银行并不愿意回购这些票据,这一点从银行制定的回购价格也可以看得出。保守地说，银行制定的5年期结构性票据的回购价格可能会比伦敦同业拆借利率上浮75个基点。买卖价差带来的50个基点相当于融资成本为2.4%。这是一项非常重要的成本开支，投资者在进入机构性票据市场前一定要慎重。

虽然是模糊的，但这一点在术语表中被凸显出来。下文是摩根大通最近定价附录中的一段摘选(美国证券库斯普编码:48127DW46):

摩根大通估值方法中采用的内部融资利率通常在我们传统固定利率债券的信贷利差基础上有一定折扣。折扣的多少取决于其他方面，包括我们对于结构性票据融资价值的认知以及结构性票据相较我们传统固定利率债券的融资成本所具有的更高的发行成本、运营成本和可持续债务管理成本。如果摩根大通采用我们传统固定利率信贷利差所默认的利率水平，我们预期结构性票据的经济条件将对投资者更有利。因此，我们采用内部融资利率将会不利于结构性票据的条款和任何票据的二级市场价格。

做一个简短的总结：当你的经纪人试图向你推销结构性票据时，你需要明智地与他谈论发行银行的融资成本。也许你的经纪人并不知道具体答案，但是询问是非常有必要的。

其他类别的成本是定价附录中的套期保值成本。这听起来无关痛痒，但套期保值成本直接影响结构性票据发行的潜在盈利能力。此处略作解释。结构性票据通常是由发行银行或者发行方的母公司发行的，它们是基于完全对冲而被发行的。换句话说，发行方不愿意承担潜在衍生品合约的风险，他们将通过互换合约来保证获得用于支付结构性票据的任何资金。通常，这些互换合约和套期保值交易是由银行交易子公司完成的。从发行方的角度来看，确实存在套期保值成本，但是将票据结构化的交易子公司在交易定价的同时提前锁定了大量的利润。瑞信发行了一个15年期、加强型收益、可赎回的结构性票据(美国证券库斯普编码:22547QWJ1)，该票据的最近一份定价附录清晰地总结道:

在交易日你的证券的最初估值(取决于我们提及的定价模型和内部融资利率水平)也许明显低于最初的上市价格。证券的上市价格包括了代理人的回扣或者佣金、交易成本(比如包括证券的设立发起、立案、上市)、证券发行方通过1个或者多个子公司对风险进行套期保值的成本(这其中也包括了预期的收益)。这些成本开支将由证券投资者承担。

进一步分析这一特殊的证券。我们注意到，它在交易日的估值是90.99%。

定价附录中显示销售佣金或者承销折扣是 4.566%。如果你从经纪人手里购买证券,则他将获得这笔费用。从票面价值扣除销售佣金还剩余 95.434%,但是票据的价值仅为 90.99%,这 4.44%的差额就是发行银行子公司的利润留存。这部分利润留存中一部分来自发行银行信贷利差,其余大部分是构建基础衍生品所带来的利润。不管怎样,这部分钱出自投资者的口袋。

投资者应该自问,在这样低利率、低收益的环境下,是否应该给予经纪人 5%~10%的手续费。作为这些高昂费用的交换,投资者们得到的票据是缺乏流动性和过于复杂的。投资者应该寻找其他方法提高其投资组合的收益率。

- 流动性(或缺乏)

结构性票据的流动性是另一个需要进行切实关注的问题。这些票据只能被简单地持有至到期。定价附录中反复警告,银行没有义务建立二级市场或者提供一个投资者可以出售的价格。如果投资者要出售,他就要付出高昂的代价。

前文提及,与联邦存款保险公司投保的票据不同,当投资者在购买由发行方信用度支持的结构性票据时,流动性变得更为重要。如今摩根大通、高盛、巴克莱以及其他一些发行方所发行的结构性票据自 2007~2008 年金融危机以来均有很好的反弹。高资本率以及更严格的制度促使这些发行方被迫退出一些不稳定的业务,这些发行方的坏账更低。短期内这些发行方再次发生雷曼兄弟那样风险的可能性较低。然而,并非所有的结构性票据都是短期的,一些票据是 7 年、10 年或者 15 年期的。对于银行来讲,这是一个较长的可能暴露风险敞口的期限。如果在票据存续期间发行方的信用恶化,则投资者几乎不能降低借款方的风险敞口。

如果你确实需要在到期日前出售你的票据且如果你可以得到一个买价,则这个买价多数情况下是由发行银行报出。很少有发行银行以外的其他任何银行会介入并提供流动性。如果存在发行银行以外的其他银行提供流动性,则它们报出的价格是结构性票据的清算价值。你需要让你的经纪人提供该银行在结构性票据二级交易市场的交易活动细节。经纪人可能会重申定价附录中的警示:经纪商或者银行没有义务提供一个二级市场。

投资者偶尔会在结构性票据的文件中发现令人厌恶的小陷阱。例如,摩根大通发行的“与 2021 年 11 月 30 日到期的 10 只股票的加权平均组合挂钩的数字定期存单”(美国证券库斯普编码:48125TF42)。对于流动性和二级市场价格的问题，摩根大通指出，如果它们提供信用违约互换到期前的买入价格，则它们要收取“二级市场交易费”。这笔费用并不小：第一年为4%，第二年为3%，第三年为2%，第四和第五年为1%。

如果投资者决定在信用违约互换到期前出售，则这些费用开支并不能决定投资者的到手价格。这些费用开支将从摩根大通愿意支付的价格中扣除。因此，除了内嵌期权的解约价格和银行准备回购这一有利资产的利差外，摩根大通向投资者收取其他费用。为什么这个看似任意费用得以存在并没有任何解释；它仅仅是另一笔为银行利益而非客户利益服务的费用。虽然这种陷阱并不常见，但它强调了严格评估和仔细阅读发行票据相关文件的必要性。

如前文所述，一旦将这些票据纳入你的投资组合，那么在到期日前出售它们将是一件困难和痛苦的事。一定要在参与前仔细评估你的流动性。

- 复杂性、适用性和个人投资者

对一个复杂产品收益结构的了解并不等同于理解该产品相关的风险。

美国金融业监管局监管通知 12—03

对于结构性票据的一个更加相关的批判在于其复杂性，以及广大个人投资者是否能真实理解这些票据。这一答案取决于具体的结构性票据和投资者的经验水平。如果这样的产品是适合个人投资者的，那么经纪人必须进行抉择。我们很快就会讨论这个问题。

正如美国金融业监管局监管通知所述，理解这些结构性票据不仅仅是能够计算在不同情况下的收益。计算收益是容易的。然而，困难的是真正理解下列这些内容：波动性、与期权有关的希腊字母（例如 δ、γ、ν 和 θ 用来测算期权价格的敏感度）、当相关资产数量大于1时的相关风险度、利率互换利差的动态、信贷利差和远期曲线。这些内容是复杂的、对于个人投资者来说也是难懂的，且如果你不是衍生品市场专业人士的话，这些价格和历史数据也是难以获得的。然而，这些复杂的概念是结构性票据的基本内容。这是之前提到的知识差距的本质。

经纪人似乎很少在向客户普及基础衍生品内部运作的知识方面下功夫。熟读银行制作的市场材料通常在于关注票据是如何运作的以及在票据存续期或到期时他们如何支付。这些材料很少涉及期权、期货、互换、远期利率、多个相关资产组合的工作原理的知识普及。

但是话说回来，本章的目的不在于普及衍生品的知识，而在于揭示结构性票据鲜为人知的一面。考虑到这一点,让我们思考一些票据。

与单一股票挂钩的结构性票据相对易于大多数投资者理解。零息债券与以股票或者指数为标的的看涨期权相结合。零息债券确保投资者可以在到期日获得票面价值(依赖于发行方的信誉和票据持有到期)。看涨期权部分参与到标的资产的上涨收益。对于具备债券和期权基础知识的投资者来说,这并不是一个复杂的证券,多数投资者将能够复制这一类型的票据。

然而,随着票据向着复杂性的方向发展,想要做到完全复制其支付概况变得更加困难。例如,涉及缓冲条件、触发条件、嵌入、敲出和类似期权的票据是几乎不可能被外行人士所单独定价和轻易复制的。鉴于缺乏嵌入式衍生品的知识和数据,每位投资者都需要去决定这样的投资是否有必要。

当然,一些票据从个人投资者角度去看并没有很大意义。

高盛近期发行了一种与标普 500 指数挂钩的信用违约互换(美国证券库斯普编码:38148D3F9)。中介费是 3.5%,定价时的估值是 92.7%。除了保本外,投资者在持有到期将至少获得 6%的收益。即投入1 000美元,到期最低收回1 060美元。在最低收益之上的收益部分将取决于标普 500 指数的表现。

但是最低收益之上的收益并不是投资者所考虑的。如果指数在票据存续期内上涨 10%,并不意味着投资者将被支付 10%的收益。如果指数上涨 30%、40%或者 50%,也并不意味着票据将会向投资者支付相同比例的收益。票据也不会向投资者支付部分的上涨收益。为什么不呢?

这种票据被称为分阶段结构性票据,该票据并不看重指数的整体收益,而是计算指数在每个季度的涨幅。实际上,每个季度都是重新计算涨幅。之后再将 24 个季度(6 年=24 个季度)的收益进行加总。每个季度收益的加总结果就是用于计算到期的收益。如果加总的收益小于 6%,则投资者将获得最少 6%的收益,或者每年 1%的收益。如果加总收益超过 6%,则这部分收益将会到期支付给投资者。

结合这一特殊的结构性票据,有必要指出的是任何收益为负的季度,其负收益都要从总收益中扣除,收益为负的季度其负收益是无下限的。同时,收益为正的季度其正收益封顶 4.5%。例如,如果在一个季度中发生大幅回调,市场大跌 15%,但是在下一个季度市场大幅反弹 17.65%,则从理论上讲投资者盈亏平衡,但这一结构性票据却并非如此。投资者在收益为负的季度中承受所有负收益,但是在收益反弹的季度中仅获得 4.5%的正收益(而非 17.65%的正收益)。这一结构性票据给投资者带来的不是零的收益波动而是 10.5%的负收益。换句话说,如果一个季度的收益是−13.5%,则需要 3 个季度的正收益达到峰值才能弥补亏损。

一些分阶段的结构性票据仅统计正的收益,而其他分阶段的结构性票据其负收益像正收益那样同样有极限值。然而,这一票据拥有明显的非对称收益结构,且在为数不多的情况下这些票据才对投资者有利。不确定的是,有多少投资者真正理解这一点。事后检验数据将会证明结果是糟糕的。

我们采用了这一票据的支付公式,并将该公式应用于 1994 年以来每个季度的标普指数收益计算。从那时起,一共有 58 个完整的、滚动的 6 年周期,最近的一个 6 年周期是 2008 年 3 季度到 2014 年 3 季度。结果是惊人的。

在这 58 个 6 年周期中,有 48 个 6 年周期都是投资者仅获得最小投资收益——6%。

在最近的 49 个 6 年周期中,有 48 个 6 年周期都是投资者仅获得最小投资收益——6%。这最近的 49 个 6 年周期起始于 2001 年 4 季度,49 个 6 年周期的平均收益为 6.005%。

然而,如果每个季度的收益上限取消这一票据中 4.5%的限制,则只有 6 个 6 年周期的收益为 6%,其余 49 个 6 年周期的收益将超过 6%,平均收益将达到 32.77%。

上述分析引出下列问题:有多少此类票据的经纪人在票据固有偏差上下功夫(为了获得 3.5%的中介费)? 有多少此类票据的经纪人理解这一非对称的分阶段结构性票据? 有多少购买了该票据的投资者理解这一固有偏差? 这类票据不应该被销售。

近期摩根大通发行了一种与摩根大通 Optimax 市场中性指数挂钩的 5.5 年期存单(美国证券库斯普编码:48125TF34)。该票据在到期指数上涨时支付 140%,并不存在期中支付。其销售佣金是 4.4%、交易日估值为 92.46%。Optimax 市场中性指数是什么?

它是由摩根大通设计并管理的专有结构,由 18 个代表特定基础大宗商品的成分所组成。然而,它是一个扭曲指数:“该指数采用基于现代投资组合理论和动量理论的策略”。

Optimax 市场中性指数并不像多数指数那样只是简单地对 18 个基础大宗商品进行加权平均组合。相反,摩根大通采用投资组合理论和动量理论中的算法每月反复平衡指数。这将导致一些指数成分风险长期暴露而其他指数成分风险短期暴露的结果。这一算法基于的变量包括:上一年度每个指数成分的年收益、指数成分两两之间的相对收益(即协方差)、指数成分的波动率、综合头寸的两两约束条件。定价附录中继续说道:作为结果形成的每个指数成分的权重是增加指数中正收益成分的权重而降低指数中负收益成分的权重。

尽管很显然的是,指数会增加公式预期上涨的成分权重而降低公式预期下跌的成分权重,但是该指数并不易于所有投资者理解,尤其是对个人投资者来说。Optimax 市场中性指数并不是一个指数,因为指数不能够采取策略。相反,该指数是一种十足的交易方法。它是一个将权重分配到大宗商品头寸上的模型,它基于摩根大通交易平台设计的数学算法来制定权重的分配。投资者将资金投资于该票据,简单地相当于将其资金交付给摩根大通交易平台,并根据平台迟钝的专有公式进行交易。

从定价附录中我们还可以了解到,当 Optimax 市场中性指数在计算收益的时候,摩根大通每年要从指数收益中扣除 96 个基点的“假设”费用。每年从投资者收益中扣除接近 1%并不存在什么假设。这非常像是摩根大通支付自己运行交易算法的一笔费用。

这一与 Optimax 市场中性指数挂钩的结构性票据对于摩根大通来说是一笔非常好的交易。摩根大通体系中的经纪人和顾问将能够获得他们销售每份票据的 4.4%;将票据进行结构化的交易平台将获得剩余部分(扣除销售费用之后、估值之前)的 3.14%;摩根大通的财务部门将通过其有利的资金水平获得其余部分;同时运行 Optimax 指数的人士也将每年获得指数收益中的 96 个基点。购买该票据的投资者在购买之前一定非常自信地认为自己是一个赢家。

有多少个人投资者真正理解该票据以及该指数的风险呢?又有多少精明的、专业的衍生品交易者会比摩根大通团队自身更了解这一交易模型的固有风险呢?有多少从销售中获得 4.4%收益的经纪人真正理解该专有模型呢?

这一与 Optimax 市场中性指数挂钩的结构性票据可能会运行得非常好,投资者也可能会把资金投入摩根大通的综合大宗商品交易模型中,但是声称理解该票据的投资者将会是少数。

第二种票据从表面上看起来同样具有吸引力,甚至经过深入观察后,一些投资者依然愿意选择进行投资。然而,这并不意味着他们真正理解该票据的内部机制。

瑞信近期发行了一种加强型或有可赎回收益的票据(美国证券库斯普编码:22547QWH5),该票据将于 2024 年 11 月 29 日到期,与欧洲斯托克 50 指数和罗素 2000 指数的业绩挂钩。中介费为 4.385%,定价时的估值为 92.815%。

该票据承诺前 5 年每年支付 9%的息票(季度递延);之后 3 年每年支付 11%的息票,最后 2 年直至 2024 年 11 月到期每年支付 13%的息票。该息票支付在当今的利率水平下是非常具有吸引力的。问题是什么?有一些,且较为复杂。

该票据内嵌障碍期权和敲入期权。障碍期权在低于各个指数初始水平 25%时触发;敲入期权在低于各个指数初始水平 50%时触发。在每季度支付息票日前有一个观察日期,如果在观察日期有任何一个指数收盘低于障碍水平,则当期不支付息票。如果障碍水平未被触及,则支付息票。这种观察模式贯穿于票据的整个存续期。

在到期时有另一种观察模式。如果任何一个指数低于其敲入水平,则投资者的收益将远远低于票面价值。例如,如果在最后观察期指数收盘低于初始水平 50.01%,触及敲入水平,则投资者将亏损 50.01%的本金;如果指数收盘低于初始水平 60%,则投资者损失 60%的本金;以此类推。如果两个指数分别低于各自的敲入水平,则最坏的情况就是计算赎回金额。

这种假设可能是合理的:障碍水平和敲入水平都是获得收益的长远途径,这代表着低风险,乐观的投资者将会期待长达 10 年的高息票。但也并非如此。该票据最后一个特殊性在于发行方有权在任何一个息票支付的日期里以票面价值赎回票据。评估内嵌看涨期货的传统非结构性债券时,评估公式涉及的参数有利率、信贷利差和再融资成本。结合该票据,这些参数依然起作用,除此之外,解除障碍水平和敲入水平的成本应该被考虑进去。这使得技术欠缺的投资者难以公正评估票据被赎回的可能性和远期高额息票支付与否的可能性。

投资者是否理解与该票据挂钩的两个指数之间的相关性?指数的交易与利率变动有着怎样的关系?更低的利率是否意味着指数期权获利的可能性更高,或者反之亦然?在怎样的市场行为下该票据会发生赎回?是否在股票期权获利的可能性更小时赎回的可能性更高？鉴于该票据是不保本的，那么投资者如何在敲入期权获利的情况下保本呢？该票据几乎没有流动性，如果在存续期内有买入价，该价格将大幅低于投资者的成本，则投资者应该如何对此进行套期保值呢？替代方案又是什么？很遗憾，几乎没有个人投资者可以信心满满地回答上述问题。投资者可以拿这些问题与销售该票据的经纪人进行合理讨论。

上述是从近期市场发行的产品中随机抽取的 3 个样本票据。这一样本可以随意增加。结构性票据是复杂的，且在笔者看来也是超出广大个人投资者技术能力范畴的。

结构性票据所引出的问题是经纪人评估结构性票据对个人投资者的适用程度。美国金融业监管局的 12－03 号监管通知已经清楚阐明了这样做的必要性。(请注意，美国金融业监管局网站上有大量值得阅读的结构性票据警示信息。) 12－03号监管通知讨论了经纪商在销售复杂产品时预期被施以的一般监管，以及讨论了个体经纪人在销售类似结构性票据时的责任。关于后者，通知中提到：

支付结构的知识并不等同于对复杂产品相关风险的理解。注册代表也应该理解标的资产的功能特点，包括其历史业绩、波动性、特定资产类别之间相关性、多个标的资产之间内部联系、产品赎回的可能性、保本的程度和约束条件。注册代表应该在理解复杂产品在一般市场的预期表现方式和产品相关风险这两个方面得到充分的训练。

上述的结构性票据给经纪人设置了一个有趣的障碍。我们将饶有兴致地看到有多少经纪人能够合格。同样有趣的是问及有多少投资者确实适合购买结构性票据。

美国金融业监管局的标准适用于经纪人或者金融顾问。这些分类不同于投资顾问的指定。投资顾问不是由美国金融业监管局的适用标准判定的，他们由授信标准判定并本质上受美国证监会监管。授信标准是更加严格的标准，它要求顾问以客户最大收益为标准并将客户利益放在首位。客户利益最大化的要求与仅仅适用于客户的要求是不同的这一假设是合理的。

我们将饶有兴致地看到是否授信标准要求顾问对待结构性票据不同于适用标准对经纪人的要求。是否授信标准设立了许多结构性票据都不明确的标准？是否多数经纪人而非投资顾问在销售结构性票据？遗憾的是，关于这些问题的研究很少。

结构性票据对于银行来说是一种利润丰厚的票据。当这些票据被市场化时，个人投资者需要格外谨慎。仔细阅读定价附录，了解费用和复杂性，权衡特殊票据的流动性不足。与你的经纪人详谈相关问题并留意他的回答。尤其留意经纪人无法回答的问题。

当前的市场是非常困难的。除了银行外，其他投资者不太可能通过投资于缺乏流动性和难以理解的票据而轻松获利。买者需要自负风险。

第四章　更新到对冲基金幻影

对冲基金仍然是一笔庞大的业务

2012年1月，我出版了《对冲基金幻影：大资金的假象——太过华丽不可能是真的》(*The Hedge Fund Mirage: The Illusion of Big Money and Why It's Too Good to Be True*)一书。虽然长期以来对冲基金伴随着巨额财富，但是业界存在着这样一种鲜为人知的事实：对冲基金所创造的所有收益均被对冲基金经理所支付的费用耗尽。对冲基金公司以及咨询顾问得到了剩余部分收益，由此带来的结果是，虽然对冲基金曾是非常有利可图的投资，但其收益并没有流向客户。

我的这本著作在对冲基金行业引起了轩然大波。我所做的就是从所有投资者的角度来考虑收益。通常来说，对大多数类别的投资项目，其历史收益是通过投资者在投资项目之初所期望的未来现金收益来计算的。通过这种方法，对冲基金确实曾经表现得非常好。早在20世纪90年代初期开始，根据所采用的对冲基金指数，对冲基金投资项目的收益率非常可观，大体在6%～7%水平。的确如此，对冲基金曾经非常具有吸引力。在20世纪90年代末期和2000～2002年间，当股票市场伴随互联网泡沫破裂而出现崩盘时，对冲基金发挥了作用。它们对冲了股票市场的风险，保护了投资者的资产，也赢得了当之无愧的声誉——实现了高额、不受股市崩盘影响的收益。当时投资者的表现非常出色，只是在那时投资者的数量较少。

对冲基金的成功吸引了来自大量机构投资者的新资金，这些机构都渴望探寻一些将其传统股票和固定收益资产多元化的方法。这是一项完全可以理解的决定，那时候还在摩根大通任职的我们对此也是非常支持的。实际上在 2001 年，为了方便大量机构资金进入对冲基金，我们开创了对冲基金孵化业务——摩根大通孵化基金。由于在对冲基金经理流失潜在客户之后大量的优秀对冲基金经理已经备受追捧，因此我们认为新的优秀对冲基金在那之后同样会备受追捧。孵化基金投资模式是在当前寻找和鉴别未来的顶级对冲基金经理，这时的他们还没有受到大量投资资金的追捧。借助于摩根大通巨大的金融市场关系网，我们可以更早地识别出那些有天赋的对冲基金经理，同时剔除那些经验和知识储备欠缺的对冲基金经理，两者同等重要。

或许更为重要的是，我们能够通过谈判争取到基金经理的部分业务。虽然我们希望对冲基金将会带来高额收益，但是我们更感兴趣的是共同享有高额的基金经理管理费用，当前较为常见的费用模式是“2&20”(即每年 2%的管理费和 20%的收益提成)。我们认为开展对冲基金业务是一项相比成为对冲基金客户能够带来更高收益的投资。正如随后的发展所显示的那样，对冲基金业务的收益远比我们想象得丰厚。

随着资金涌入对冲基金行业，获得可观的投资收益变得越来越困难。资金池的满溢逐渐耗尽了像套利这样的无相关性潜在收益机会。随着时间推移，对冲基金开始将更多的赌注放在市场的整体变动方向上，并通过杠杆效应来进行放大。它们的投资收益更多地依赖于市场风险应对能力，即当市场与其预测背道而驰时，如何快速调整其风险投资组合。通过精心设计并进行严格控制其指定的对冲策略，对冲基金经理能够将其投资策略免于应对那些过于平淡的风险因素，从而在挖掘和利用市场无效性方面获得了良好的声誉。随着时间推移，越来越多的对冲基金投资组合投资于证券和信贷市场的整体方向性发展趋势中。对冲基金投资风格的转变、叠加资金的涌入共同造成了 2008 年金融危机的灾难性后果，对冲基金的亏损抹平了它曾经给客户创造的所有累计收益。

虽然一些业内人士试图将金融危机这一灾难性后果归咎于没有人可以完全

预见的市场崩溃,但事实是,恰恰是在对冲基金无相关性收益对投资者至关重要时,它的表现却不尽如人意。在 2000～2002 年间受技术驱动的熊市中,对冲基金能够履行其收益承诺。那个时期与 2008 年对冲基金的表现差异尤其鲜明。显然,是有一些事情改变了。

实际上,当今的对冲基金投资者仍然在犯着根本性错误:他们从不考虑对冲基金行业面临的自然极限。这是相当令人震惊的疏忽。有大量学术研究认为,小资金规模的对冲基金能够跑赢大资金规模的对冲基金。小规模使得对冲基金可以更加敏捷地进出交易,并且可以发现不为大资金规模对冲基金所关注的微小的市场无效性。对冲基金投资者普遍赞同小资金规模的对冲基金能够跑赢大资金规模的对冲基金。但是发掘小资金规模的对冲基金的成本较高,因此它并不适合拥有 10 亿美元资金的机构投资者进行投资配置。它同样也不适合投资顾问在为其机构客户提供投资咨询服务时进行推荐。如果你的业务要求你向养老基金客户推荐个人对冲基金投资的话,那么研究大资金规模的对冲基金将是更加有效的业务模式,这是因为大资金规模的对冲基金接受大额投资。同时作为咨询顾问,你也可以向多个客户推荐相同的大资金规模的对冲基金,这样做可以减少你的研究成本。

投资者在认识到小资金规模的对冲基金能够跑赢大资金规模的对冲基金的同时,也知道大多数大资金规模对冲基金自身在其规模小的时候业绩更好。正是得益于其在规模较小时的那些高收益,这些小规模的对冲基金才得以发展成为大资金规模的对冲基金。但事实上,现在的对冲基金投资者以及他们的投资咨询顾问都不会进行这样反复却非常明显的思考,他们在进行投资决策时并不能意识到小规模的对冲基金的投资收益要优于那些大规模的对冲基金。结果不言自明,实际上,如果我现在写《对冲基金幻影》一书的话,结果将会是更加负面的。正如我经常提出的观点那样,我于 2012 年做出预测:未来对冲基金的投资收益将会更加令人失望,同时这一行业从实际出发会加强不同机构之间的合作。

对冲基金行业对惨淡真相的反应

《对冲基金幻影》在 2012 年年初出版,其颇具争议的立场很快吸引了财经媒体的关注。我们每个人都曾经习惯于看到对冲基金经理那些令人难以置信的巨额薪酬列表,客户也理所应当地做得更好。而这一现象并不是事实所带来的启示具有新闻价值。媒体的关注并没有让我感到意外,在我写这本书的时候我就已经将它看作一个大故事。正如我在书中指出的那样,我绝对不是第一个发现真实投资收益与感知投资收益之间巨大差异的人。埃默里大学的伊利亚·迪切夫(Ilya Dichev)和耶鲁大学的格温·余(Gwen Yu)在一篇学术文章中得出了相似的结论,但并没有很多投资者读过他们的研究(不是所有人都对学术文章感兴趣)。也正是他们的研究激励我去验证这种学术观点的真实性,并以一种投资者更容易理解消化的形式展示给他们看,我也确实期望投资者能够关注到这些信息。

着实令我感到震惊的是对冲基金行业自身的反应。对冲基金经理是一些你将会在投资领域看到的最聪明的人群。大资金吸引了各个领域的高端人才。自 20 世纪 90 年代初我第一次接触对冲基金投资项目开始,我所认识的大多数对冲基金经理都是相当聪明的。我公开批评整个金融行业乃至整个资产类别(一些人士声称对冲基金并不是一个资产类别,这是因为它投资于其他的资产类别。对其概念的精确定义并不是非常重要)。当我在主流财经出版物中公开抨击对冲基金经理的收入及谋生手段时,他们对此给予了合理的反击。《华尔街日报》《金融时报》《经济学人》和其他许多出版社以及有线电视媒体都对我进行了相关采访,并就采访内容进行了公允且有益的报道。

面对我的抨击,许多深思熟虑的对冲基金专家不但没有做出反击,而且也没有试图忽视我,相反的是他们选择聘请我。我被邀请在众多的对冲基金行业会议上进行演讲。一些对冲基金专家也许并不同意我的观点,甚至希望我的观点是错误的,但是他们仍然邀请我提出自己的观点。

更加令我感到震惊的是许多对冲基金经理的反应。那些成功的对冲基金经理积极与我取得联系,且我们之间的交流常常是围绕于他们是多么喜欢我的书籍、对冲基金行业中着实有大量的平庸之才之类的话题。当然,这些平庸之才并没有任职于他们所管理的对冲基金中。

这种感觉很好。对冲基金经理非常聪明。他们完全意识到基金投资规模的挑战:“规模是业绩的对立面。”出于这方面因素的考虑,成功的对冲基金经理经常会限制他们所管理的基金规模,因为伴随基金规模的扩大,他们自身对基金的投资也会增加,同时他们也担心过剩资本会稀释他们的收益份额。你也从来不会听说对冲基金经理将多样化投资组合作为一种深思熟虑的投资策略推荐给投资者。这是因为他们明白对冲基金的局限性。他们会推荐自己管理的对冲基金,也会推荐他们所熟悉的其他基金经理的少量基金。对冲基金行业中那些最聪明的基金经理深知这其中的道理。

实际上,在《对冲基金幻影》出版之后的几个月中,我们在努力寻找大量的负面反应。我曾经只是疾呼"皇帝没有穿衣服",结果很多人长期以来都在默默地意识到有些事情是严重错误的。在伦敦有一个名为另类投资管理人协会(AIMA)的组织,其存在的使命就是推广对冲基金市场,该组织非常荣幸地站出来并向我提出了反对意见。由于他们的工作就是说服投资者相信对冲基金的价值,因此他们也只能走出来站在了辩论的一方。事实上,他们做出了一些没有直接解决问题且无法说服多数人的评论。其中一位学者认为我的著作最多算得上是"第 101 本幼儿级对冲基金分析",无处不在显示其躲在无须做出实际投资决策的象牙塔中的傲慢姿态。

我关注了博客空间中众多人士对另类投资管理人协会机构批评观点的反应。菲利克斯·萨尔蒙(Felix Salmon)是一位满腹经纶且消息灵通的金融作家,他任职于路透社以及其他相关机构。菲利克斯读了我的著作以及另类投资管理人协会的反驳观点。他运用其令人难忘的公关技巧评论道,另类投资管理人协会机构"说服我深信洛克著作中所阐释内容的真实性,反而洛克的著作本身却没能做到这一点"(萨尔蒙,2012)。也就是说,另类投资管理人协会反驳论据的不充分反而进一步支持了我的观点。

最近,另类投资管理人协会联合特许另类投资分析师协会(CAIA)委托对冲基金研究公司(HFR)系统研究对冲基金投资者的收益情况。这三家机构当然都是依靠大资金规模的对冲基金行业谋生,因此 AIMA 委托对冲基金研究公司进行该项研究的结果发现:在过去 10 年中,对冲基金投资者获得了 1.5 万亿美元的收益(AIMA,2015),这一结果令人难以置信。他们的研究方法并没有对外公开,但是不论通过什么方法,对冲基金研究公司都成功地展示出对冲基金投资者的收益水平,比如说,在 2011 年间投资者获得了 201 亿美元的收益,然而同一年中对冲基金研究公司发布的优先指数——HFRI 基金加权综合指数却下跌了 5.25%(该指数代表了对行业的广义测算)。当然,如果你深入分析他们研究报告中的数据,那么你将得到任何你想要知道的答案。然而,大多数人都会选择忽略他们的观点继续前行。事实上,也很少有记者会报道这三家机构的研究,这可能是因为记者们也都已经认识到另类投资管理人协会只是一个非常冷酷且缺乏客观公正的销售机构而已。

为什么对冲基金仍然呈现增长趋势?

在《对冲基金幻影》出版之后的三年中,对冲基金的业绩仍然表现平平,但并没有令人彻底失望。然而投资者的资金仍在持续流入对冲基金行业,其管理资产规模从 2 万亿美元左右增加到当前大约 2.5 万亿美元。这一事实一方面说明我没能成功地说服每个《对冲基金幻影》的读者,另一方面也说明对冲基金的平庸收益表现完全可以被那些进行了该项资产配置的投资者所接受。或许对冲基金辩护者的最有利反击就是投资者用资金做出的投资决策。投资者都是理性的成年人,我们也知道基于大量的独立决策思考所做出的对商品和服务的资源配置是使所有人最终能够利益最大化的最好方法。

对于上述观点的最明显回应就是这样一个事实:投资者的投资历史往往都存在资金错流情形,也就是说,投资者的资金投资决策最终被证明是错误的。每一个成功的投资理念并不会最终失败,但是每一个最终失败的投资决策往往是未经深思熟虑所做出的。早先往往是不聪明的投资者会跟随聪明的投资者所做出的投资决策。因此,我们也将对冲基金发起人的财务成功归于"对冲基金规模越大业绩越好"这一并不十分可信的概念。

在对冲基金发展早期,其投资者通常是富有的个人,这些"高净值"投资者的投资活动主要是通过其私人银行或者自身进行。曾经有一些人问我是否认为这些白手起家且非常富有的企业家是愚蠢的投资者,事实恰恰相反。现在对冲基金的投资者更大程度上可能是一些机构组织,尤其是美国公共养老基金可以使用教师、消防员以及其他公共部门的工作人员的养老金进行投资。可见,那些个体富商并不是当下最重要的投资者。多数情况下,个体富商代表了聪明的投资者,他们在大约 15 年前享受了成功的对冲基金投资。

这在某种程度上是个好消息。本书的观点是个人投资者在更多情况下获得的投资建议是不好且昂贵的。我们希望所有投资者,不管其拥有的资金规模大小,都能够发现这本书可以帮助他们规避本书中所提及的那些臭名昭著的产品。

个人投资者不再像以往那样致力于将其资金投入对冲基金这一现象也反映了一个更具有辨识能力的方法。

运用他们的研究技能，对冲基金辩护者的案例研究依赖于以"经验丰富的机构投资者"为代表的投资者接受度概念，他们的研究表明一些机构投资者对对冲基金进行了资金配置。当我听到"经验丰富的机构投资者"一词时，我通常笑而不语。这一词语通常是被服务提供商用来称赞客户，以获取客户对其服务质量的认可。多数机构投资者当然是经验丰富的。机构投资者具备足够的资源来聘请专业的投资人士为自己的投资组合决策提供咨询意见，多数机构投资者也正是这么做的。但是，正如并非所有的对冲基金都是不好的那样，并非所有的机构投资者都是经验丰富的。实际上，经验算不上丰富的机构投资者投资于对冲基金的公共养老金计划。

托管人领导论坛是一个隶属于哈佛大学的组织，该论坛组织将公共计划的托管人召集到一起，目的在于分享最佳实践经验并互相学习。我曾经有幸在一次他们的会议上发表《对冲基金幻影》的研究成果，因此我旅行去过剑桥大学、马萨诸塞大学和哈佛大学。

排在我之前的演讲嘉宾是来自于密苏里州堪萨斯城的考夫曼基金会的戴安·马尔卡希(Diane Mulcahy)。我之所以知道她是因为她是《我们遇到了敌人，他就是我们自己》(We Have Met the Enemy and It Is Us)这篇精彩的研究文章的其中一位共同作者。这一研究中关于风险资本投资的结论与我在《对冲基金幻影》中关于对冲基金的结论相似，其结论主要包括：小资金规模的风险资本基金业绩好于大资金规模的风险资本基金；20 世纪 90 年代是仅次于 2002 年的更好的投资时期；佣金在利益分配中所占比例过大。我将该文章命名为"风险资本幻影"。

在《我们遇到了敌人，他就是我们自己》发表的时候，我就其研究成果曾与戴安进行过交流，该结论在很大程度上来自于考夫曼基金会的自身投资经验。这项研究对于警示风险资本投资者付出了卓著的努力，因为该研究就是基于经验丰富的机构投资者的投资经历。

戴安在进行演讲过程中，当她分析基金会总体投资收益表现的时候，我们都听得全神贯注。检验个股收益是较为复杂的，戴安正在进行一项伟大的工作——运用图表和数据来拉近与听众的距离。这并不是一场你所期望的像高中生那样容易理解的讲座，而是一场适合整个会场的公共养老金托管人和美国大型投资资金池管理人的讲座。

在戴安演讲的中途，一位听众提出了一个非常基础的问题。戴安在演讲过程中使用的“中位数”一词的意思是什么？对于你来说，中学数学是一个久远的记忆，中位数是一个你观测的样本中小于较高的一半样本而高于较低的一半样本的数值。对于一些投资者，你不久会发现有必要告诉他们中位数的意思而非告诉他们美国总统是谁。

戴安先是短暂地对提出的问题表示惊讶，之后她快速恢复镇静并礼貌地回答了问题。我当时呆住了。并不仅仅是因为提问者不知道问题的答案，也因为他敢于在同行面前提问。随着时间流逝，我与更多人进行交谈，我逐渐明白了是怎么回事。他的同行绝非专业的投资者。午饭时间我曾与一位退休的消防员坐在一起。另一张餐桌上有一位退休的钢铁工人。他们中的一些人就是养老基金的托管人。他们长期以来所从事的职业领域与投资完全无关，但是他们确实被以前共事的同事所信任来管理投资收益。那天让我印象最为深刻的就是这些非常有责任心的基金托管人在努力提高自己的认知从而更好地管理退休储蓄金。

实际上，投资并不一定要非常复杂。如果一项投资不能被退休消防员(或者教师、护士等)所理解，那么该投资就不应该被推荐，这也不失为一种可行的投资决策检验方法。在这里，我们可以将其称为投资决策的公共部门工作人员检验。

一些会计规则是愚蠢的

现在我们再回到对冲基金行业的扩张问题，也需要验证为什么顾客数量的增长不应该被解释为对典型投资者价值的辩护。虽然在 20 世纪 90 年代，对冲基金投资者大多是一些高净值个体投资者，但是在过去 10 年，机构客户是对冲基金流入资金的重要来源。并且在这些机构投资者中，公共养老金计划或许最为重要，这些养老金计划负责管理美国公共部门工作人员的退休金，例如教师、消防员等。

公共养老金计划采用一些比较特殊的会计规则。由于对退休金的投资要求在数十年之后才向受益人提供收入，因此养老基金的投资着眼于较长期限。养老基金在计算当前是否有足够的资产来满足未来的承付款项时，会评估未来所有的累计支付款项，这些款项是他们预计在受益人可能的有生之年需要支付的。这些未来需要支付的款项通过类似的折现率转换成为当前的资金，这被称为资金的时间价值。通常企业年金采用的折现利率是与其年金承付款项期限相近的债券收益率。折现率越低，则养老金承付款项的折现价值就越高，从而为了保证养老金计划具有足够的未来偿付能力，我们需要更多的资产保证。低折现率相比高折现率更为保守，因为我们需要对养老基金持有的资产进行有盈利的投资，从而该基金所持有的资产才会充分增加。

在美国，许多公共养老基金的资金不足；也就是说，它们所拥有的资产不可能足够支付未来退休人员的承付款项需求。这是一个日益严重的问题，虽然其也许不会导致危机的出现，但是会给下一代纳税人带来越来越沉重的税负，因为政府会强制通过提高税负来弥补养老金赤字。这将是婴儿潮一代人的不幸，因为将这种承付款项持续延后的政治选择一直被推举，就此我在《债券并不是永远的：固定收益投资者正面临危机》(*Bonds Are Not Forever*: *The Crisis Facing Fixed Income Investors*)一书中进行了一些说明。

利用债券收益率作为未来养老金承付款项的折现率是一种明智的方法，多数养老基金都采用这种方法。然而，公共养老基金却遵循不同的会计准则，他们将其对资产的预期收益率作为折现率来对未来承付款项进行折现，而这一奇怪的折现率完全与企业养老基金不同。

为了说明这一折现率有多奇怪，我们只需要考虑其资产组合的变动会为其承付款项带来的巨大影响。养老基金所预期获得的未来长期资产收益取决于每个资产类别的可能收益和每个资产类别在总资产中的比重。例如，假设养老基金的资金一半投资于预期收益率为7%的股票、一半投资于预期收益率为3%的债券，则$(50\%\times7\%)+(50\%\times3\%)=5\%$，因此，该养老基金的预期收益率为5%。

显然，调整投资组合中股票和债券的资产配置比例将会大大影响总资产预期收益率。具体来说，如果提高相对高风险的股票投资比例，那么总资产的预期收益率将会提高，同时该资产组合获得收益需要承担的风险也会升高。

公共养老金计划的独特之处在于它也采用预期收益率作为未来承付款项的折现率。这是一种不恰当的方法，因为这意味着调整资产组合构成就会改变未来承付款项的现值，但是实际上它在未来承付款项上并没有发生变化。因此，通过配置相对高风险的投资组合，公共养老基金计划会得到一个较高的折现率，从而降低其对未来退休人员的承付款项现值，进而提高了自身的收益水平。

我个人最喜欢的周刊《经济学人》杂志在一篇题为《用不完的钱》的文章(《经济学人》，2013)中优雅地捕捉到上述折现方法存在的问题。文章指出，正如提高资产组合中高风险、高收益的资产投资比例可以降低负债现值一样，降低低收益资产在组合中的比例也能够达到同样的效果。收益率几乎为0的现金在任何投资组合中都是累赘。该文章绘声绘色地指出，如果持有大量现金的养老基金选择摒弃该资产(就像文章标题那样烧光这些现金)，那么会提高剩余资产的预期收益率并降低基金未来承付款项的现值。

通过上述方法，养老基金减少了其未来承付款项的现值，其收益表现似乎会变得更好，但是其实际上能够用来支付未来负债的资产变得更少了，因为它们烧光了现金。这听上去像是一个荒谬的事例，但是它旨在强调通过增加高收益资产在其投资组合中的比重来提高资产预期收益率确实会带来这样的结果。因此，更高风险的养老基金的收益曲线要优于更低风险的养老基金。

由于对冲基金投资所能够带来的预期收益率高达7%(这是大多数对冲基金投资者以及他们的投资咨询顾问所要求的长期投资期望收益率水平)，因此公共养老基金一般都是被鼓励进行对冲基金投资(从会计角度来看，烧光现金也能带来相似的预期收益率，但是这样做毫无亮点)。

这就是已经发生的事情。潜在收益率高达7%的对冲基金似乎对公共养老基金具有极大的吸引力，这些公共养老基金所持有的资产完全不足以支付其对未来退休人员的承付款项。尽管它们可以通过在政治层面提高税率或者削减开支再或者两者并举来延迟对其未来承付款项的核准，但是这只会增加其在未来的负债总额。

问题是没有人站出来指出问题的存在。公共养老基金的投资咨询顾问在向其提供投资咨询服务时也是非常矛盾的，由于推荐对冲基金能够为自己带来高的收益，因此他们也没有太大的动力向公共养老基金推荐其他投资产品。此外，这些投资咨询顾问也很少会向投资者展示其推荐过的盈利产品记录。2013年发布的一项学术研究称投资咨询顾问是“一文不值”的[索尔金(Sorkin)，2013]。

养老基金托管人已经陷入了艰难的困境。这些养老基金托管人通常依赖于投资咨询顾问，因为他们受到1974年颁布的员工退休收入保障计划(ERISA)的监管，这部法令对基金管理做出了要求，给托管人带来沉重的管理负担。从养老基金受益人的最大利益出发，员工退休收入保障计划对托管人在管理养老基金资产过程中的失职表现制定了相应的民事和刑事处罚条款，因此这些养老基金托管人会依赖投资咨询顾问也不足为奇。

政策驱动资金流向

公共养老金面临的另一个问题是，当养老金资金储备不足时，并不会带来什么政治后果。养老基金所持有的资产与其承付款项的差额最终将会被其他增加的政府供应款所填补。在选择提高税收或削减服务开支来填补养老基金缺口和任由养老基金资金缺口问题发展并将该问题留给 10～15 年之后当选的领导人处理这样两种解决方案中，前者显然是更加勇敢的领导人决策。

多数选民将会选择推迟养老金发放的政策，虽然这可能被抨击为糟糕的公共政策，但这确实是目前有效的民主工作进程。新泽西州就是这样的一个例子。在 2014 年，州长克里斯・克里斯蒂(Chris Christie)削减了 24 亿美元的养老金款项(Magyar，2014)用于弥补预算缺口。作为养老基金受益人的代表，工会对此举动表示了质疑，但克里斯蒂显然明白在这些质疑者中鲜有投票者。由于当前并不存在严格的法律规定要求政府必须保证养老基金持有足够的资金来支付对退休人员的承付款项，因此为了回应选民的期望，政治领导人会将这一问题踢给下一任领导者。

洛杉矶县职工退休协会(LACERA)的一位代表让我印象深刻。在我演讲期间，她向我讲述了她们所遇到的实际困难。她注意到我的建议是剔除基金投资组合中的对冲基金投资，她曾经历过这种情况，也了解这一建议所带来的可能结果。由于对冲基金具有高达 7%的预期收益率，远远高于投资组合中的其他项目，因此剔除对冲基金后整体资产的预期收益率会降低。尽管基于一系列并不可信的假设所计算出的 7%的预期收益率于对冲基金而言并不现实，但它是由投资咨询顾问提供的数据，因此于基金托管人而言仍然是可信的。

如上文所述，较低的养老基金资产预期回报率将在对其未来承付款项折现时转化为较低的折现率，而这将会扩大养老基金未来承付资金缺口。LACERA 的这位代表称："届时，这些共和党人将指出我们需要通过削减费用来填补的养老基金资金缺口”。我从来没有遇到过此类政治问题，但我很同情她的困境。由于为公共养老金计划提供资金的政治进程和其少见的会计准则的原因，多数为未来退休人员负责的人毫无保留地坚信对冲基金收益的种种幻想，虽然在过去的10年我们并没有看到这一收益。而那些坚信对冲基金所带来的高收益就是对这种资产类别最好证明的人显然并没有深入思考这些投资决策的产生过程。

一些公共养老金计划正在应对持续的、令人失望的投资收益。加利福尼亚公共部门退休系统(CaLPERS)被视为养老基金中深思熟虑的领导者，它拥有超过3 000亿美元的资产，是全球最大规模的机构投资者之一。2014年9月，加利福尼亚公共部门退休系统的公告称，其取消对冲基金的投资(CaLPERS,2014)，并得出结论认为投资成本与投资回报不合理。一项有趣的披露显示，在2013年7月至2014年6月这个会计年度中，加利福尼亚公共部门退休系统总额为40亿美元的资产收益率为7.1%，而其为该项收益支付的投资费用为1.35亿美元。也就是说，其收益总额大约为2.8亿美元(40亿美元×7.1%)，那么这就意味着加利福尼亚公共部门退休系统为每获得的2美元收益需要支付1/3比例的费用。总收益(扣除费用前)的2/3流向CaLPERS，另外1/3流向对冲基金经理。当考虑到对于股票指数基金的投资不足0.1%时，我们可以看出每位投资者所面对的收益在出资方和管理方之间的分配情况都如加利福尼亚公共部门退休系统所面对的一样荒谬。

关于对冲基金的收益，一个鲜为人知的事实是，自2002年以来“60%股票/40%债券”这样一种简单的投资组合已经超过了对冲基金。而在那之前，对冲基金在收益方面也确实表现很好，能够为其向投资者收取的高昂费用以及投资者对其倾注的信心提供支撑。但是那时很少有人认识到对冲基金的黄金时代已经过去。自2002年以来，普通股与债券的投资组合在收益上并不只是偶然性地超过了对冲基金。事实上，这样一种投资组合在2002年后的每一年中的收益都超过了对冲基金。在这些年份中，有时候是股票走强，有时候则是债券走强，但是两者所构成的投资组合在收益方面都无情地战胜了昂贵的、至今仍在扩张的对冲基金。

一些对冲基金行业支持者对其行业状况的反应通常会令你笑而不语。事实上，就我自身对对冲基金行业的观点这一论题，我常常会被邀请进行演讲。正如我经常提到的那样，虽然《对冲基金幻影》一书在2012年就出版了，但对冲基金一直以来都是用平庸的收益来换取其高额的管理费用，当然，对冲基金这种表现已经令越来越多的投资者质疑对冲基金在投资组合中被推荐标准公允的问题。

对冲基金曾被称为绝对收益的金融工具。这种称谓听上去似乎非常可靠，对冲基金一度被描述成一种天才型领航金融资产类别，无论外界市场波动情况如何，对冲基金最终总能为投资者带来正收益。但是2008年的金融危机非常有力地证实了这种说法的荒谬性，当时除了发达市场主权债券外，其他产品都没有在这种大规模去杠杆所带来的金融风暴中得以幸免，自此也很少有人称呼对冲基金为绝对收益的金融工具了。事实上，除了《AR》这本月刊在其封面上仍然保留了对冲基金的曾经称谓外，绝对收益这一别称已经长久无人提及。

后来，对冲基金的绝对收益被具有吸引力的相对收益取而代之，这听上去似乎也是坚实、牢靠的。然而自2002年以来，如上文所述，资本市场屡次证明对冲基金的相对收益至少与股票债券投资组合相比是较差的。再后来，又有人声称对冲基金能够创造不相关收益，这也令投资者相信对冲基金是相对安全的。但是在2008年的金融危机中，对冲基金非常不幸地表现出与所有外界环境的高度相关，其亏损率达到23%，但是对冲基金看上去确实是相对不相关的，因为其亏损程度要远远超过其他金融工具。

大量资本

投资组合的收益风险不仅仅来自组合资产的分配比重方面，但是该分配比重的设置确实会带来机会成本的比较问题。加利福尼亚公共部门退休系统发现，规模是最终决定剔除投资组合中对冲基金资产配置的限制因素。另一个问题是资产投资的制度化问题。就像其他产品的资产投资一样，大资金规模的投资者都遵循资本资产定价模型(CAPM)中的核心理念，即多样化通常是一件好事，因此他们都乐于寻求投资组合配置多样化。

但是，为了保证投资组合多样化的可行性，你应该确定投资组合中的各个部分所面对的风险在某种程度上是可预见的。由于起初在进行原始组合搭配时的各个备选项目都是互相无关的，因此在后续实际投资过程中，这些部分继续保持无关性是非常重要的。但是现如今，对冲基金投资者都非常热衷于寻求对冲基金改变投资风格的可能性，简单来说，就是对冲基金经理开始用不同于过去的方式来进行投资。

我们很容易看出其中存在的问题。如果对冲基金投资组合中原来互相之间各不相关的分项投资都开始改变自己的投资风格或寻求新的投资机会，尽管这看起来似乎更有吸引力，但是实际上改变之后的这些分项投资已经无法出现在同一个投资组合当中。这对于投资者来说是一个巨大的潜在问题，也是需要严格把控投资风格变动的其中一个原因。

但是，严格把控投资风格变动会带来的一个意想不到的后果是，这样会限制基金经理运用其发现的最好投资机会的自由，也使得投资者无法完全运用基金经理的综合技能。而处于对冲基金行业黄金时代(2002 年以前)中的绝大多数基金经理都是可以这样做的，他们能够为客户带来最大收益。那时候，富有的个体投资者是对冲基金行业的典型客户，他们所持有的对冲基金投资要少于现在的机构投资者。他们知道的很少，也不是特别关心对冲基金投资风格的改变，实际上他们所关心的只是他们的基金经理能够为他们赚取收益。而如今，机构投资者对对冲基金经理所提出的一些限制条件在能够降低他们的资产投资所面对风险的同时，也减少了他们的潜在收益。

我曾经将我的一篇博客文章命名为“金融行业的最愚蠢想法”，其中我描述了最常见的也是广义来讲多样化的对冲基金组合投资，其管理方法正是机构投资者所使用的那种。当然，这个题目有一些煽动性，但是它相对于传统思维而言却不失为一个有趣的转折。

资本资产定价模型金融原理认为资产组合的多样化配置是一件好事。根据资本资产定价模型，特定风险并不会产生额外收益。也就是说，不管什么时候，如果你将所有资产都投资于一个特定的项目，那么你并不会获得与其风险相当、高于持有多样化投资组合的收益。对于股票市场的投资者来说，这意味着你应该仅投资指数基金而不是浪费你的时间在选择个股上。换句话说，在进行股票投资时，你不需要具有选择股票的洞察力。

尽管对于全世界所有活跃的股权投资经理(也包括我在内)来说，站在其职业立场，他们绝对不会同意从资本资产定价模型中得出的上述结论，但指数基金是对股票市场的一种完全合法的投资方式。

以上所述的一个重要前提是从长远来看，股票会有正额外收益，也就是说，股票的长期收益会高于零风险的投资项目。尽管股票市场显然也有萧条的年份，其持续时间可能是几年也可能是十几年，但是股票市场投资的长期正收益观点无可厚非。不过对冲基金行业与此不同。正如我在《对冲基金幻影》一书中所提及的那样，国库券对于投资者来说一定是更好的赌注。我们完全无法断定未来对冲基金投资会优于无风险投资项目。从这一角度出发，多样化资产组合的传统理论就会失效。事实上，如果你投资的是一项未来收益可能不好甚至为负的资产类别，那么你显然需要善于从中挑选出更好的分项投资项目。对于对冲基金投资者来说，这意味着需要具备挑选基金经理的能力。

事实上，对冲基金的投资者并不是最好具备而是必须具备挑选基金经理的能力，从某种程度来说，如果投资者并不擅长挑选优秀的基金经理，那么他就不应该投资对冲基金。相反，股票市场的投资者即使不擅长挑选股票，他们仍然可以通过指数基金来投资。现实中，对冲基金投资者总是认为自己具备挑选对冲基金所需要的洞察力。当然，他们并不是全部都擅长挑选对冲基金，但是他们中的一些人确实在这方面比较优秀。而对于那些具备优秀洞察能力的对冲基金投资者来说，资产组合多样化会给其带来伤害，因为其资产组合的构成越是多样化，其加权平均所得的综合收益表现就会越趋于平庸。既然多样化对冲基金投资组合的综合收益会比较差，并且这种趋势会一直继续下去，那么通过多样化投资来抑制组合中任何一个基金经理的整体影响力是违反其良好的直觉判断能力的。因此，多样化投资对于那些不擅长挑选基金经理的投资者来说是真的非常重要，对于他们来说，多样化资产组合的加权平均收益要好于依赖其微弱洞察力所做出的投资决策。相反，对于那些具备非常优秀的基金经理洞察力的投资者来说，他们不应该进行分散投资。

因此，当投资者对自己所选的为数不多的几只对冲基金非常有信心时，这些基金也有很大可能真的为其带来可观收益，这也是对其对冲基金经理选择技能的一种奖励。而高度多样化的对冲基金投资组合则说明该投资者并不擅长挑选对冲基金，他们力图获得平庸的加权平均收益，因为该收益情况会好于集中投资的情况。

较少的对冲基金数量意味着集中化的投资组合策划，而这当然也意味着你应该适当减少在对冲基金上的资金分配比重。因此，该投资策略不适用于养老基金机构，因为它们需要依赖对冲基金收益来填补其对未来退休人员承付款项的资金缺口，并且该策略也不适用于那些需要通过为投资者提供投资组合咨询建议来获得收入的投资咨询专家。

然而,这正是投资者践行资本资产定价模型时会发生的情况,尽管这并不是资本资产定价模型的题中之义。当然,实际上很少会有投资者遵从上述逻辑。他们认为,将对冲基金投资组合多样化正是展示其具有的对冲基金选择能力的一种方式。然而,对对冲基金投资组合收益情况总体来说仍然是非常不理想。

对冲基金经理通常被认为是金融领域最聪明的人。作为门徒伙伴资产管理公司(Protégé Partners)的共同创办人,泰德・赛德斯(Ted Seides)曾经评论道,“最优秀、最聪明的人往往选择将其时间花费在能够得到最好报酬的领域,在当今公共市场中所指的当然是对冲基金行业”(赛德斯,2014)。这里颇为讽刺的是,对冲基金经理从未公开推荐过赛德斯以及其他人为投资者推荐的对冲基金投资方式,即大型、多样化的投资组合方式。尽管确实是那些最聪明的人在运营着对冲基金,但是这并不意味着你应该试图成为他们的顾客。

2014 年下半年对冲基金行业发生了一次非常有趣的变更,其中涉及赛德斯和其他评论员。当时加利福尼亚州最大的公共养老基金机构决定对其持有的对冲基金投资进行赎回操作,赛德斯可能认为针对此事件其需要再次做出对冲基金的公开辩护,因此他写了一篇博客,认为加利福尼亚基金经理是在不当时机进行了赎回操作。然而后续行业迅速做出的一系列回应对赛德斯的立场泼了冷水。这实际上是那些对冲基金投资者对其支付给赛德斯咨询费用的一种蔑视,因为他们所持有的对冲基金投资收益非常差。

2008 年,沃伦・巴菲特与泰德・赛德斯打赌,认为在未来 10 年内,标准普尔 500 指数基金的收益表现会优于对冲基金,这一事件在当时非常有名。门徒伙伴资产管理公司会希望自己从来没有下过这样一个赌注。显然,截止到 2014 年底,巴菲特是胜利的一方,而赛德斯也在其博客中气恼地反省了自己轻率地与奥马哈先知赌博的事情。针对这次打赌,尽管单从 2008 年全年来看标准普尔 500 指数基金有 37%的下跌,但是对冲基金仍然是非常明确的失败者。雪上加霜的是,一名读者还将门徒伙伴资产管理公司自持对冲基金与标准普尔 500 指数基金的收益表现进行了对比。五年以前,行业评论家们可能还不会抨击对冲基金,但是最近的对冲基金发展历史已经为那些坚定和尖锐的批判者提供了有力的证据,这其中《对冲基金幻影》一书可能以一种温和的方式起到了一些帮助。

曾经，散户投资者并不是容易上当受骗的

不同寻常的是，这里存在一种非常罕见的情况：单纯的散户投资者并没有成为那些费用高昂的高成本投资的受害者。因为在美国和其他国家，对冲基金一般是通过非注册的券商进行销售，这限制了对冲基金对于那些高净值客户以及机构投资者的可获得性，这些投资者与那些资金匮乏的投资者相比，通常被认为是足够聪明且能够识别出好的投资机会。在我开展演讲座谈时，曾有一些人向我提出疑问，他们问我是否在暗示那些高净值投资者更容易愚蠢地进行对冲基金投资。这是一个非常有趣的问题。总的来说，在 2002 年以前，富有的个人投资者于对冲基金而言是非常重要的客户资源。但是自 2002 年以后，这部分投资者已经出现了一定程度的减少，而在 2008 年那些出乎意料的对冲基金赎回限制条件的实施更加速了这部分投资者的撤离。

我一直非常谨慎地指出行业中确实有优秀的对冲基金，也存在快乐的客户。事实上，那些最具天赋的投资者都在运营对冲基金，因为这一行业的佣金最高，也能够获得最多利润。这种情况将永远如此。当然对冲基金行业中也存在一些快乐的对冲基金投资客户。通常的情况是这些客户只持有少数几只对冲基金，他们并不寻求很多对冲基金经理，而是精心挑选几位非常有天赋的基金经理来为其管理资产。那些对冲基金行业过得最开心的投资者并不像许多机构投资者那样完全依赖基金经理来为其重组投资组合。不过度依赖对冲基金并在条件允许的情况下考虑机会投资不失为成功获取收益的一种更加合理的方式。

过去那些高净值个人投资者都是一些精明的投资者。那时，私人银行是对冲基金的主要配资者，他们会向其服务的富有客户推荐喜欢的对冲基金经理，其收益也是丰厚的。事实上，正是那些后续进入对冲基金行业的机构投资者遭遇了收益的下跌，这种现象并不足为奇，因为对冲基金本身缺乏创造可观收益的能力。公平来说，那些富有的投资者是对冲基金行业黄金时代的受益者，他们在那个时代并不是愚蠢的，相反，他们对于投资时机的选择非常机敏。我也认识不少个人投资者，他们在对冲基金投资中都非常成功。而且，他们通常都仅持有 2～3 只为数不多的对冲基金，也阐释了上述“少就是多”的观点。

我不认为任何一个投资者(也包括如今仍然活跃在投资市场中的)是愚蠢

的。公共养老基金计划只是简单回应上述那些奇怪的会计准则和尽量延迟财政困难出现的政策。

如今的对冲基金投资者应该再次回归使用曾在20世纪90年代运行良好的对冲基金投资方法,尽管那时对冲基金行业规模还不及现在的1/4。首先,在进行未来收益分析时疏于考虑机会成本规模是完全错误的。这是如今许多投资咨询人员和他们的客户最明显的失误。他们根据过去的收益历史来推算未来收益情况,创造了一个不现实的假象:他们认为市场无效性是非常严重的,可以利用市场无效性来为自己创造利益。而规模报酬递减是一个非常普遍的问题。疏于考虑具体投资项目或整个行业的规模限制已经成为重大错误。这种错误真的非常天真。如今,大力推荐对冲基金投资要么是出于对金融市场运作机制的误判,要么是出于对公共养老基金依赖对冲基金来填补资金空缺这种奇怪方式的赞同。总之,我们可以回顾过去几年中投资咨询机构对数十亿美元资金规模的公共部门养老基金受托人的对冲基金投资建议,并探究谁在其中真正获益,从中我们可以发现对冲基金研究支付情况良好。

既然2万亿~2.5万亿美元已经是对冲基金长期以来能够管理的资金规模上限,那么那些能够得到良好投资咨询服务的机构投资者就应该控制其可获得收益的对冲基金投资资金预期。向资本过多行业进行大比例(在一些案例中资本分配比重达20%)的资本分配会很难获得理想收益。相反,他们应该在其投资组合中设定一个较小的比重——大概2%~4%——来投资一些小规模但是具有充裕资金的领域。而这做起来并不容易,因为寻找那些鲜为人知的投资领域需要卓越的探索能力。但正是在这样的投资领域中才更容易发现可被利用的市场无效性,同时在这里,投资者才能够更容易发现真正有时间坐下来和他们交谈的投资经理,这些经理也才真的会将他们要做的事情解释给投资者听。

不确定的投资机会很有可能与投资组合中的其他项目不相关,也可能会为我们提供一些有趣的信息知识,而这些信息知识可以应用于更广泛的领域或围绕核心投资项目展开的其他领域。实际上,对冲基金很有可能可以利用这些鲜为人知的领域来寻找相关的投资机会。给予聪明人一些做不同事情的机会是非常值得的,因此投资者应该给予对冲基金经理一些管理灵活度。如今机构驱动型的对冲基金往往会采取一些集中策略,严格控制投资风格变化和多重风险,这种类型的对冲基金是昂贵且单调乏味的。最好的对冲基金是具有一定风险的,并且可以通过全面了解这些风险来减轻其承担的风险程度。

适当地对那些晦涩的投资机会进行小比重的资金配给很可能最适用于对冲基金投资者,而对熟知的对冲基金进行大比重的资金配给则最适用于投资咨询师。因此,在实际的对冲基金投资过程中,除非持续的平庸收益表现最终驱使客户强烈要求进行一些投资风格的改变,否则往往是后者战胜前者。

对冲基金行业持续出现一些不成比例的投资欺诈行为。正如我在《对冲基金幻影》一书中所提及的那样,甚至布鲁斯·约翰逊(Bruce Johnson)为了研究这种现象写了《对冲基金行业欺诈案例分析》(*The Hedge Fund Fraud Casebook*)(Wiley数据库,2010)。尽管我对对冲基金行业整体是持批判的态度,但是我不认为所有的对冲基金行业专家都是不诚实的,我也不相信对冲基金工作人员会比其他金融领域的工作人员更加不诚实。我只是认为如果你想进行诈骗,那么进入对冲基金行业是一个完美的选择。销售对冲基金的券商机构并不需要进行注册,经理人员也没有被要求在国家机构或美国证券交易委员会进行注册登记。创造一个虚构的上市公司股权持有目录要比声称拥有根本不存在的一栋建筑或是公司更加不容易引起怀疑。

麦道夫诈骗案是对冲基金历史上发生的最大也最惊人的诈骗案。一些诡辩家们指出其并没有在运营对冲基金产品,但是这种说法毫无意义,因为客户都认为他们的投资对象就是对冲基金。哈利·马可波洛斯(Harry Markopoulos)因其所著《没有人会听》(*No One Would Listen*)(Wiley数据库,2010)一书被称为麦道夫诈骗案的揭发者。当在摩根大通建立种子对冲基金时,我们遇到了费尔菲尔德·格林威治集团(Fairfield Greenwich Group),这是麦道夫的一只子基金,其也将客户带向了深渊。他们描述了一种听上去非常好的架构,其似乎可以优先处理麦道夫经纪公司收到的订单。尽管费尔菲尔德·格林威治集团的销售人员没有直接站出来这样说,但是他们描述了麦道夫的两个机构之间的"亲密工作业务关系",我们可以以此推断出上述观点。我们后续再也没有与费尔菲尔德·格林威治集团取得过联系,因为这样的安排似乎不太正确合理。

后来,我还是得到了机会与哈利·马可波洛斯见面,我们在自己所著的书籍上签名后进行了交换留念。在哈利送给我的那本有他亲笔签名的书上,其题词为"在得到证明之前的诈骗行为都是假设"。实际上,哈利在过去的很多年里都试图警示美国证券交易委员会麦道夫集团存在投资诈骗行为。他所得出的结论依据是其对市场公开信息的缜密分析，其中关键点在于麦道夫集团的意向投资策略会要求投资者只针对特定市场中的可选投资项目进行投资。我喜欢这本书，并且我认为哈利也是一位有魅力的公众发言人。我认为哈利在书中所阐述的一个观点非常合理，同时他也曾当面向我确认过这一观点，那就是麦道夫的大量投资者就像我们一样已经发现其经纪公司管理的那些客户就是其经营利润的重要来源。因此我们可以发现一个非常有趣的事实：尽管这些投资者知道经纪人是骗子，但他们还是非常乐于通过其进行投资，而这种行为背后的扭曲逻辑是这些投资者了解经纪人不诚实的程度，并且相信这不会波及他们。当然，以往也发生过一些悲剧故事：当真相被揭露时，过去几十年中建立起来的信任便分崩离析、荡然无存。但是，我们很难对那些基于剥削其他客户来赚取收益的期望进行投资的客户产生同情。尽管他们知道一些投资活动是非法的，但是他们仍然认为自己只是这些活动的被动受益者，并且认为当事实被揭露时，他们可以不用承担任何后果地继续持有这些不义之财。这就是浮士德交易。

第五章　为什么华尔街的效率如此低下？

为什么金融服务那么昂贵？

为什么那么多人愿意为金融服务付出那么高的费用？这可能是政策制定者会向如今银行和金融经纪公司提出的最基本的问题了。既然相较于你能想到的其他事物，可能华尔街能以最纯粹的方式代表资本本身，那么为什么金融服务市场的效率还如此低下呢？

目前存在的很多研究都在聚焦这一问题。例如，华尔街经济对国家整体经济的贡献是用金融服务所带来的国内生产总值增加值来计量的，该数值自20世纪80年代开始呈现增长状态，到2007年已经大概翻了一番。我在《债券不会永远存在》一书中提及过这一现象。在过去的1/4个世纪里，金融行业并不是与国民生产总值保持一致的增长步调，实际上它的增长速度是国民生产总值增速的2倍。

在银行业工作的工资水平较一般性工作高，这种变化也部分驱动了公众收入差距现象的加剧，这主要是发生在发达国家中。当然，金融业不应该为此饱受责难，但是这值得我们去深刻思考：我们是怎样发展到这种状况的呢？这又是否是正确的发展方向呢?

对银行业造成影响的最大创新之一就是台式计算机的发展。银行在信息技术上进行了巨大的投入。事实上,如果没有信息技术,那么今天的大多数金融市场交易并不会以目前的形式完成。1980 年我得到了自己的第一份工作,当时我是在伦敦证券交易所(London Stock Exchange)担任一名实习经纪人(“蓝色按钮”是因为我们戴着的印有公司名字的徽章颜色就是蓝色)。当时我的工作内容就是在做市商(当时称之为“证券交易商”,相当于纽约证券交易所的专家)的催促下,匆忙记录下各只股票的价格。然后在经纪人等待与他们的客户进行通话的办公室里,我会使用一个笨重的与办公室的扬声器相连接的“步话机”阅读它们。

一年后,我在另一家公司工作。那时我的工作职责就是把价格键入电报机(与电话功能相似的打字机)来结束交易。自然地,在票券上记录每笔交易时,如果在底下垫上复写纸,那就会产生一个复本。事实上,那个时候的许多时光都是通过双手记录下来的。

在一代或者两代人以前,持续改进的技术为许多行业带来了变化——或许其中变化最大的当属金融业。然而,与其他行业相比,信息技术方面的巨大投入对金融行业的影响力并没有那么大。

如果你正在研究诸如“金融服务成本”这样的课题,那么你将很快会发现托马斯·菲利蓬(Thomas Philippon)。菲利蓬是任职于纽约大学的一位金融学教授,他撰写过许多学术论文,包括《美国的金融行业是不是越来越低效?》(Has the U.S. Finance Industry Become Less Efficient)和《1909－2006 年间美国金融业的工资和人力资本》(Wages and Human Captial in the U.S. Financial Industry:1906－2006)。

在交易层面,行业中存在不计其数的案例,许多投资者为其购买的设计粗劣的产品付出了高昂成本。但是宏观来看,金融行业对国家整体经济的贡献率却在不断升高。在 1929 年发生了经济危机后,金融业在后续的经济萧条和第二次世界大战中也迅速萎缩。但是伴随一系列战争的结束,金融业也开始步入稳步上升阶段。随着信息技术开始对银行业和金融市场所产生的深远影响,金融业获得了加速发展。

从来没有任何公共政策讨论过“银行是不是越多越好”这个话题。与其他经济部门一样,政府机构允许家庭和企业自由支配他们的税后收入。金融业在国内生产总值所占的比重目前约为9%(菲利蓬,2012)。作为最基本的职能,金融业就是将储蓄资金配置到那些能够为其获得利润的地方,一般是流向企业或者政府。如果这项业务进展顺利,那么会为国家带来更大的经济体系。所有的银行和金融经纪公司都开始携起手来支持非金融行业的经济发展。

尽管金融行业的收益持续增长,但是我们很难判定经济体中的其他行业是否能从中获益。奇怪的是,通过进行一些计算,我们发现金融业的效率还没有100年前高。菲利蓬计算加总了流经金融业的储蓄资金总量以及债券和股票发行机构最终获得的资金数量,他发现金融机构作为资金中介所收取的费率为1.3%~2.3%,该费率自1970年开始一直在不断升高。正如菲利蓬所说,"当今银行业怎么可能比约翰·皮尔庞特·摩根(John Pierpont Morgan)时期的银行还要低效呢?"

金融服务公司是信息技术服务的最大买家之一。毫无疑问,从零售银行到证券交易,计算机彻底改变了一切金融行业的服务内容。显然,金融经纪公司认为对信息技术新兴产业进行投资对其业务发展是有利的。但是菲利蓬将其与消费零售业进行了一次非常有趣的比较。沃尔玛(Wal-Mart)或许是最好的例证,它利用信息技术来紧密追踪其售出的产品情况,能够有效管理产品库存和价格,进而能够最大化收益水平。现在不管是通过网络还是实体店将商品销售给普通大众,其交易的完成都非常依赖于信息技术。但有趣的是,更好的业务管理所带来的高效率已经转化成了消费者能够获得的更低价格。当菲利蓬对商品零售行业在国内生产总值中的贡献率进行计算时,他发现自1970年以来,伴随对信息行业投入的增加,其行业贡献率却呈下行走势。如果商品零售行业的利润、工资以及福利都在减少,那么毫无疑问,实际上是消费者在获利。如果华尔街的业务经营方式更加向沃尔玛靠近,那么国家经济体中的其他部门会获得更好的发展。

对金融业目前发展现状持赞同观点的主要论据是,对购买金融服务的家庭和企业来说,如果他们愿意支付更多来获得金融服务,那么一定是因为他们从中获得的收益大于支出。这是一个辩论起点,因为很少会有人赞同这样的共同政策:在没有有力证据表明普通大众能够获利的前提下决定削减一个行业的规模。

但是菲利蓬所揭露的事实表明,有些事情确实是错误的。通过过去几十年间对能够促进行业高效率运作的信息技术的有力投资,虽然金融行业作为一个经济部门获得了持续增长，但是其作为金融中介部门所收取的费率却从 1.3% 的历史水平上升到了 2.3%。看上去似乎华尔街生产能力的提高只是为其中企业的员工带来了更高的收益和报酬，而没有将该部门利润带给消费者。尽管从小范围看，银行机构和金融公司之间存在着大量竞争，但是从整体来看，金融行业中存在的竞争并没有那么激烈。

证券交易不会为我们创造一个安全的退休生活

股票交易市场中稳步降低的交易成本促进了交易量的大幅提升。菲利蓬指出，在比一代人多一点的时间里，股票交易数量已经增长了 10～20 倍。许多研究指出，大众对股票的持有时间大幅缩短。与此同时，佣金和其他交易成本，不如说股票询价费用，已经明显下降，但是其下降幅度与股票交易量的增长并不完全相称。在股票交易中，确定到底谁是赢家而谁又是输家并不像你想象中那么客观。我们总是试图相信每笔交易都能为我们带来正效应，也就是股票价值增加。即使一位持有苹果公司股票的投资者在知道股票价格还会上涨的前提下将该股进行了抛售，但是考虑到他可能将抛售股票所得资金购买了增值更多的投资项目，那么我们也不能完全判定其决策就是错误的。但是总体来说，由于每笔股票交易中都包括一些摩擦费用，比如佣金和询价费用等，因此交易量带来了财富转移，这些资金流入资金池中以保持股票市场的流动性并对其进行收费。所有人都参与了财富的转移。我们很容易意识到股票市场在进行的疯狂业务活动使得整个社会变得更差，而意识到这一事实要比辨别谁是股票市场的输家容易得多。

毫无疑问，绝大多数股票市场参与者更关注短期交易。媒体对于市场近期动态方向的持续关注迎合了每个人的需求，无论是专业投资经理还是个人投资者，他们都希望通过对市场深入洞察来获得短期信息优势。但是大量证据表明，短期的、依市场时机而动的投资行为通常是无利可图的，因此能够解释其持续增长的理由必须依赖于诸如行为金融学。如果我们一直在做一些从金融收益角度来看不利的事情，那么对这种现象的解释必须依赖于非金融学知识。在我看来，这看上去越来越像是一种赌博，尽管大众都能够意识到其中的赢家并非是客户，而是赌博市场推进者(即赌场本身)，但还是有很多人自愿进入赌场参与赌博。

例如，盈透证券(Interactive Brokers)作为一家网络证券经纪公司，其对自己销售的股票、债券和期货产品收取非常低的交易成本，也需要根据监管机构的要求定期披露其外汇账户的收益情况。这家公司通常都会在收益报告中指出在任一季度，43%～45%的账户都是盈利的。而其他公司的情况就要差一些了，比如另一家活跃的外汇经纪公司——福汇集团(FXCM)，在其收益报告中指出，在2014年的每个季度中，其客户不到33%的账户是盈利的(福汇集团，2015)。这些公司都不会披露每一个账户流水，但是既然在每个季度中，福汇集团的客户有2/3概率会发生损失，假设这一事件的发生是随机的，那么大概有20%的客户会在那年的四个季度中都发生损失(0.67的四次方)。而如果这一时间的发生并不是随机的，也就是说福汇集团中一些客户的投资技能较高，其获利概率较其他客户要高，那么这就意味着超过20%的客户在那年的四个季度中都发生损失。

看上去比较确定的是，一年的投资损失能够说服之前的外汇投资者将时间(和资金)投到其他地方去。但是伴随那些缺乏投资经验的新投资者的稳步持续加入，投资亏损的投资者也在不断增加。

当然，大家不应该对此过于惊讶。除非你有一种信息优势(比如成为一名做市商)或其他技术优势(比如许多高频交易的公司所享受的)，大多数证券产品的短期交易本质上是无利可图的。我们可以注意一下这些公司的广告，它们大多数是围绕男士主题描述了这样一种景象：他们大多穿着商务装，经过一番深思熟虑最终将其天生的、从未被开发过的市场洞察力转化成了无穷的财富，而他们所付出的努力就是坐在一台计算机终端机(或者福汇集团网页)前面而已。这一画面中唯一缺少的就是一位令人羡慕的犹如战利品一样的女朋友，当然她也陪伴其度过了整个取得胜利的过程。

非专业人士进行外汇交易的风险已经在2015年1月份得到充分展现，当时瑞士国家银行(Swiss National Bank)宣布脱钩欧元，这一举动震惊了市场，也令瑞士法郎价值几乎瞬间飙升了20%。许多零售商的投资杠杆比例高达100∶1且不看好瑞士法郎，因此他们顷刻间损失了所有投入的资金，因为他们的外汇经纪公司根本就没有机会来进行补仓，有几家零售外汇公司都承受了巨大损失，有的甚至宣布破产[崔为迪(Trevedi)，2015]。

当极端性的瑞士法郎突然发生与其他货币配对的情况出现时，一些业余外汇交易者的聊天对话内容离奇地反映了对已经发生事情的恐惧[墨菲(Murphy),2015]。

名为“Lord Flasheart”和“ChattiFX”的非专业交易商非常困惑地指出,其网络经纪商已经平掉了他们的仓位并扣除了他们账户中的资金。很快,他们得知真相:这并不是出现了软件故障,而是真实发生的经济事件。还有一位交易商说,他在“过去的3个星期内都做得很好,但是这一瞬间发生的事情令他非常沮丧!”这些听上去都是那么地滑稽。

这些定位于零售交易者的外汇网站以一种行为金融学的方式直接为这些非专业交易人士带来了过度自信。男士(并且我认为只会是男士)很轻易地就被说服,他们相信在进行简单的金融理财上,他们的洞察研究能力要比一般人卓越一些。当零售交易看上去就像体育赌博一样时,我们常常会将零售交易与投资进行混淆。当然在自由社会中,人们也被允许从事一些实际上是有害的活动,我们最多能够做的就是教育他们不要冒风险拿自己的退休金去赌博而已。

这些外汇投资客户所经历的亏损事实上并不是那些贪婪的外汇经纪商收取过高费用造成的。在参考盈透证券提供的双向市场报价信息时,我不得不说他们对我来说也非常有竞争力。毫无疑问的是,他们确实会进行一些加价来代替佣金,但是最终的价格仍然能够反映市场信息,也非常贴近机构客户能够拿到的价格。事实上,并没有必要对每一笔交易都进行非常明显的加价。其盈利商业模式依赖于每一笔交易的微薄收入与庞大交易量的结合。

并不存在简单的计算方法能够让我们核实零售交易商现在是否比过去要损失更多。股权类证券的交易数量在飞速增长,并且很大比例是由高频交易公司(HFT)使用计算机算法来完成的。但是如果这些交易都不能盈利,那么投资者显然不会像我们看到的这样活跃。然而,虽然投资并不是一个零和事项,但交易却通常是。作为国内生产总值的一部分,金融服务收入在过去20～30年间的增长部分得益于个体投资者所进行的那些并不盈利的短期交易。能够自我控制的个人退休账户以及投资经纪公司的折扣服务也提供了上述现象发生的可能性,并且股票交易数量的大幅增长也似乎为上述现象提供了有力支撑。事实上,金融服务行业只是对投资者的需要做出了回应,而大部分责任应该由购买者自己承担。

投资金钱之前应该先投入时间进行研究

由于市场所提供的产品类型以及它们的销售方式,投资已经变得异常昂贵。但是对投资者而言,尤其是散户投资者,他们最大的敌人就是自己。有这样一种说法,与在投资上花费的时间相比,许多投资者都愿意花费更多的时间来研究他们应该买哪种冰箱,尽管其在一种金融产品上投入的资金可能是冰箱所花费资金的好多倍。让我们从金融顾问最常提的问题开始:“你是如何看待市场的呢?”当然,谈论最近发生的新闻,以及这些新闻事件将会如何影响经济以及证券价格本身并没有什么错误。我们都在做这样的事情,并且对于大多数人来说,这是非常有趣的。关注新闻事件以及它的发展趋势是合理的,但是过于关注并试图弄明白这些近期事件的发展方向以期从中获益就不合理了,不管你是想现在就进行投资还是等待更好的进入时机。其存在高度依赖于从交易中获取佣金的经纪公司则会通过进行广告宣传、宏观主体研究以及借助于电视媒体进行策略宣讲来为自己创造短期市场信息优势,从而可以吸引客户并满足他们的投资需求。他们正在满足一个非常真实的需求,但是这种需求对于金融服务的接受者而言是自我毁灭性的。与医疗卫生服务行业不同,接受金融服务时,人们应该知道什么对他们来说是最好的。他们有责任投入时间来研究清楚两件事情:第一,什么服务对他们而言是最好的;第二,许多金融服务公司的存在目标就是从其提供的金融服务中获取利润,而这往往不利于投资者的长期利益。

在美国和英国,对金融服务业已经存在公共政策进行回应。虽然政策并没有直接针对金融业的规模,但是它聚焦于金融业的整体系统风险,并在2008年的救助计划引起公众愤怒之后旨在提供较小程度的赔偿。讽刺的是,2008年的经济危机给政府带来的最大损失是发生在其最具影响力的两个部门中且一直在持续,这两个部门分别是房利美(Fannie Mae,FNMA)和房地美(Freddie Mac,FHMC),它们资助了当时的抵押贷款业务。国会在金融服务的公开立法事务上有不良记录,在实行了较严格的信贷标准几年以后,这两个国家住房代理机构再次从私人部门开始放松信贷标准以谋求置业数量最大化。

其中的错误来自两个方面。散户投资者经常在没有进行充分研究的情况下对其投资的金融产品抱有不切实际的期望。通常,最不需要进行过多谨慎思考的决策就是在价格上涨时进行购买操作,而在价格下降时进行卖出操作。消费者习惯基于可靠的品牌做出购买决策。这是一种有效的消费方式。如果你所认识的每个人都拥有一部苹果手机,那么当你也同样购买了苹果手机后不太可能会感到失望。但是大众对苹果手机的需求在一定程度上是同质的,而大众对投资的需求却是多样的。参考每个个体投资者的不同金融状况、年龄和整体性等因素,对某个投资者来说非常合适的投资组合可能对另一个投资者来说却完全不合适。因为利用自身储蓄进行投资这件事情是非常重要但又不紧迫的,所以我们很容易会推迟做出决策,也很有可能花费过少的时间来研究它。

性别和投资

行为金融学中存在一个很有趣的研究领域,其主要研究课题就是男性和女性在处理投资事务时存在哪些不同之处。事实上,男性在投资以外的很多事情上都更容易表现出过度自信。他们要比女性更乐于去寻找一些有风险的事情做。因此,很多研究都揭示出与女性管理的经纪账户相比,由男性进行管理的经纪账户其收益波动范围要更广(也就是说,更好或更糟的情况),但是同时整体平均收益率更低。这种研究发现从理论上来讲也是正确的,平均来看,与男性相比,女性是更好的投资者。这里,我可以以自身经历为例来告诉你这其中的原因。在女性进行实际投资时,她们会首先发现确认她们所不了解的知识,并在进行投资决策之前尽量通过学习来了解这些知识。一些男性当然也会这样做,但是他们同时有一种过度自信的趋势存在,总是过度相信自己的知识和能力。当然,现实中并不只存在这两种类型的投资者,但是我发现如果男性在投资过程中能够尽量多地与其女性朋友接触,那么其收益会好很多。这样他们就会减少对市场近期趋势方式改变的担忧,而更多地去关注其投资组合是否真的适合自己,他们购买投资产品所花费的成本是否合适。

与购买的其他物品相比,你对自己所购买的投资产品进行管理时需要一个不同的心态。很明显的是,通过评估短期收益来评估长期收益是一种不好的方式。首先,你会发现在你阅读过的每一份投资文件中都会按照美国证券交易委员会的规定,明确标注这样一条警示信息:投资产品的过去收益不能被看作未来收益的参考。因此,在你挑选投资经理时,不应该过多参考其之前很长时间内的投资业绩，而一旦你进行了投资，也很大程度上会忽略短期市场波动因素的影响。每一位投资者都试图证明自己的投资决策从长期来看是正确的，好像作为投资者，你唯一应该考虑的就是长期收益。

这就使得投资需要的是一个与购买其他东西不同的决策制定过程。假设以下这些情况：当你需要购买一辆汽车、一台冰箱或电视机时，在进行购买决策时会完全不考虑这些产品之前的使用可靠性吗？当你寻找律师为你打官司时，你不会将其过去胜诉情况作为该律师能力的证明吗？再或者，当你生病需要寻找可靠的医生时，你不会认为那些过去存在很多失败手术案例的医生要比那些能够使病患安全出院的医生能力差吗？

考虑到参考过去情况对人们制定相关决策显然是非常重要的，那么除非你为其提供一个完全不同的逻辑框架，不然你单纯警告他们在进行决策时不要考虑过去是没有意义的。与你可能购买的其他东西相比，购买投资产品在对结果进行预期方面还存在一个重要区别，那就是结果存在很大的波动性。在大多数情况下，你从所购买产品中获得的东西与该种产品广告中所告知的相差并不大，相符比例可以达到 90%。但是投资产品的实际结果却完全不能达到这个标准，因为产品收益来源于市场的波动，但是我们又很难在短期内对市场波动做出准确预期。

但是于我而言，当人们在进行投资相关决策时考虑长期结果似乎是合理的，比如说挑选投资的资产类别或投资经理。例如，公开发行的股票已经被证实是能够使储蓄得到增长的最可靠方式，多年以来，这些产品的税后收益率至少大于通货膨胀率。你持有的时间越长，你越有可能获得长期收益。所以，如果你正在考虑投资先锋基金公司(Vanguard)扩展股票市场型交易所交易基金，那么股票的长期收益率和先锋基金公司较低的费用就是你需要考虑的两个重要因素。

衡量积极管理的投资项目的回报更加棘手。第一件事就是选择正确的基准。太少的投资项目能够得到合适的参照基准进行比较。当你放弃了成本更低的投资项目转投其他项目时，那么你就需要将最终选择与放弃的那些成本最低的项目进行比较来考量你的投资决策是否正确。对很多投资经理来说，将他们的管理业绩与基准进行比较无疑是一种惩罚。因为积极管理的投资项目通常成本较高，一般来说，高于消极管理的投资项目成本，因此很多投资经理都非常谨慎，尽量避免任何比较。只有一些非常优秀的投资经理才乐于将其项目收益合理地与那些成本更低的消极管理项目进行比较。

任何投资者为了确保得到值得实施的投资建议所能够采取的最大举措是，在一开始就通过商议得到一个收益比较基准。我们可以将汽车、律师和医生与同类产品或者同行进行比较，借助互联网技术这种比较更加可行。金融投资建议同样应该进行这样的比较，但是事实上投资者却鲜少为之。投资还有一个独一无二的特点：那些能够产生有吸引力的收益，但是与已持有的其他产品呈现出不相关关系的投资产品对投资者来说更有价值，因为它能够为整个投资组合带来多样化收益。那些能够产生正收益的不相关投资产品是任何投资者都想拥有的。因此，对于那些能够成功说服投资者使其相信并不存在合适的收益比较基准的投资经理来说，他们不仅可以避免可能发生与更成功项目之间的不愉快比较，而且可以令其不相关产品带来的收益看起来更难能可贵。

对冲基金行业曾经一直这么做。回到 20 世纪 90 年代，当时我就职于摩根大通对冲基金产品的投资委员会，我遇到的每一位对冲基金经理都会在其演讲中强调他们特殊的投资类型不能被轻易拿来与那些已经广为人知的投资类型进行比较。对冲基金经理可能会集中于技术股进行投资，但是他们坚持认为将其与其他同样聚焦于技术股投资的对冲基金进行比较仍然是没有意义的。这种说辞是自私的，但是也准确地表明了对冲基金投资者寻找的真相。我经常向对冲基金行业支持者重复他们曾经对对冲基金的观点来嘲讽他们：他们曾声称对冲基金产品能够产生绝对收益，对此他们做出承诺，对冲基金产品能够在任何合理的长期持有期间产生正收益，并且其产品与其他主要资产类别呈现出不相关关系，如股票或者债券。但是发生在 2008 年的经济危机证明他们的承诺是根本无法实现的，这时对冲基金行业支持者又悄悄地改变了他们对其产品的描述。其主旨是对冲基金产品能够产生具有吸引力的相对收益，但是在最近这种看似比较谦虚的论调也被证实超过了产品实际收益能力之后，不相关收益论调又得到了他们的青睐。鉴于近年来对冲基金产品的收益确实低于其他产品，不相关收益论调对他们而言似乎是不错的选择。

投资者从中能够学到的就是他们应该选择一个有意义且客观的方式来对其投资选择进行评价。我曾经是一个投资委员会的一员，这个委员会决定聘请专业的财务管理经理来对其捐赠基金进行投资。我认为这并不一定就是糟糕的决策，因为投资委员会成员并不经常会面，即使会面也不会制定一些策略性的短期决策。常常是一个季度甚至是好几个月才召开的委员会会议应该用来集中制定战略和实施方案，也就是说，他们应该选择合适的整体资产配置方案（股票、债券或其他资产类别，如房地产）。只要最重要的决策已经做出——这里是指资产配置方案，那么他们完全可以委派一位全职财务管理经理来实施该方案，并选择消极管理的其他项目作为基准对其业绩进行评价（例如为股票选择先锋基金公司的交易所交易基金作为比较基准）。

我们最终从外部选择的那位经理之前为个人和机构投资者管理的资金规模为几十亿美元，他指出他们这些财务管理经理的专长是挑选收益高于平均水平的共同基金产品。但是与大多数客户不同，我们按照上一节中所述的方法对其管理绩效进行比较，发现收益持续性较差。在股票市场持续走强的那一个阶段，我们的捐赠基金价值并没有达到预期。其价值是上涨的，但这主要得益于我们委员会做出了侧重于股票的关键性资产配置决策。但是其整体收益并没有比那个消极管理的投资项目替代方案标的好。当我们向其指出投资收益较差的情况时，他回应说他做出的投资选择包括了更加保守的共同基金产品，并且他们认为这些产品在未来能够产生更好的"与风险相适应的"收益。但是他将这些理由用在了错误的客户身上。我指出，我们已经在资产配置方案中阐述了我们的风险偏好，并且他的工作仅仅是执行方案而不是改变它。事实上，他的行为让我们很难对他的绩效进行基准比较，因为在投资中，任何能够将绩效评估脱离数字领域的事情都更有利于那些平庸的财务管理经理。

尽管在上述案例中，我们是作为一个机构投资者在处理事情，但是并不存在任何理由说明个体投资者不应该对其投资顾问提出这一问题：他们愿意以什么方式对其服务成果进行评价？要确保的是这些投资顾问的回答中包括数字，而非全部都是一些模棱两可的言论。如果其评价过程没有被数字化，那么评价结论就不能算数。与大多数活动相比，投资活动更有利于客观测量结果。

在《华尔街后台》（*Backstage Wall Street*）一书中，约书亚·布朗（Joshua Brown）向我们描述了其之前作为股票经纪人的生活，他需要通过电话向那些不知情的投资者推销一些不好的投资项目，他就是靠电话营销业务获得收入的。他向我们介绍了经过多年改良形成的一套电话销售说辞，这些说辞旨在吸引那些拥有过度自信特质、想要获得快速收益的男性消费者。事实上，约书亚·布朗指出向女性进行电话营销就是浪费时间。与男性相比，她们更不愿意在不了解更多信息的情况下快速做出决策。

布朗所撰写的书讽刺性地呈现了对经纪人的消极论调,他们试图哄骗那些应该更加愤世嫉俗的散户投资者,说服其购买一些不合规且定价过高的金融产品。尽管那些任职于经纪公司的大多数员工都是诚实的,能够真心对待其客户,但是这些需要从产品交易中获得费用收入的经纪人确实需要在客户利益和自身利益之间进行权衡,毕竟他们需要依赖向客户收取的费用营生。约书亚·布朗在过去显然愿意将自身利益放在其他事情之前,但是最终他从这种商业模式中醒悟过来,现在任职于一家投资咨询公司,我们相信他已经在自身和客户利益之间做出了正确排序。布朗的书算得上是一则有趣的一手报道,他向我们展示了一个人可以如何在免受惩罚的情况下以牺牲客户利益为代价来愚弄投资系统,当然前提是这个人选择去做这样的事情。

复杂性销售

将产品或者服务进行组合是企业常用的一种技巧,通常能够产生更多利润。科技公司一直在这样操作,它们总是能够满足顾客想要购买拥有整齐、独立包装产品的欲望。这也就解释了为什么像苹果和微软这样的科技公司能够取得超过30%毛利率的经营业绩。

金融服务与之相比并没有大的不同,并且最简单的产品往往也会产生最低的费用。先锋基金整体股票市场型交易所交易基金的投资对象是在美国证券市场上公开发行的所有股票,而其年费率为0.05%。事实上,先锋基金公司已经为散户投资者提供了大量金融服务,这些产品一般都是非常低成本的简单产品。公司一直坚持其创始人杰克·伯格(Jack Bogle)的价值理念。几年前,我被邀请到先锋基金公司在宾夕法尼亚州的马尔文建立的企业大学开展一次演讲。先锋基金公司从很多方面来看并不是传统的投资公司。因为这家公司是由购买其产品的所有投资者共同拥有,并且这家公司并不像传统公司那样追求公司最高利润。就像我在那次演讲开始时指出的,在我开车进入学校停车场时,我马上就发现该停车场中没有停放德国产的汽车,这就说明这家企业节俭的价值观已经渗透到购买更加便宜的本地产汽车这种行为中去了(我必须承认在那个停车场中我的车似乎是唯一一辆德国制造的汽车)。

我的一个朋友还向我讲述过关于杰克·伯格的一则非常具有教育意义的故事。这两个人在参加一场会议的过程中进行过交谈,并且他们为返程——从华盛顿分别到各自的家乡宾夕法尼亚州和纽约——预订了同一列火车的车票。那天正好是母亲节前的星期五,他们已经到达了华盛顿的联合车站并且距离火车到达该站还有一段时间,因此两个人决定去选购母亲节卡片。两个人总共需要购买三张:伯格需要为其夫人购买一张,而我的朋友需要为其母亲和夫人分别购买一张。先锋基金公司的创始人伯格很快注意到了销售门店的促销信息提示"买二送一",因此他向我的朋友建议两人一起购买三张来节约支出。

实际上就是这些琐碎的生活逸事能够向我们揭示很多重要的信息。后来,我也遇到了一些在先锋基金公司工作的人,并向他们分享了这个故事,他们笑了笑并没有感到非常惊讶。他们的企业精神并不是试图击败市场,而是追求以最低成本获得趋于整体收益率的回报。先锋基金公司这一非常谦虚的目标可能并不适合所有人,但是由于那些进行积极管理的基金产品大多数都不能击败市场,并且其成本更高,因此先锋基金公司的方法反而使其产品能够获得比其他大多数产品更高的收益。因此通过设立一个切实可行的目标,并且使其成本降到最低,先锋基金公司为其数百万的投资者提供了公平交易。

本书中,我们提醒投资者需要多加注意的是那些复杂的投资产品。它们通常是 2～3 种简单金融公司的组合,事实上,华尔街金融市场非常擅长创造投资者对复杂性投资产品的需求,从抵押支持证券、其他担保债务凭证,到结构性票据、非交易性的房地产投资信托基金、投资于对冲基金的基金产品等。保险行业也通过年金产品加入市场中。尽管投资者应该避免对其碰到的任何复杂性投资产品这一论断有些夸张,但是对那些简单金融产品进行投资更能够为你减少可能遇到的麻烦。

毫无疑问的是,市场上存在太多的公司会为你提供收费昂贵却不尽如人意的投资建议。我总是会遇到这样的案例。我在第一章中就叙述了一个信托基金产品案例,其投资对象是年利率为 1.5% 的短期债券,但是年费率同样也是 1.5%。与其他类型的金融服务公司相比,信托公司更容易留住顾客,因为信托合同通常涉及的年限都很长,并且顾客进行变更的成本非常高。此外,我的一位朋友已经故去的父亲生前雇用一家银行作为其资产托管人,因此后面就很难解除这种信托关系。没有人会下意识地愿意接受那些在征收了税费之后还需要支付额外成本的投资项目。极低的利率水平产生了无穷无尽与之类似的问题，但是即使没有法律约束，信托公司也应该基于道德义务来为投资者寻求一种更好的解决方案。这家信托公司应该取消其就固定收益投资产品部分向我的朋友征收的费用，再或者它应该向我的朋友推荐其他信托公司来管理其资产。事实上，这家信托公司什么都没有做，保持了银行机构传统的负面形象。

在另一个案例中，一个朋友向我展示了其就退休储蓄账户建立的投资组合分配状况，这是一家很大的欧洲银行推荐给他的。大多数研究指出，资产分配对其最终收益的影响率高达90%(具体证券选择影响率为10%)。换句话说，如果你选择将60%的资金投入股票，那么股票的平均回报可能占你所有回报的90%，个股选择则相对不那么重要。当然，这种配置的收益变动幅度也会很大，你持有的股票总数越少，投资组合的多样化程度就越低，而个股选择就变动越重要。但是总体来说，如果你已经持有分布于不同行业的20种以上的股票，那么该投资组合的多样化程度已经非常高，进而个股选择对于最终收益情况就没有那么大的影响了。

资产分配决策非常关键的依据是资产的预期收益以及所持有资产之间的相关程度。固定收益产品存在一个很大的问题，那就是对未来收益进行预测很大程度上并不能参考过去的收益水平。当然，受相关法律要求，你所接触到的每一个投资产品都会向客户提供这一收益风险信息，但是对投资者而言，参考投资产品的过去收益情况仍然是他们在进行投资决策时最可能使用到的度量标准。而当投资者需要对债券类资产进行配置决策时，这一问题更加突出，因为债券产品的预期收益指标需要参考的最重要因素是其购买时的利率水平。假设该债券产品的历史收益率为6%，但是现在其利率为2.5%，那么你对自己现在购买的债券产品的收益率预期就应该是2.5%。

在演讲过程中，我提到的另外一个观点就是尽管债券产品的未来收益水平可能会令你感到失望，但是其仍然是资产组合投资方案中的重要组成部分，这主要是因为其能够带来的多样化收益。无论如何，在你的投资组合中加入一些低预期收益水平的产品是有益的。

然而，我的朋友在参加产品推介会展示时遇到了这样的事情，演讲者推荐这位朋友进行一定规模的债券产品资产配置，其预期收益率为6%，而这一收益率实际上是债券产品的历史收益水平数据。这就是分析过程的智力懒惰伪装现象。这只是一种虚假的希望,而非诚实的。因此尽管该资产分配方案的预期收益水平非常具有吸引力,但是其真正实现的可能性非常渺茫。这是一种非常虚伪的投资咨询方法,也是个体投资者对大型金融公司产生非常消极负面印象的另一个原因,尽管他们认为这些金融公司应该真心从客户利益出发提供投资咨询服务,但实际上他们给出的都是一些不好的建议。

复杂性的投资产品对金融销售人员来说非常具有吸引力,因为客户很难能够清楚地知道这些产品会带来多少收益。结构性票据就是很好的例子,这些产品通常都是2～3种简单产品的组合(例如,由短期看涨期权和长期看跌期权所组成的股票市场多头头寸),而其组合形式看上去就像债券,尽管其收益一定程度上是受股票影响。事实上,投资者购买这种组合型的复杂产品后的所得收益大多要比直接购买这些分项产品的所得收益要差,但是我们很难计算出两者收益之间的准确差异。凯文·布罗利在其所撰写的结构性票据一章中对该问题进行了非常清楚且详细的解释。

政府债券的隐性成本

如果复杂性有利于公司销售产品,那么不透明市场中也存在这种现象。对于散户投资者来说,长久以来政府债券都是最昂贵的投资领域。伴随产品收益的下降,其交易成本在整体收益中所占的比重越来越大。标准普尔道琼斯公司(S&P Dow Jones)发现政府债券产品的交易费用占到其面值的1.4%,这几乎是同类公司债券产品交易费用的2倍(标准普尔道琼斯公司,2014)。但是政府债券被广泛持有,主要是因为这些产品是免税的。这一特点使得投资者对其额外放松警惕,也使得该产品的销售者更容易从交易中获得利润,进而削弱了本来能够驱使费用差价降低的产品竞争程度。

当然,如果足够励志,那么没有人会为了短期收益来进行债券交易。在大多数情况下,债券产品都被视作一种投资项目来持有,但是其交易成本也一定程度上降低了最终收益预期。债券产品支持者认为相较于该产品能够为投资者带来的稳定的免税收益,其对投资者一次性收取的交易费用是值得的。尽管政府债券对于许多投资者来说都是具有吸引力的投资选择,但是存在的问题在于投资者真实承担的费用信息没有得到合理的披露。事实上,网络上存在很多类似于标准普尔道琼斯公司所发布报告的研究都在提醒投资者这一问题的存在。在2012年7月,美国证券交易委员会也发布了一份“政府证券市场报告”,其对证券发行者的不当披露以及散户投资者承担的交易成本都进行了批判。最近,美国证券交易委员会委员迈克尔·皮沃瓦(Michael Piwowar)指出许多债券产品的复杂性设置提高了政府发行者的发行成本,也增加了其与其他类似债券产品的比较难度。虽然统一标准似乎对买卖双方都有利,但是似乎承销债券产品的所有公司都更加乐于提供产品的复杂性,因为这为其带来更高的费用收入。

这里我们能够进行一些简单的数学运算,通过将政府债券市场中的相关数据集中起来进行相关运算来揭示出交易费用在政府债券产品收益中所占的比重。首先我们从市场规模开始,根据证券业与金融市场协会(Securities Industry and Financial Markets Association,SIFMA)提供的数据,其规模大约是3.3万亿美元。其中,家庭投资者持有债券规模为1.6万亿美元,占43%。我们进一步假设按照以发行在外的债券数量为权重计算出的整个债券市场年利率约为4%(根据证券业与金融市场协会计算,债券产品的平均持有期限为16年)。

因此按照年利率4%来计算,家庭投资者投资于债券市场的1.6万亿美元每年产生的收益为640亿美元。

此外,证券业与金融市场协会还告知我们政府债券产品的日均成交量为110亿美元。并且根据标准普尔道琼斯公司的报道,我们知道交易成本为1.4%。这是投资级别的政府债券交易成本数据——高收益政府债券的交易成本约为2.4%,但是现在我们将提出假设:所有的政府债券交易都采用较低的交易成本费用比例。

如果家庭投资者所持有的政府债券数量在发行在外的政府债券发行总量中的比重为43%,那么可以同样合理地做出下面的假设:家庭投资者在政府债券日成交量中所占比重同样为43%。这样我们就可以计算出在政府债券市场中每年由家庭投资者承担的交易成本费用总额。为此,我们首先需要将政府债券日成交量乘上一年中的交易日数量得到政府债券的年成交量;其次,我们用计算所得的政府债券年成交量乘上43%就得到家庭投资者对政府债券产品进行投资的年成交量;最后我们用该数值乘上1.4%就得到了由家庭投资者每年承担的政府债券交易成本费用总额,其最终结果是160亿美元。因此,我们做出的以下陈述是合理的:每年家庭投资者在政府债券产品上为了得到640亿美元的利润需要支付的成本费用为 160 亿美元。而家庭投资者去除成本费用得到的收入为 480 亿美元。他们为了 3 美元的实际收入支付了 1 美元的成本。

当然政府债券的成本费用并没有在所有投资者中进行均摊,显然一些投资者会比其他投资者支付更多。并且可能一些投资者甚至会认为该成本费用是合理支出。然而,很少会有投资者真的认为政府债券的交易成本合理,而对于那些已经知道自己收益中 25%的比例被用来支付交易费用的投资者来说,这一事实应该足够使得他们转投其他领域了。现在的利率水平那么低,这就使得被华尔街征收的费用在整体收益中所占的比例变得更加凸显。不知为什么,政府债券的经纪人以及他们向投资者征收的费用在收益中的比重使他们看起来更像是对冲基金经理。

很多年来,销售给散户投资者的那些标价过高的政府债券已经成为棘手问题。向投资者及时披露相关交易信息使得他们能够自己评估交易成本本来是一件非常简单的事情,但是该行业却一直抵制反对这些举措。他们趾高气扬地辩论道,由监管者为客户收集的这些有用信息可能会被那些投资经验和技能不足的顾客所误解。而证券业与金融市场协会与美国债券交易商(Bond Dealers of America)也一直在反对过多披露有关政府债券交易的信息,两者是站在昂贵的政府债券交易一方的经纪商代表。

如果向你投资账户销售产品的经纪商以你不能够理解信息为由拒绝向你提供你所要求获取的相关交易信息时,你或许应该寻找其他经纪商进行合作。然而,该狡辩理由真的就是这些经纪公司的行业代表所经常使用的。

一位来自密歇根州名为杰弗瑞·戈特利布(Jeffrey Gottlieb)的律师曾经花费了 20 万美元的费用起诉摩根士丹利公司(Morgan Stanley)没有披露其向政府债券投资者收取的 140 万美元费用,但是该案最终败诉[伯恩(Burne),2015]。通过法庭来寻求赔偿显然是实在别无他法时的最后选择。政府债券投资者应该做的事情是真正认识到这样一个事实:如果他们是通过经纪商来购买政府债券,那么他们很有可能支付了含有未披露加价的过高价格。经纪商需要依靠这种方式来生活。但是你有权利知道你为之到底支付了多少钱。

消费者购买的许多产品和服务的价格并不像证券产品那样波动。比较一个冰箱或管道服务的费用则简单得多。债券经纪商对投资者收取的交易费用包含在证券的总价中,所以即使你实际支付的费用超过了你的预期,你也很难辨别清楚差价部分是来自于市场波动还是经纪商收取的费用。

再举例来说，向我们住所运送燃油的公司会给我们提供一张发票，这张发票能够明确告知我们为了获得燃料所支付的费用，我们可以将其与燃油期货市场进行比较。这其中也确实存在加价部分，但是我们知道，这一部分费用是用来覆盖运送成本以及火炉后续的服务费用。至少这能够让我们清楚为什么会存在这些加价部分。政府债券的散户投资者也至少应知道这些信息。如果这本书能够促使那些投资政府债券的读者决定与其经纪商就交易成本信息披露事宜展开一场坦率的讨论，那我们至少实现了一个有价值的目标。

一些银行真的不进行思考

金融专业人士和银行家从来不曾有过非常积极正面的声誉，且自 2008 年遭受了沉重打击后更是至今没有得到恢复。不可避免地，有些研究也支持了这一观点，认为无论如何银行家都是不值得信任的。其中一个发人深省的研究案例是由苏黎世大学(University of Zurich)的科学家团队进行的研究实验，其成果发表于 2014 年[库克森(Cookson)，2014]。他们设计了一个游戏，用来考察在没有人监督的情况下个人的诚实度，为此他们组织了 200 名银行家志愿者，并将这些人分成两组。他们每一组都被告知记录多次硬币投掷过程中头像朝上的次数。在没有外界监督的情况下，每个人都需要提交一份个人参与该游戏过程的结果报告，并且对那些在游戏中碰到头像朝上次数达到一定程度的志愿者提供一小笔现金奖励。

当然，无论是哪一组，你能够预计硬币投掷中出现头像朝上的概率应该都是 50%，这也与游戏中遇到的真实情况非常接近。但是，他们向其中一组志愿者以其工作内容为主题进行了相关提问，这就使得他们在游戏过程中会潜移默化地以银行家的身份进行思考。伴随这些问题，这一小组成员在“银行家”模式下重复了硬币投掷实验。奇迹般地，他们观察到了统计学上(对科学家而言，结果是不可信的)非常多的头像朝上的次数。这次实验的结论对于这些志愿者或者金融行业来说都是不那么满意的，这次实验表明，当一个人以银行家的身份进行思考时，他会变得不诚实。这些科学家同样对来自其他行业的志愿者进行了相同的实验，但是只有银行家志愿者实验得到了上面这一奇怪的结论。

当然,上述研究是非常简单直接明了的,但是这一实验除了有趣性之外并不能作为金融行业道德伦理沦丧现象的决定性依据。此外,参与该实验的银行家志愿者中几乎 2/3 都来自于瑞士银行,因为本次实验就是在苏黎世进行的。因此,这次实验更多能够谈论的是瑞士银行业的道德伦理而不是金融整个行业。

然而,社会上仍然陆陆续续出现对银行可信度的质疑言论,并且总会出现新的故事来支持这种质疑论断。在我看来,近年来发生过的最臭名昭彰的案例就是"伦敦同业拆借利率丑闻"。伦敦同业拆借利率(London Interbank Offered Rate,LIBOR)是一项基准利率,其出现在更早一个时期,一直沿用至今。在 20 世纪 70 年代,英国监管机构限制利率水平的举动促使欧洲美元市场在伦敦的出现,那些主要采用美元为价值单位的银行储蓄可以以市场利率进行兑换,不会受到英国监管机构的制约,也就是在那时,伦敦同业拆借利率被设计用以反映交易发生地点。伦敦同业拆借利率是为银行隔夜到一年期限的短期借款设定利率水平,经过多年发展,它已经成为全世界非主权借款人确定短期借贷成本的主要依据,其重要性日益突出。伦敦同业拆借利率适用于各地的各种币种,比如在伦敦外的欧元区(币种为欧元)和东京(币种为日元)等地伦敦同业拆借利率都被广泛采用。

我曾于 1981 年在伦敦做过一份货币交易经纪人的工作,这也是我职业生涯中最早期时的经历,这份工作让我能够看到发生在货币市场的所有交易记录。尽管理论上来说,既然设置了 3 个月期限的伦敦同业拆借利率,那么就意味着银行 3 个月期限的储蓄存款交易应该采用这一利率,但是事实并非如此。银行在实际业务中会根据市场对信贷风险的认知情况对客户的储蓄业务采用浮动利率,因此分层利率一直存在。伦敦同业拆借利率在过去主要反映了"主要借款人"能够比较容易获得信贷的利率水平。从某种程度上看,伦敦同业拆借利率带有明显的伦敦特色,它们遵循的是相似文化价值观:交易在没有经纪公司介入的情况下也能够完全按照规则进行。那些进行同业拆借业务的银行也能够自己设定伦敦同业拆借利率,并且通常情况下不会彼此偏离很多。

金融危机的发生残忍地揭露了当时盛行的银行对伦敦同业拆借利率的设定程序中的缺陷,在谣言四起的金融市场中,这样的设定程序并不是非常可靠。尽管银行可以对伦敦同业拆借利率做出一些稍有不同的解释,但是鉴于业界很多宣称自己信誉良好的银行实际上并没有那么高的信誉值,那么伦敦同业拆借利率是否真的能够反映出其设定银行在市场中的信誉水平呢？或者那些存在问题的银行是否又能够因为伦敦同业拆借利率设定失误而愿意降低自己的信誉值呢？既然很少会有银行愿意在相似信誉等级下以更低利率来吸收存款，那么能够设定伦敦同业拆借利率的银行间的信誉等级排名就变得非常重要，系统也开始出现崩溃。曾经某个时间，英国巴克莱银行(Barclay)收到了英格兰银行(Bank of England)的“隐藏性的提示”，指出巴克莱银行设定的相对较高的伦敦同业拆借利率对其自身获得流动性的能力造成了负面影响。在当时非常低迷的同业拆借市场中，尽管那些设定较低伦敦同业拆借利率的银行同样无法按照其利率取得借款，但是它们为避免受到其并不喜欢的监管选择继续装腔作势。

伦敦同业拆借利率在过去几十年中作为基准利率的成功历史使得它拓展了其在短期合同中的应用范围。当然，欧洲美元期货市场合约也仍然是短期信贷市场中最重要的参考衡量标准，其报价与伦敦同业拆借利率变动方向相反。从一开始，利率掉期市场就依据伦敦同业拆借利率来为其交易提供利率浮动空间。许多形式的公司信贷业务以及英国房地产抵押贷款也会依据伦敦同业拆借利率确定成本。也正是由于这些因素的存在，自 2008 年金融危机之后，伦敦同业拆借利率以及它的设定程序都得到了更多更严格的监管，进而揭发那些能够影响伦敦同业拆借利率的机构或个人的可耻行径。

由于伦敦同业拆借利率设定过程中 0.01%的差异都能造成一个人获利的同时另一个人却承受损失，因此那些道德伦理价值观已经扭曲并且又能够非常容易接触到伦敦同业拆借利率设定过程的人就会设法为了获得财务利益而影响伦敦同业拆借利率的设定。本质上来说，伦敦同业拆借利率的设定就是一种判断，而且其设定依据并不是实际交易，而是根据经验丰富的市场资深人士对交易可能发生利率的主观意见，因此一旦金钱交易涉及其中，那么伦敦同业拆借利率的设定被人为操纵的空间就会很大。在残酷的利率掉期市场中，参照伦敦同业拆借利率到底是被设定为 2.01%还是 2.02%，有时就可能因此发生数百万美元的潜在收益和损失。当你将伦敦同业拆借利率的微小差异与依据其所进行的实际交易可能发生的数百万美元的收益/损失差距联系到一起时，那些丧失伦理标准的交易者当然会抓住这种机会来为自己获取利益。

然而，已经就伦敦同业拆借利率设定发生犯罪事实的参与者之间的即时消息对话不仅揭露出他们道德伦理标准的丧失，更揭露出一些早先进入银行工作人员的平庸智商水平。其中一位智商水平非常低并且做出了错误判断的人向对方发出这样一条消息:“疯狂些,我们来将 6 个月的伦敦同业拆借利率设定得尽可能高”,这句话用简单的英语表述就是他要求对方将 6 个月的伦敦同业拆借利率设定得尽可能高一些,这样才能增加交易商的利益[英格拉斯曼(Englesham),2013]。智商水平类似的对方也很快做出了回应:“已经按照要求设定完成,老伙计”,随后伴随交易利润的上升,他们也变得更加快乐,“找一天下班之后聚一下,我将为你开一瓶法兰西香槟”[法雷尔(Farrel),2012]。

苏格兰皇家银行和巴克莱银行就旗下一部分交易者非常幼稚的不当行为在法庭诉讼过程中向公众进行了公开,这两家银行也对其失败的企业伦理道德文化进行了评估,并进一步采取了一些改善措施。事实上,如果这两家银行在人员招聘过程中已经将潜在的重罪犯或者那些智商低下的人员进行了简单过滤并筛除出去,那么我们也就不会惊愕地发现那些受到我们信任的人在做坏事时伦理上的毫无顾虑。

那么现实总是这样发展吗?真的就像近年来一直出现的种种事情一样,那么银行家总是趋于做一些贪婪、丧失伦理标准的坏事吗?针对这一问题,并没有以统计学为依据的可靠性答案。就我个人观点而言,尽管金融行业工作人员的大多数都是诚实的,但是在我进入这一行业 35 年来,这种丧失伦理标准的贪婪行为发生的趋势是递增的(希望他们彼此之间是没有联系的)。在我于 1980 年进入花旗银行工作时,“言出必行”是我能够经常听到的一句话,可见这句话的分量非常重。那时候,交易双方之间的业务进程并不像现在这样高度综合化,交易参与者之间非常熟悉,也会进行多次商务会话,并且通常情况下都是通过面对面的形式来完成交易。当对方就站在离你两英尺远的地方时,相信那些交易者也很难做出伤害到对方利益的过分的事情,并且一旦他做出违背伦理道德的事情,那么他极其败坏的声誉就会在交易协会中传播开来,其在未来交易业务中也会受到很多抵制。当金融行业中的交易行为更多的是通过双方进行实际沟通交流以协商的方式最终完成,那么迫于社交压力,整个系统都会促进更多良好行为的发生。由于现在大多数交易行为都是通过点击鼠标来自动化完成,那么一旦交易者发生不道德行为,他也不会看到那些受到伤害的对方是谁。那些伦敦同业拆借利率丑闻中的交易者由于不知道其操纵利率行为所涉及的受害方是谁,因此根本没有意识到其行为真的会对实际生活中的别人造成损失。那些需要承担更高贷款利率的业主或者承受更高融资成本的企业对他们而言也只是一些抽象概念。这就像我们在游戏过程中的大屠杀一样不真实。但是我们根本不可能回到过去。金融市场中的残酷、毫无人情味是我们实际经历的现实。因此,金融行业监管框架应该适应这一现实:那些社会上被广泛接受的规范标准并不适用于庞大、缺乏人情味的金融行业。同样地,金融服务的使用者也应该调整他们对金融行业的期望。

第六章　非组合投资方案以及更好的组合投资方案的管理技巧

——鲍勃·琴特雷拉

那是在 2011 年年初，我坐在我的新客户对面思考，他 20 年来的辛苦工作就是为了构建一个数额适中的退休基金，而这正是几年前他将自己的储蓄交给其经纪人后，这位经纪人为我的客户购买的基金。在那之后几年，我也碰到过很多有类似经历的客户，发现这种投资想法在他们当中非常普遍。

个人投资者常常发现他们会受到其雇用的投资经纪人的怜悯，并且相信他们能够为自己建立和管理好其资产组合。许多人没有时间回顾其以往的交易、进行过的证券研究以及持有的基金产品。他们不具备机构投资者的那种奢华条件，能够建立自己的研究小组，通过研究长期投资记录以及那些定制化的资产组合方案来挑选经纪人。更经常发生的情况是，一位经纪人或者顾问被介绍管理一个投资账户或一位进行金融业务的“朋友”，而这位朋友实际上并不是财富经理，因此他将资金移交给经纪人来帮忙管理。再或者，个人投资者虽然自己建立了一个资产组合投资方案，但是这位投资者没有办法抽出必要的时间来真正管理这个资产组合。最终的结果就是太多的资产组合投资方案组建得非常不好，无法达到投资者的预期目标。在本章中，我将讨论一些我碰到过的组建不良的资产组合投资方案，并从多角度来分析更好的投资管理策略。

作为我的公司——力量投资咨询有限责任公司(Forza Investment Advisory)所提供的服务中非常重要的一部分，我会为投资者现有投资组合方案进行一次免费的"第二观点"咨询服务，并且会围绕该组合方案的构成以及我的潜在建议主题与他们展开讨论。通常情况下，我看到的都是一些构建不良的投资组合方案，这些投资组合并不能满足投资者的需要、目标以及风险承受能力。

所以，当我在 2011 年那个星期六的早晨与我的朋友——我们可以称他弗雷德(Fred)—— 一起坐在那里，盯着他带到会议上供我们分析的投资组合时，我真的被他之前的金融顾问(讽刺的是，那个顾问是弗雷德的一个朋友)为他用退休账户购买的投资产品惹怒了。我立刻想起信托责任* 以及那个金融顾问信托责任的明显不足。后面我将花更多时间探讨这个被忽视然而极其重要的话题。[注意:所有带* 标识的术语都可以在本章结尾的词汇表中查看。]

我认为这也就是我于 2010 年毅然决定离开并开始创办自己公司的真正原因，那时我已经为机构和个人投资者进行财务管理工作 18 年了。资产组合管理工作既是一门艺术也是一门科学，有太多的经纪人/顾问虽然将自己视为资产组合管理专业工作者，但是他们并没有经过正规的培训来学习如何建立一个资产组合方案。继续我所说的，我写这一章的意图并不是要责骂经纪人，因为有许多经纪人是诚实、可信赖以及聪明的。此外，我也不是暗示所有经过注册的咨询顾问都是优秀的，因为许多咨询顾问也明显存在不足(我会在后面一个案例中说明)。最后，本章也并非是为我自己创办的公司做广告，我并没有试图暗示我的公司能够满足所有投资者的需求。事实上，我的真正目的是通过撰写本章来教育投资者在制定资产投资决策时，他/她应该考虑的事项和尽量避免可能存在的陷阱。

我是在 2010 年开始创立力量投资咨询有限责任公司，那时距"麦道夫庞氏骗局"* 真相被揭开只过去了一年左右。因此，个人投资者对其金融顾问的不信任程度增加了，并且在大多数情况下，个人投资者很难能够将他们辛苦挣得的钱委托给一个陌生人来管理。正如麦道夫骗局所揭露的，在资产管理实践中，投资策略、资产组合构成以及费用结构等关键信息的透明度严重不足。显然，本地财务管理行业严重缺少一个独立、可信、高度透明化的财务咨询公司，这样的公司存在的目的就是服务于客户的资产管理需求。此外，本地财务管理行业还需要一个经验丰富的财务管理专家来为个人客户制订针对客户需求的财务管理方案，这与机构投资者能够获得的财务管理方案不同。上述这些也是我创办自己公司的核心宗旨原则。

在麦道夫丑闻真相曝光之后，许多投资者被这个事件所涉及的范围震撼到，他们不愿再寻求其他人的投资建议，而是将钱紧紧攥在自己手里。另外，投资者对从2008年开始到2009年初的经济下滑现象感到非常悲痛，许多人也错过了市场反弹时机，认为他们入市为时已晚。所幸的是，我的一些朋友决定入市并成为我的第一批客户，因此我就离开了原来任职的公司。我那时就决定我要努力将客户“视作家人”，并主要对朋友以及他们的下线提供财务管理咨询服务。有些人可能觉得金融顾问为朋友和家人提供财务管理服务会感到很大的压力，然而我认为一名优秀的财务管理经理应该有足够的自信来为朋友进行服务。事实上，我已经在财务管理行业摸爬滚打25年之久，我相当确定的是，并没有许多的机构外财务管理经理能够像我那样管理资产规模更小的客户了。

存在很多原因导致客户着实需要财务管理咨询服务，不管是退休基金、教育基金还是管理其按揭房产。投资行业以及其中所包括的多样选择的重要性都很令人生畏，因此对投资者辛苦挣得的金钱进行投资管理不应该仅仅作为一份兼职工作来做。不幸的是，寻找到对的人或者公司来对你的资产进行投资管理同样是非常令人苦恼和耗时的。经常遇到的情况是许多投资者并不愿意进行会面，因为他们害怕金融顾问会强迫他们做一些事情。他们也不愿意支付费用给财务管理经理，事实上，他们更愿意自己做出投资决策，并通过经纪人来进行投资，他们认为这样做的投资成本更低。然而，在进行财务管理时，丢失一个百分点收益的长期成本也是很高的。雇用一个专业人士来管理你的血汗钱是一项非常个人化的决定，并不应该掉以轻心。但是我感觉投资者们更愿意投入更多时间来研究买车、买电视、买电脑或者是出门旅行的决定，而不是管理他们的资产。

背景

在我继续叙述之前，我想倒回去，聊一聊我的行业背景和“街头信誉”。在这里，我可能会做更多细节化的描述来展示我的财务管理行业经验的程度，这样当我对所碰到的一些不好的资产组合投资方案进行批判讨论时，你就知道我的理论依据出自哪里了。我自1985年开始从事财务管理行业工作，当时我被位于弗吉尼亚州的罗斯林镇上的一家小规模投资管理公司聘用为内部审计工作人员，这是我有史以来的第二份工作。你要知道的是，我有一个会计学位，并且我想在余生之中成为一名审计或者会计工作者，我认为这是一个非常好的职业选择，会有稳定的收益和很多的工作机会。在刚开始工作的一个月时间里，我经常与财务管理经理交谈，也以内部审计的职业形象开展工作，那时我真正意识到我热爱财务管理行业，尤其是投资管理领域。事实上，我就如何成为一名财务管理经理做了一份长期规划。我甚至有一段时间想要做一名经纪人，不过后来我发现成为一名经纪人实际上意味着将要做一名销售，而不是财务管理经理。这里我要指出的是，那些最成功的经纪人深谙这样一个道理，他们需要雇用专业人士进行财务管理，而自己则需要专注于客户服务。我最终在 1992 年成功地被位于华盛顿的福克斯豪投资管理公司(Foxhall Investment Management)聘用，这是我第一位职业导师，在那之前我花费了 7 年时间，也换了几份金融行业相关工作，并且获得了金融 MBA 学位，成为一名注册金融分析师®*（特许金融分析师®）。福克斯豪是一个工作和学习交易的好地方。我很快开始为公司提供股票和固定收益研究服务，并在我老板(公司总裁)的庇护下学习如何与客户、券商交流，如何构建和管理平衡资产组合投资方案。可以说，福克斯豪是我财务管理职业生涯的最好起点。慢慢地，我自己也开始真正构建资产组合方案并花时间与客户进行交流。也是在这里，我开始第一次与经纪人合力展开工作。那时，我们的投资公司与一家经纪行有业务关系，这家经纪行雇用我们为其进行资产组合投资管理，而其经纪工作人员专注于市场营销和销售工作。我能够写一整章来介绍过去的“包管账户”，虽然经纪行对其客户可以征收 3%的管理费用，但是实际上其财务管理工作是由其他人来完成的。简单来说，“包管账户”就是这样一个计划，我好像有些离题了……

在我早期的职业生涯中，比较痛苦的一个经历是福克斯豪被英国保诚集团(Prudential)收购，我记得那是 1994 年发生的事情。1995 年，我迁往纽约为保诚工作，但是在那之后的一年中，我跳槽到麦凯盾牌公司(MacKay Shields)的机构投资部(讽刺的是，麦凯盾牌公司的办公场所与保诚在同一幢大楼里)，并且加入了成长型股票团队。在纽约的工作经历使得我的职业和投资管理专业智慧都呈现指数型增长。机构投资部开始了专业知识大杂烩课程，为我们提供了很多学习机会。这其中包括证券经纪行业交流会议，投资管理论坛，面对面的分析师论坛,与公司总裁、首席财务官的一对一交流,午餐会、晚餐会,目不暇接地研究资料,以及与证券销售人员和分析师的电话会议等。

在麦凯盾牌公司,我们不仅需要管理共同基金,也需要进行大机构客户的资产管理工作。我需要定期与机构投资委员会进行会面,并就会议纪要重点与向我们出售共同基金的经纪行做展示。作为公司整体盈利基金管理委员会的一员,我每天还需要以非官方形式与其他资产类别的管理经理进行交流,这其中包括小盘股、股权投资、固定收益产品、可转换证券、高收益产品以及国际股票等。2006 年,我成为股票组的资产管理主管和共同经理人,但是在随后的 2008 年我们遭遇了金融危机,这为公司架构设置带来了难以置信的变动:2009 年 6 月,公司解散了整个股票管理部门,那时正值经济市场的低谷,我们母公司(另一家大型保险公司)的首席执行官毅然决定解散当地价值型、成长型以及中小规模的股票管理团队。当然,股票市场自那以后就没有出现过好转迹象,但这时命运又将我兜兜转转地带回到职业起点,我开始于 2010 年创办力量投资咨询有限责任公司。谢天谢地,我最终决定不开办对冲基金公司(这本书的作者曾就对冲基金行业专门著书),而是回到自己的老本行,为个人、家庭以及小型机构提供专业质量的财务投资管理服务。因此总的来说,在我的职业生涯中,我见过许多的资产组合投资方案,无论涉及资金规模大小,也管理过各种规模的投资组合,其中包括共同基金,还进行过股票和固定收益产品的研究工作。

非组合投资方案以及资产组合多样化

多年来,我为潜在客户参考了很多其持有的投资方案,我把其中一些方案称为“非组合投资方案”。而我将它们称为非组合投资方案是因为这些方案就以下几个问题的存在完全没有解释,比如说为什么该方案将这些资产类别集中到一起;为什么该方案只能提供最小的多样化投资收益;为什么该方案的成本这么高;为什么该方案中所包含的各项资产呈现高度相关性等*。我发现弗雷德的“非组合投资方案”在未来的许多年中也会多次重复出现。刚开始时,其经纪人会为其建立一个资产管理账户,并对其收取约 1.5%的管理费用。而弗雷德并不知道自己支付的是什么费用,因为其并没有就这个费用问题与经纪人讨论过,他也没有得到投资顾问协议*(Investment Advisory Agreement,IAA)。而投资顾问协议是任何一个投资者在真正将资产进行委托移交之前，首先应该从其金融顾问或投资经理那里得到的文件。投资顾问协议是注册投资咨询顾问与其客户所达成的一系列投资管理条例，在这些条例的约束下，该投资咨询顾问才被授权代表投资者管理其在该投资顾问协议中所列示的各项资产。然而，与弗雷德合作的那个人只是一个经纪人，因此两者之间并不存在投资顾问协议文件。

通过回顾其资产组合中所包括的资产类别，你会发现弗雷德的非组合投资方案是由一些高管理费用的共同基金构成的大杂烩组合，其中总计包含价值 40 万美元的 32 只不同的共同基金产品。而当我向弗雷德问及其投资经理的资产组合投资战略是什么以及该投资方案如何能够满足其投资目标时，他回答说实际上他并不清楚。这是因为他并没有“投资政策声明*”(Investment Policy Statement，IPS)文件。而投资政策声明文件是投资者应该从其金融顾问那里得到的第二份重要文件。而每一个对其资产进行专业化投资管理的机构客户都有一份投资政策声明文件。投资政策声明是由资产组合管理经理与其客户商议制定的文件，这份文件就资产组合管理经理如何达成客户投资目标进行了相关规则制定。大多数投资者并不会得到投资咨询协议或投资政策声明文件，除非与其合作的是注册过的机构财务咨询公司，其被要求向客户提供这样的文件。

这里你已经认为由 32 只共同基金产品构成的非组合投资方案应该已经非常多样化了。简单来说，多元化是一种风险管理技巧，投资经理可以通过在同一个资产投资组合中加入多个不同的投资项目，来将任何一个分项投资项目变动对整体组合的影响程度降至最低。特别是从长远角度来看，投资产品的跌价风险可以通过多样化来进行控制。多样化对于财务管理非常重要，因为对于任何证券或组合投资方案来说，都存在着风险收益负相关。理论上，你需要承担的风险越大，你可能得到的潜在收益就越多。个人投资者所持有的股票都需要承担几种风险，这其中包括企业风险、行业风险和市场风险。而企业风险和行业风险是可分散风险；也就是说，理论上你可以通过增加其他证券来降低风险。市场风险是不可分散的，因为所有的股票组合都需要承担市场风险；也就是说，处在市场中的事物一定要承担该市场中存在的风险。行业中就资产组合多样化投资原则存在非常多的研究成果，因此，我建议所有的投资都应该在进行实际投资操作之前进行一些该主题的研究工作，去了解什么是多元化以及我们应如何运用。

以股票资产类为例，我们可以通过多种方法对其进行组合投资，其中包括但不限于以下几种：

● 个股。如果建立自己的投资组合，很多研究表明你的投资组合中包含越多的股票数量，你能够得到的多样化收益也越多。我认为，为了获得多元化收益，一个投资组合通常需要至少25只不同的股票。从名字推断，标准普尔500指数中就包括了500只股票。共同基金和交易所交易基金因此不同，它们可以容纳成百上千家公司。当然也存在一些只包括50家左右公司的基金产品。

● 行业。专业人士习惯将市场划分为10个行业。其中包括医疗保健、金融、工业消费品、消费者日常用品、能源、科技、公用事业、材料和电信。然后，这些大的行业类别又被细分为数百个不同的子行业。跨行业投资可以帮助我们降低只聚焦其中一个行业的风险。

● 市场价值。常见的规模分类有大、中、小三种。大型公司市值在100亿美元以上，中型公司市值从20亿美元到100亿美元，而小型公司市场价值从2亿美元至20亿美元不等(低于2亿美元市场价值的公司我们称为微型公司)。

● 权重。每个股票、行业或公司规模大小都应被分配一个权重系数。而权重系数的分配可以根据标准普尔500指数进行变动，也可以是平均分配，还可以是根据投资经理的主观判断制定。

● 国际股票。国际股票通常情况下与国内股票具有较低的相关性，从而可以降低资产组合的整体风险。而个人直接购买国际股票通常是高成本的，但是存在一种名为美国存托凭证(American Depository Receipts, ADRs)的证券产品，其可以在交易所(我不会进入)进行买卖。

你也可以通过对变化的资产类别分配不同的权重系数来多元化组建资产投资组合。具体来说，对像股票、债券和现金这类资产类别赋予一个优先权重，而对房地产和商品这类资产类别赋予一个次级权重。(对于高净值个人投资者来说，还存在其他一些可替代资产类别，比如说私募股权、风险资本和对冲基金等，这些资产类别同样可以带来多样化收益，但是它们也存在自己的优点和缺点，这里我们不再展开讨论。)

请记住，多元化并不一定意味着增加了你的预期收益。实际上，通过多样化配置资产投资组合，你是通过降低预期收益来换取更低的投资风险，也就是风险收益权衡策略。例如，下面表格中列示了1991～2013年间股票和债券的回报率和标准差(风险)数据：

	标准普尔 500 指数	巴克莱债券集团指数	50%股票/50%债券
年收益	10.04%	6.41%	8.22%
标准差	18.95%	5.08%	9.98%
范围	−37%～38%	−2.9%～18.5%	−16%～28%

如果不进行太多技术性的讨论，那么标准差就是金融行业投资者对其取得投资产品预期回报所需要承担的风险衡量工具。标准差的数值越大，说明其投资产品的风险越高。范围数据则表示在单一年度其投资产品收益的变动幅度。

从上表中我们可以看出，股票收益确实高于债券，但是我们同样也可以看到股票产品年度标准差数据所代表的收益波动性是同一时期债券产品的 3.7 倍，而年度收益却只是债券产品的 1.6 倍。这里我会举一个简单的例子，假设存在 50%股票和 50%债券的资产投资组合，从而说明风险和收益的互相影响情况。这种资产组合较全部投资股票来说，其风险会大幅降低，但又是全部投资债券所承担风险的 2 倍，同时其收益又比全部投资债券提高了 1.25 倍。总之，债券产品虽然收益不如股票，但是其承担的风险也更低。股票与债券的投资组合会同时降低预期风险和预期收益。这就是多样化资产组合投资效应。作为一名投资者，你必须在进行投资之前进行风险—收益权衡决策。而这也需要你对投资范围的各种资产类别进行预期收益估算。

佣金和黑盒模型

许多顾问或经纪人都使用能够自行产生推荐级别的资产组合分配方案的标准模型来为投资者制订资产组合投资方案，他们会不顾你的个人投资目标或周边的经济环境情况就把你的资金投放于包含各类资产类别的共同基金中。这就是我在本书中提出的所谓的"黑盒模型"(Black-Box Model)。只要你将一些参数植入这个神奇的黑盒模型(计算机程序)中，那么你就会得到一个通用的多样化资产组合投资方案，根据我的经验，你会被收取 1.25%～1.5%的管理费用。只是在财富投资管理中，并不存在普遍适用的资产组合投资方案。你需要在进行资产组合投资方案时将每个投资者的个体情况以及我们目前所处的经济大环境因素都考虑进去。这就是所谓的人为因素。

现在,让我们再次回到弗雷德的投资组合案例中去。是的,其投资组合方案可以经受住多个黑盒模型的检验,该方案将国内股票、国际股票、固定收益产品、房地产、私人股权投资共同基金、绝对收益等产品都包括在内。只要你能说得出资产类别名称,那么你就会在其中找到它。你可以持有你所想要的尽可能多的基金,但是如果它们属于同一类型的证券产品,那么实际上该投资组合的多样化程度并不高。我并不是以偏概全,但是同一个资产类别中的不同产品重叠效应非常大。他们实际上并不需要让其持有 32 只共同基金,投资经理只要在每个资产类别中挑选 1～2 只基金,这样所构成的投资组合多样化收益与 32 只共同基金是一样的。并且考虑到经济宏观环境以及弗雷德的个人投资目标,并不是每一个资产类别都需要在其投资组合中出现。通过更加细致的检验,你还能计算出共同基金的平均管理费用还包括另外一个 1.5%。(后续我做出的一个更加细节化的分析证实了这一结论。)因此,为了打破收支平衡,基金产品需要至少提供 3%的收益。更重要的是,投资顾问让其持有的有佣基金(该基金收取一次性的交易费用)需要事前为其一半份额支付 5%～6%的费用! 因此,这个投资顾问不仅收取交易费用,还收取管理费用。我将这种现象称为双重收费,其中明显存在潜在的利益冲突,这也是信托原则缺失的实例。因此,现在你必须从那些有佣基金中获得 8%～9%的收益才能打破收支平衡。我将在后面就有佣基金进行更详细的阐述。最后,许多基金实际上是属于同一基金家族;也就是说,这家投资咨询公司可能与这个基金家族公司有合作关系,这是另一个潜在的利益冲突。你可以看到,经常出现的情况是一些投资经纪公司或其他经纪人/交易商都会有自己优先推荐级别的基金或基金家族,他们一般都有紧密的合作关系。通常情况下,如果该投资顾问能够成功引导顾客购买这些基金产品,那么他也可以获得更高的回报或者利益。

当我向弗雷德问及其投资组合的收益情况时,他说其投资组合似乎表现得并不好。因此这时,我决定为他打破这一投资方案,告知其所支付过的隐藏费用,并和他探讨更好的资产组合多样化投资方案。

或许你也认为投资过程中必须支付一些费用,这就是做生意需要付出的价格成本。我也同意这一点,并且也就我的服务向客户收取费用。但是我收取的一切费用都是适量的。参照下表数据,你就可以发现 1%的费率差异从长远角度来看对你的收益以及养老金造成的影响差异会有多大。

单位:美元

	固定平均增长率				
	1.0%	2.0%	3.0%	4.0%	5.0%
5 年	525 505	552 040	579 637	608 326	638 141
10 年	552 311	609 497	671 958	740 122	814 447
15 年	580 484	672 934	778 984	900 472	1 039 464
20 年	610 095	742 974	903 056	1 095 562	1 326 649

上表中所列示数据为原始投资资金 500 000 美元在不同的固定平均增长率(Constant Average Growth Rate,CAGR)水平、较长时间跨度下的整体收益数据。我们可以看到 1%的增长率差异甚至在 5 年投资时间跨度上对收益的影响也是非常大的。例如,在上述的模拟投资情况中,初始资金投入 5 年后,3%与4%增长率下的收益差距达29 000美元。而在 20 年后,两者的收益差距达192 000美元。而这是一个普通人需要在其退休路上走很长时间才能获得的收益。太多的投资者并不了解这些,投资过程中被收取的费用也经常会被掩盖。而任何一个将自有资金交由他人管理的投资者都有权利完全了解自己需要为之支付的费用情况。不论你雇用的是一位律师、注册会计师还是财务投资经理,这些专家都需要为其向你提供的专业服务收取费用。但是那些费用需要经过双方讨论之后确定,也应该是信息透明的。此外,事实上许多资产组合投资方案都是处于不当管理状态,而几个百分点的收益率差异给投资者带来的损失却是非常巨大的。

其他非组合投资方案的实例

弗雷德所遇到的情况只是非组合投资的一个案例。我这里还要介绍另外一个由一家业界声誉很高的专业投资公司推出的纯股权组合投资方案,这家公司在投资界声誉很高,几乎业内许多人每天都会听到这家公司的名字,其目前资产管理规模为几十亿美元。我的另一个熟人对他过去 10 年间的投资收益情况非常不满意,要我帮忙分析一下他的投资历史。当他将其资产组合投资方案拿给我进行分析时,我非常惊讶地发现该投资方案在自 2001 年开始的过去 10 年间的投资收益都非常差,而我的朋友却一直在忍受这种情况的发生,其收益率低于基准收益率 15%,具体到他的实际情况,该方案令其在过去 10 年间损失了 300 000美元的收益。在其投资方案中,我看到了对国内市场和国际市场的不合适的资产配置、有问题的证券选择决策,甚至在某一时刻通过大规模销售然后重新购买证券来重新配置资产投资组合等问题。那些问题的存在为我的朋友带来了绝望,是导致其投资收益表现不佳的问题所在。除了该投资方案在过去 10 年间收益表现不佳以外,投资者在那段时间所支付的管理费用占到了其所有收益的一半(其中包括交易佣金)。最后,该投资方案配置了 9%的资产用于投资银行业,但是投资者注意到,实际上这家公司并没有真正对银行进行投资,因为这位投资者本身就职于银行业,也持有数额不小的公司股票。我的猜测是因为其资产总规模(超过 7 位数字)还没有达到值得大型公司进行关注的程度。因此,即使是声誉良好的投资专家也会失职,如果他为你制订的资产组合投资方案并不是那么合理的话。

我最后进行分解剖析的一个资产组合投资方案也是非常常见的情况。在这一案例中,一个人通过辛苦努力工作才获得一笔可观的储蓄,并且他试图使用这些血汗钱进行投资获取额外收益来为退休生活做准备。但是不幸的是,这个人后来去世了,这笔钱也留给了他的妻子,而他妻子在此之前从来没有接触过理财。其所有资产被分配到 7 个不同的账户中,其中资产类别包括现金、个人证券、高费率的共同基金、几只非交易性的房地产投资信托基金、非交易性的大额存单和 2 只电信行业股票,并且 2 只电信行业股票占到了 30%的资产分配权重。我通常只看到过老龄投资者会进行这样的资产组合配置,他们自己设计投资方案并通过长期合作的经纪人进行交易。非常典型的,这位个人投资者虽然通过辛苦工作得到了一笔可观储蓄,但是不合理的资产组合投资方案以及投资策略的缺乏最终使得这位投资者损失了一大笔可得收益。

多年来,我看到了许多类型的"非组合投资方案",因此我在这里尝试总结一下我所看到的情况。总体来看,这些"非组合投资方案"趋于包含以下所列示出的"不要"事项,而这些事项通常是在构建合理的资产组合投资方案时应该规避的:

- 非组合投资方案中通常至少包含一只非交易性的房地产投资信托基金(本书在另一章中讨论了这种有价证券)。
- 非组合投资方案中大多数也都购买了年金产品,而投资者有 99%的可能性并不知道其所持有的是什么类型的年金。实际上,在个人资产投资组合中可以配置年金产品,但这种产品应该是基于特定目的进行购买的。

● 有佣共同基金。我个人观点认为,在个人资产投资组合中不应该配置这种高费率的有佣基金。这种有佣共同基金在购买和赎回时会向投资者收取从0到非常巨额不等的费用,后续会进行更多讨论。

● 多种类型的共同基金,但是经常发生的情况是几只基金实际上是属于同一个资产类别。

● 设置了高管理费率的共同基金。

● 资产组合中过大比重投资于国际基金,而固定收益产品分配比重不足。但是每一位客户的情况也不尽相同,我个人认为投资顾问或经纪人没有对国内资产类别进行充分的资产配置。

● 资产组合中包含一个用于通用类资产组合投资方案的管理账户,其一般并不会根据客户的投资目标进行个性化配置。其费率一般是1.25%～1.5%,而它们进行基金投资时也要收取费用。

● 这些资产组合通常都是使用黑盒模型制订的资产组合投资方案,其中包括太多的基金和资产类别。

● 随机的个股仓位配置。而且这些股票的仓位经常是非常大的,因此投资者承担了很大的个股风险。这些股票通常聚焦1～2个行业,并不会给整体投资组合带来很大的多样化效应。此外,这些股票中通常会发生小规模投机性问题导致投资损失的现象。

● 这些资产组合中通常包括以发行价格买入的封闭式共同基金产品。这些产品通常是由投资经纪人出于获取佣金目的而进行购买的,又或者是投资经纪公司授意其进行购买的。永远不要以发行价格购买封闭式基金产品。购买封闭式基金与购买股票是类似的,并且通常情况下,封闭式基金产品是以低于资产净值(Net Asset Value,NAV)的一个折扣价格成交。而封闭式基金的发行价格就是其资产净值。但不可避免的是,在封闭式基金发行后的很短时间内,其交易价格就会下跌,低于其资产净值。投资者应该等待,并以资产净值的一定折扣价格购买封闭式基金产品。

● 这些资产组合中通常包括交易所交易基金。尽管交易所交易基金并不是一种资产组合中绝不能配置的产品,但是我也会就交易所交易基金这种产品进行一些投资者需要牢记于心的阐述。

交易所交易基金

交易所交易基金是一种以其潜在的净资产价值为价格在证券交易所进行交易的投资基金。其价格会进行实时更新,可在工作日的交易时段随时进行买卖,这与共同基金不同,其只在每日交易时段结束才进行定价。但是这种产品同样需要你支付佣金(尽管一些投资经纪商也会提供一些免佣金的交易所交易基金)。交易所交易基金这些年来一直都在蓬勃发展,已经从个人和机构投资者那里得到了很多利润。据统计,目前共有1 600多只交易所交易基金产品,资产规模大于 2 万亿美元,而共同基金资产规模约为 13 万亿美元。大多数交易所交易基金都处于消极管理状态;也就是说,它们是根据一种特定指数进行变动,是这种指数的一种变动型替代物。低佣金的交易所交易基金是我们间接投资一种资产类别的很好方式。但是行业中存在很多交易所交易基金,而这些产品对于佣金的设定也大不相同。当前,行业中也衍生出很多进行积极管理的交易所交易基金,并且还存在一种交易所交易基金的近似产品,其名称为交易所交易票据(Exchange-Traded Note,ETN),而这两种产品容易引起混淆。我不会在这里对交易所交易票据的概念进行详细阐述,只不过交易所交易票据确实是一种含有信用风险和到期日的负债工具,投资者应该知道两者之间的这一差异。这里我们可以确定的是交易所交易基金是变动的,并且其所包含的佣金费用不是太高。我喜欢交易所交易基金,并且我认为这种产品对于那些想要对特定领域尤其是国际股票和小微型公司投资的个人和机构投资者来说都是好的选择。然而,投资者需要谨慎对待有杠杆的交易所交易基金,这种产品会通过使用衍生品来放大特定资产类别风险,一般是 2~3 倍。

这里我将用一个定义介绍来结束本章中对组合投资和非组合投资方案的讨论——也许我本就应该用这一定义介绍来开始本章。什么是组合投资方案呢?投资百科将组合投资方案看作由一组金融资产类别所组成的整体投资方案,比如说股票、债券和现金等价物,以及它们所对应的共同基金、交易所交易基金以及封闭式基金等衍生产品等。这些组合投资方案由投资者持有,并交由金融专业人士进行管理。不同组合投资方案的构成和规模也大不相同,并且存在很多资产组合投资策略。但是这里需要注意的是，对于每位不同的投资者来说，只存在一种合适的资产组合投资策略，而这种策略是服务于投资者的投资目标，且参考了相关环境因素而制定的。

共同基金和费用

我在前面举例时提到了共同基金，现在我想花一点时间就这一主题做一些介绍。别误会，共同基金可以在许多投资组合中拥有一席之地。比如说，对那些不收取佣金的低费率的共同基金进行小规模的常规投资是开始投资时的不错选择。有很多好的基金经理有着可靠的投资历史，他们推荐的基金可以投资。我自己也担任共同基金经理 13 年之久。这些共同基金在构成和规模上各有不同，投资的是一些你能想到的主要资产类别，当然也包含一些其他替代性资产类别。投资者可以通过很多方式来研究某种共同基金的投资资产类别、其所包含的费用、历史收益表现以及该产品的其他方面情况。资产组合投资管理经理可以通过选择特定策略来对基金产品进行积极管理以试图打破基准收益水平，同时他们也可以通过将基金产品对标和模仿某种指数来对其进行消极管理。本章不会就基金积极和消极管理的优缺点进行讨论，因为其不在本书研究范围之内。作为一位对产品进行积极管理的基金经理，我同样也可以在资产组合投资方案中配置一些进行消极管理的基金产品，因此我认为自己对这两种管理方式都是赞同的。我认为问题不在于共同基金这种产品，而是一些经纪人/投资顾问在资产组合投资方案配置共同基金时存在信息不透明以及误用问题。在我的从业经验中，经常会遇到一些配置欠佳的资产投资组合，其包含了五种甚至更多的基金产品，但是这些产品实际上归属同一个资产类别，呈现高度相关性。这就意味着当其中一只基金价格上行或下跌时，其他产品也都跟随这一走势。因此，这些产品的存在不会对整体组合投资方案产生多样化收益。这是因为实际上这些基金产品可能投资持有的是相同的股票品种，只是增加了这些股票的持仓份额。

我发现与我交谈过的很多投资者都没有发现其所投资的共同基金中都包含一种由基金经理收取的费用种类。而这一费用比例变化范围非常大，可以从消极管理基金(这些产品对标某一指数)的最低费率到积极管理基金的最高费率不等。根据晨星公司(Morningstar, http://corporate. morningstar. com/US/documents/researchpapers/Fee_Trend.pdf)估计,在2013年的全球市场中,共同基金产品的平均费率为1.25%。此外,基金产品中还包含一种隐藏费用,这就是12-B1费用,是由基金管理人单独收取的基金营销费用。这一费用比率在0.15%~0.25%不等。因此如果你持有一个投资账户,并且你的投资顾问或经纪人要为你的账户配置共同基金的话,那么你实际上需要支付三类费用:账户管理费、共同基金佣金和12-B1费用。高费率的基金并不一定就是坏产品,只是这种高费用支出会提高收支平衡所对应的收益要求。通常这是通过承担更大的风险来实现的。

许多投资公司都拥有专属基金和第三方基金。专属基金是由其公司的内部管理团队或投资子公司来管理的,而第三方基金则通过管理平台进行投资,并且由外部顾问来管理。这一信息当你通过一个代理机构、顾问、经纪人或一家特定公司来进行投资时非常重要。因为当你的投资顾问为你的投资组合配置公司内部基金产品时存在潜在的利益冲突,这种产品会为其公司以及顾问本人都带来更高的收益。再次回到信托责任,如果你的投资顾问并没有将信托责任放在首位,那么他就没有必要向你揭露这种利益冲突,而是积极推荐这种公司内部基金产品,尽管行业中还存在其他成本更低、更好的基金产品。

有佣基金

有佣基金与免佣基金相比又会怎样呢?佣金是指投资者在购买和赎回共同基金份额时支付的销售佣金。当我看到一些高费率的有佣基金出现在投资者的资产组合中时,我会非常气愤。有佣基金是一种共同基金,当经纪人、投资顾问或保险代理机构对投资者销售该基金时,投资者需要支付销售费用。根据投资公司协会(Investment Company Institute,ICI)的调查,在2013年,股权基金的最高费率平均值为5.3%,而由于促销因素,有佣基金的平均费率值只有1.0%。因此,当你对有佣共同基金进行小规模投资时,反而存在支付更多费用的风险。这也许就是投资顾问为弗雷德在多种相似共同基金产品上进行非常小规模资产配置的原因之一。这种佣金费用可以是前置的,在你第一次进行购买基金时收取;也可以是后置的,即在你出售基金时收取。因此,要想打破收支平衡获取盈余,你的基金收益能够同时弥补潜在的佣金费用、共同基金管理费用以及由经纪人/投资顾问收取的账户管理费用才行。这些费用将成为基金收益超过成本获得盈余的很大障碍。一些免佣基金同样可以向你收取赎回基金,这种情况发生在当你进行基金赎回操作时,你持有该基金的时间没有满足最低持有时间要求。但是这些收取的费用最终流向共同基金市场中的其他投资者,而这一时间限制通常是几个月。因此,你需要了解你所有购买或持有的投资产品。我个人认为,经纪人或代理机构对投资者配置有佣基金的目的只有一个,那就是收取佣金费用,进而自己可以获得收益。我知道收取佣金是基金交易的一部分,但是行业中仍然存在成千上万种免佣基金可供我们在进行投资时选择。这就涉及了信托责任概念。

信托责任

实际上在本章的前面几节中,我就已经提到了信托责任。任何一个投资者在评估考虑雇用一位投资顾问时应该首先询问的问题就是“你愿意成为我的资产管理受托人吗?”我认为这个问题是投资者在选择专人管理其资产成为其投资顾问时应该考虑的问题中最重要也最容易忽略的一个,同时这也是行业中投资顾问* 与金融顾问* 的最大不同之处。尽管这两个词汇听上去非常相似,但是投资顾问与金融顾问并不完全相同,投资者不应该将两者混淆。投资顾问需要经过注册,并接受 1940 年颁布的《投资顾问法案》* (Investment Advisors Act of 1940)的管理。而金融顾问是一个通用词汇,经常用来指经纪人(用专业词汇来说就是注册代表)。相反,投资顾问是一个法定词汇,是指通过美国证券交易委员会或国家证券监管机构进行注册的个人或公司机构。每个投资顾问都应该具备信托责任意识,也应该在信托责任约束下开展工作,而经纪人只需要遵守要求较低的适合性标准* 。信托责任是一个较高层面的法定标准,其要求投资顾问必须将投资者的利益放在个人利益前面。而适合性信条只是要求经纪人需要足够了解投资者所处的金融状况以能够向其推荐适合该投资者的金融产品。这时你或许会问“这又有什么关系呢? 这两个术语的解释听上去对我而言是一样的。”但是事实上,两者是绝对不一样的,且证券经纪行业正在进行一场持续的战斗,要求经纪人同样遵守信托标准。用门外汉的话来说,只要推荐的投资产品是合适的,那么经纪人总是试图向投资者销售那些能够为其带来最多佣金的产品。

如果公司供应某些投资产品的话，经纪人也可以销售这些公司的专属产品。投资公司的专属产品能为公司带来更高收益，因而这些公司愿意支付较高的报酬给那些成功销售公司专属产品的经纪人。最后，这些经纪人在向投资者进行投资项目推荐时存在利益冲突，而同时他们又不需要向投资者揭露这些利益冲突的存在。

以下是对注册投资顾问（Registered Investment Advisor，RIA）和经纪人之间的区别所进行的总结。

独立的注册投资顾问：

- 注册投资顾问的工作是提供投资建议。
- 独立的注册投资顾问公司之间通常不进行互相持股，也不依赖于任何产品的服务平台。
- 信托责任：法律要求注册投资顾问将客户的利益放在首位（比适合性更高的标准）。
- 通常以费用为主或只有费用作为提供投资建议的补偿。
- 受美国证券交易委员会或国家证券监督机构（适用）管理，并受1940年颁布的《投资顾问法案》以及相关衍生条例制约。

注册代表（股票经纪人）：

- 经纪公司主要是进行证券交易，目的是获得佣金或费用。
- 注册代表是经纪公司的雇员。
- 注册代表会就产品交易获得佣金补偿。
- 通过销售公司自有专属产品，经纪公司能够获得更高利润。
- 经纪人遵守的是适合性标准，而不是更高要求的信托标准。
- 经纪人在市场和网络中“看上去像”投资顾问。
- 主要受美国证券商协会（NASD）监管（但是也受到美国证券交易委员会和国家证券监管机构监管）。

行业中有很多文章都在讨论适合性标准和信托标准之间的区别，我建议你可以上网了解和阅读这些文章以获取这些信息，并做出自己对两者之间差异的重要性的判断。就我个人而言，这是我在进一步建立投资合作关系之前首先要求投资者了解的信息。

资产组合投资管理的基础知识

我认为现在可能是讨论资产组合投资管理基础知识的好时机。不管你是自己组建组合投资方案还是雇用他人来为你进行，你都可以借鉴以下这些概念来帮助你建立多样化组合投资方案或者考察你的投资经理是否对你的资产进行了多样化组合投资。

1. 投资理念

树立投资理念能够为你进行资产组合投资管理创造一个好的开端。你可以自己或通过专业人士来践行以下几个事项，从而树立自己的投资理念。

● 回顾你的整体财务状况，不论是过去还是现在，最后确定你的财务目标。

● 设定你的未来财务重点。根据开支及收入情况确定每月及每年的现金流量。

● 确定你为了获得未来潜在回报能承担的风险程度。

● 确定实现你的目标所需的资源，制订一个系统的计划，以实现这个目标。

● 参照你的独特情况，通过制订个性化的资产组合投资方案并进行资产配置以实现你的财务管理目标。

● 根据资产组合投资方案的收益持续表现情况来控制和更新该资产组合投资方案，当你的资产配置优先级设定或财务管理长期目标发生变动时，及时更新资产组合投资方案。

可以确定的是，任何投资者进行投资的最基本目标是在管理风险、降低成本的基础上实现持续的、有竞争力的回报。那么你应该如何达到这一目标呢？首先，你必须有一个计划。

成功投资者最常见的特质是自律。那些能够做到自律的投资者会利用其丰富的经验来为自己保驾护航，使他们避免受到市场起伏的影响。一种常见的纪律化投资方法（也是我在使用的投资方法）会同时进行自上而下的宏观经济分析和自下而上的公司和证券分析。宏观经济分析的目的是为投资组合架构建立一个策略背景，其中包括对一系列要素的分析，例如国内生产总值增长情况、利率、通货膨胀、货币政策、人口变化趋势以及世界经济等。自下而上的分析更多地是从个别证券产品种类出发，来判断你进行某项具体投资的价值。不论是进行自上而下还是自下而上的分析方法,你必须在执行和遵循你的投资策略时具有一个明确的投资纪律。在我从业经历的早些年里的一个老板总是这样对我们说:"你必须有一个计划。它不一定特别伟大,但你必须有一个计划!"

2. 资产配置

适当的资产配置是平衡风险和收益的关键。通过进行适当的资产配置,你可以在降低投资组合所面对风险的同时获得相当不错的收益。那么什么是资产配置,它又为什么那么重要呢?资产配置是一项投资策略,它是根据个人的财务管理目标、风险承受能力以及投资时限来对其资产组合投资方案中的各项资产类别进行资产配置,其目的就是平衡资产组合投资方案的风险和收益。每一项资产类别(股票、债券、现金、商品、国际资产等)都有不同的风险和收益,因此在同样的宏观经济环境下这些资产类别的投资表现也会各不相同。这种现象可以通过相关性统计指标来进行衡量。总体来说,呈现出高度相关性的不同资产类别其表现也会大致相同,因而无法为资产组合带来大的多样化效应。既然我们无法对未来进行准确预测,那么在做出投资决策时我们总要面对一定的风险。在同一时间框架内,一种资产类别的价格可能在下跌而另一种资产类别的价格却可能在上涨。虽然并没有一个简单的公式可以为每个投资者找到合适的资产配置方案,但是很多行业研究已经有力地证明了资产配置策略是决定资产组合投资收益表现的最重要因素。换句话说,对不同证券种类的选择对于你进行投资组合资产配置的重要性反而是次要的。资产配置能够对投资者承担风险以获得收益,即投资过程中权衡风险和收益这一事项带来更多的控制。

让我们后退一步,看一看宏观布局。

以下是三种常见的理财方法:

(1)市场时机。通过尝试对未来一定时间框架内的价格变动进行预测来制定投资决策并将资金转移到这些投资项目上来。

(2)证券选择。将同类资产中的不同选项进行对比,决定购买或出售哪种证券。

(3)资产分配。决定如何在不同资产类别之间划分配置资金的过程。资产配置可以是动态的(市场时机),也可以是静态的和长期的。

每个投资决策至少使用一种方法,当然也可以同时使用多种方法。例如,你可以将资产配置与证券选择相结合,构建自己的投资组合。

要了解资产配置的好处,你必须首先了解相关性和回报。相关性可以被简单定义为一种资产类别在另外一种资产类别发生变动时所受到的串联影响程度。从长期来看,两者之间的相关性也会发生改变。收益回报也会在不同年份和不同资产类别之间有所差异。总体来说,你应该选择那些相关性低甚至是负相关的资产来构成投资组合方案。这里我们需要注意的是,相关性的确认存在滞后效应,可能在某段时间(比如说 2008 年)内各种资产类别存在高度的相关性,进而在短时间内降低了资产配置的收益。

总之,一个投资策略需要将以下几项因素考虑在内:

● 未来无法预测,因此我们都面临风险。这些风险包括经济风险、地缘政治风险、利率风险、通货膨胀风险、市场风险、商业风险、信用风险、货币风险和再投资风险。我们应该尝试通过多样化投资来管理这些风险。

● 多样化是通过资产配置实现的。资产配置是投资过程中的最重要因素;其是与市场时机无关的长远规划决策,也就是说,你不能仅仅因为市场变动就修改原来的资产配置方案;其是通过对低相关甚至负相关的资产类别进行资产配置来完成的。资产配置要求在不同的资产类别之间以及同一个资产类别内都进行多样化配置。

● 纪律化的证券选择投资过程是唯一能够保证长期收益稳定性的方法。我相信基于纪律化的投资决策所做出的低周转性的长期投资组合方案,其可以减少交易成本,趋于提供节税收益。投资过程应该重点关注将全部资产放在一个市场周期时限中的长期投资收益情况。

● 我们需要记住的是,长期来看,不同资产类别的风险和回报存在差异。我们需要基于这样一个信念来进行资产配置:长期来看,我们可以在降低整体风险的前提下获得比较满意的收益。

所以请记住,资产配置是一个规划工具,它允许你或投资经理以最有可能实现每个具体个人投资目标的方式来进行投资组合配置。资产配置计划是一个长期的、半永久的规划决策,与市场时机或对冲无关——不能仅仅因为短期波动而进行修改。得到了适宜配置的多样化投资组合可以帮助你免受剧烈市场波动所带来的损失。

3. 基准

当对投资组合的收益是否处在高水平且其是否满足投资者的投资目标进行

判断时,投资经理使用的最主要工具就是基准。对于每一位机构投资者来说,他们的所有投资组合都会与基准进行比较。因此为什么个人投资者的投资组合就不能与基准进行比较呢?基准是一个指数或者多个指数的综合,它的确定依据是投资者的投资目标,按不同投资者有所不同。最基础的基准有两个,分别是美国证券的标准普尔500指数和固定收益产品的巴克莱债券综合指数(Barclays Bond Aggregate)。在与顾客进行投资合作的过程中,我都会为其指定一个顾客指数,并在每个季度参照该指数向顾客汇报投资收益情况,这样他们就能看到其投资组合如何围绕其投资目标和金融市场环境在运作。我完全找不到任何理由认同个人投资者不能像机构投资者那样使用基准来判断收益情况。即使你在管理自有资金,你也应该使用基准来对标管控投资收益,而不是仅仅将你的收益看作一个绝对数。

总结和结论

我在本章中谈及了很多话题,但是谈及的都是一些基础表面的内容。当然这些主题还有很多深层次的内容有待了解,坚持每天学习是一个很好的经历,这也是我喜欢这份职业的原因。但我希望本章内容能够让你了解到在进行投资决策时需要参考的信息要素,进而帮你找到有效投资自己血汗钱的方法,不论是雇人做或者自己做。最重要的是,充分做功课。财务管理是一份全职工作,既然这些投资资金都是你自己辛苦工作赚来的,那么你就需要投入一定时间来研究如何管理。从长远来看,一个百分点的收益损失成本也是巨大的。因此,你需要确定你的投资目标,了解你的风险承受能力,进而建立一个纪律化的投资计划和策略。一定要制定架构合理的投资组合方案来完成你的投资目标。要注意避免产生高费用,远离那些不能够为你的特定财务情况带来收益的投资资产类别。如果你雇用专业人士来管理你的资产,那么一定要向其提一些问题,毕竟,这是你自己的钱。记得一定要问及信托责任和利益冲突问题。最重要的是,不要轻易相信你被告知的一切信息。你必须要求投资过程中能够做到信息透明,如果其做不到,那么不要犹豫,去找其他能够做到信息透明的专业人士来管理你的资产。一定要注意的是,任何投资都伴随风险。即使是那些配置良好的多样化组合投资方案,在特定年份由于多重因素的存在也会出现收益下滑甚至损失的情况。因此,投资过程也存在幸运因素的影响。但是如果你知道你所能够承受的风险程度,并且能够长期坚持你的投资方案,那么一般来说你就会领先于其他人,且你获得成功的概率也会更高。

补充部分

财务管理过程中可能出现的二十大错误

我想用以下内容来结束这一章,虽然没有包罗万象,但是我认为其涵盖了财务管理过程中可能遇到的大多数错误。众所周知,我们都在投资和金钱管理上犯过错。许多年前,我读到过一篇文章,其主要是讨论人们在投资过程中经常遇到的最大问题。多年来,根据我的从业经验,我对那篇文章中提到的问题进行了一些更新,也加入了一些我认同的新问题。我非常想在这里向原作者表示正式的感谢,但是诚实地说,我真的不知道那位作者是谁,也忘记了自己是在什么时间看到那篇文章的。下面就是我罗列的财务管理过程中可能出现的二十大错误(没有排优先级)。众所周知,我们可以通过减少所犯错误的数量来提高获得更高收益的概率。让我们一起正视它,这就是我们在玩的游戏!

1. 金融决策往往存在延迟现象。我们应该早做决策并且纪律化制定和执行。

2. 投资目标太笼统、空泛或不切实际。

3. 没有计划或者有计划但没实施。

4. 忽视了税收对财务管理的影响。

5. 没有参加死亡、残疾或责任保险。

6. 忽视了通货膨胀带来的成本。但这是真实存在的,并且会增加时间成本。

7. 当前流行的资产类别在资产组合中的配置过大。一定要进行多样化投资。

8. 制定投资决策时过度情绪化(恐惧、愤怒)。

9. 为了节约部分金钱而亲自去做并不能胜任的事情。

10. 太过保守或激进。了解自己的风险承受能力,并做与自己风险承受能力相适应的投资。

11. 不理解资产配置的概念。

12. 资产组合高度集中而不是多样化。集中投资虽然高回报,但也具有高风险,一定要权衡风险和收益。

13. 投资热门公司(在投资上不要按照提示与投机行事)。

14. 被他人过度干预(家人和朋友)。

15. 将市场时机作为赌注(投机与投资)。

16. 不能接受获利或亏损。

17. 资产闲置(有太多现金)。

18. 总是假设事情会不言自明(不向失败者推销)。

19. 要求收益及时出现并令人满意。但是市场周期确实存在。

20. 在花费、储蓄以及投资事项上没有纪律化规定。

词汇表

美国存托凭证　由美国银行发行的一种可转让凭证,代表一定份额的国外证券市场股票(或者单一份额的国外证券市场股票)可以在美国证券交易所进行交易。美国存托凭证以美元作为价值单位,对应股票由美国的海外金融机构持有。

相关性　是指在金融行业中,对两种证券变动情况的相互关联程度的一种统计计量。当两种证券之间呈现完全正相关时,如果其中一种证券发生价格变动时,无论是上涨还是下跌,另外一种证券也会发生方向一致的价格变动。而相对应地,当两种证券之间呈现完全负相关时,如果其中一种证券发生价格变动,无论是上涨还是下跌,另外一种证券也会发生方向相反的价格变动。当两种证券之间的相关性为 0 时,我们认为这两种证券之间的变动完全没有关联,也就是说它们的变动相互独立。

经纪人(金融顾问)　根据金融产业管理机构的定义,经纪经销商是指通过为投资者(作为经纪人)或自身账户(作为经销商)或为两者进行买卖证券业务以获取费用或佣金的个人或公司机构,这些证券产品包括股票、债券、共同基金以及其他投资产品。而那些为经纪经销商工作的个人——我们通常称之为经纪人——其专业名称为注册代表。经纪经销商必须在美国证券交易委员会进行注册，且是金融产业管理机构会员。而个人注册代表必须通过一项专业考试(系列7、系列63或者其他)在金融产业管理机构中得到注册，并在从业之前获得国家证券监管机构颁发的执照。注册代表通常就是指证券销售人员，但是有时也指那些金融咨询人员、金融顾问或投资顾问。

特许金融分析师® 一些专业的投资经理和分析师通过学习来成为特许金融分析师证书持有者。特许金融分析师®是由特许金融分析师协会(官方机构是投资管理与研究协会，AIMR)授予的专业头衔名称，其衡量考察了金融分析人员的能力和智力水平。参加特许金融分析师考试的应试者需要通过3个水平层次的考试，考试内容覆盖统计学、经济学、伦理学、资金管理和证券分析。在你正式成为特许金融分析师®证书持有者之前，还需要有4年的投资或者金融职业相关经验。如果你要进入这个行业，你需要有学士学位。特许金融分析师®证书是金融行业最受认证的职业证书之一，被看作投资分析领域的黄金标准。

投资顾问 (参照注册投资顾问)

信托责任 一种在行动时完全只以另一方的利益最大化为原则的法定责任和义务。承担这种责任的一方被称为受托人，而对应的另一方就是委托人。

金融产业管理机构 是指一个自我管理组织，它主要是能够协助美国证券交易委员会对金融市场进行监管，尤其是那些进行证券交易的券商和公司机构。金融产业管理机构对经纪经销商以及注册代表有司法管辖权，并有权力对那些触犯管理条例的公司进行相应处罚。金融产业管理机构需要对股票、共同基金、养老金、企业债券、期货以及期权等证券产品的交易进行监管。同时金融产业管理机构也作为自我管理组织在大量的证券交易中发挥作用。金融产业管理机构会检查投资公司提供给客户与潜在客户的相关资料，以确保这些资料符合相关政策要求。金融产业管理机构网站上也会发布一些投资人教育专栏知识，并警示告知投资者当前行业中发生的重要事项。通过其建立的经纪人监察数据库，金融产业管理机构提供给投资者一个核验与其合作的经纪人或经纪公司资质的渠道。此外，金融产业管理机构能够通过调解或仲裁来解决经纪人与客户之间的争议纠纷。金融产业管理机构创立于2007年，是由全美证券交易商协会(the National Association of Securities Dealers)与纽约证券交易所管理委员会(NYSE)合并而来。

理财规划师 与投资顾问和经纪人术语不同，理财规划师不是一个法律意义上的术语。不过,理财规划师通常是指这样一类财务服务提供者,他们基于客户的长期财务目标,为其制订或实施综合性的财务管理计划。综合财务计划通常涵盖房地产规划、税收筹划、保险需求、债务管理等,此外还包括投资型领域,诸如退休与大学规划。部分规划师通过相关考试将拥有注册理财规划师(Certified Financial Planner,CFP)证书。

1940 年颁布的《投资顾问法案》 《投资顾问法案》是一部美国法律,其存在的目的是通过法律途径来监管投资顾问(也称顾问)的行为。《投资顾问法案》是规范投资顾问的主要法律文件,受美国证券交易委员会管理。

投资顾问协议 投资顾问协议规范了客户与投资顾问的关系,也界定了管理在册资产过程中收取的相应费用。该协议还对投资顾问基于预先明确的管理策略进行自主投资决策的权利程度进行了规定。

投资政策声明 投资政策声明阐述了投资者的总体投资目标,也描述了投资经理为了满足这些目标应该践行的投资策略。其中关键性信息包括资产配置、风险承受能力,并且资产流动性要求也是该文件的一部分,其具体要求每个个人投资者之间都有所不同。

麦道夫庞氏骗局 伯纳德·麦道夫(Bernie Madoff)是全国证券交易商自动报价系统协会(Nasdaq)的前任主席,也是制造旺市的伯纳德·麦道夫投资证券公司的创始人。此外,麦道夫还经营对冲基金,并且被控诉制造了庞氏骗局,于2008 年 12 月 11 日遭到逮捕。他所管理的对冲基金实际损失 500 亿美元,但是试图通过将后续投资者的钱支付给前投资者的方法来掩盖基金损失这一事实。

注册投资顾问 这一术语是指在美国证券交易委员会或国金证券机构(State Securities Agency)进行注册的投资顾问(法律术语),他们主要是为散户投资者、像共同基金或交易所交易基金这样的注册投资公司提供投资咨询服务。当然,在美国证券交易委员会成功进行注册也并不意味着投资顾问就完全具备相应的素质。注册投资顾问也是一个实体人,他们的工作就是以直接或间接方式为他人提供投资咨询服务,他们凭借为客户购买的证券价值或自身的投资咨询能力来获得报酬。他们向客户收取管理费用,而不是佣金(“投资咨询顾问收取费用,而证券经纪收取佣金”)。注册投资顾问是作为受托人来代表他们的客户进行投资决策,他们必须将客户利益置于首位。投资顾问这一职业还有其他叫法,比如资产经理、投资顾问、投资经理、证券投资经理和财富经理。注册投资顾问的行为受1940年颁布的《投资顾问法案》约束。

信托责任 1940年颁布的《投资顾问法案》中的反欺诈条款与大多数相关国家法律规定注册投资顾问在与客户进行相关业务时需要履行信托责任一样(而经纪人只需要遵守要求较低的适合性标准)。这就意味着无论发生什么事情,注册投资顾问都需要将客户的利益置于首位。美国证券交易委员会指出一位投资顾问的职责包括:

- 在不受外界影响的情况下,提供合理的投资建议。
- 投资顾问有权为客户选择经纪经销商,但是对经纪经销商的选择标准是其提供最好产品交易服务的能力。
- 一定要在充分了解客户投资目标、金融状况以及其他要素的前提下提供投资建议。
- 总是将客户利益置于首位。

适合性标准 经纪经销商只需要履行适合性标准,也就是说,他们提供的投资建议需要与客户的最大利益相一致。经纪经销商受金融产业管理机构的管理,其要求他们需要遵守为客户提供适合的投资建议。这并没有要求他们必须将客户的利益置于他们自身利益之上,适合性标准仅仅要求经纪经销商确信其为客户提供的投资建议适合投资者,与客户的投资需求、目标以及所处的环境相适应。经纪人对忠诚度的界定与投资顾问完全不同,这也是非常重要的一点,他们需要负责的对象是他们为之工作的经纪经销商,而不是其所服务的客户。

第七章　年　金

——戴维·帕西

为了展开本章论述，首先我会讲述我个人对年金产品的投资经历。我将描述年金产品的基础知识、谁在出售这些产品、可能涉及的那些税收以及谁会购买这些产品。其次，我将通过一个典型的年金产品案例来对保险行业近期发生的事项和相关应用、政府规定以及近期相关政策的改变做一个简短的指南性介绍，其中，案例中包括对其交易过程、收益以及成本介绍。最后，也是最重要的，我将给出一些问题列表，当你下一次与年金产品销售人员会面时可就这些问题向其提问。这些问题可以为你提供更多信息，并会提示你可能并不需要他向你推销的产品。

介绍

没有时间来购买年金。

年金是一种费用高且流动性很差的投资产品，但是它能够为保险公司带来高额收益。这是不是听上去过于批判性了呢？事实上并不是，不要误会我的意思，业界确实也存在一些适合对年金产品进行投资的情况，但是这种机会非常稀少，一般投资者根本不会碰到。

自“经济大衰退”的低谷开始，尤其是股票市场在2008年9月到2009年3月间经历了大崩盘之后，保险行业已经充分利用了大多数投资者的恐慌心理。你可能想起来当时市场自高点下跌的幅度达到50%多。恐惧可以成为一种巨大的动力，但是当接触到年金产品时，千万不要将自己对市场的恐惧化作投资动力。当投资者心里充满恐惧时，保险销售员就开始用“安全”“担保”“永远不会低于原始投资价值”等一系列话来安慰投资者。保险公司代理机构、经纪人以及一些金融投资顾问都使用大量的夸大性广告来向那些没有怀疑心理、投资经验也不丰富的投资者销售产品。那时，对年金产品的宣传广告布满了每一份金融和非金融的杂志出版物。而这些信息来源就是将年金产品视为高风险股票市场替代性投资项目来推销其产品的保险行业。再后来，年金产品看上去似乎真的是投资者能够寻找到的安全投资项目，但是请忘记它！

在你最终决定将你的血汗钱投资于年金产品时，作为投资者，你需要再三仔细阅读合约细则。行业中存在不同类型的年金产品，其中大多数产品都覆盖了非常复杂的保险政策内容

而投资者很难理解清楚，并且这些产品最终为投资者带来的都是意料之外的投资结果。任何一位投资者都应该真正了解你购买的到底是什么产品，并且不要购买那些预期收益非常高的产品，因为这些产品最终甚至不会为你带来任何收益。

本章中的以下内容能够帮助你在投资中通过避免那些非常差的投资项目来节省数万美元，也能够为你减少在做投资决策时拒绝那些非常不合适并且成本高昂的投资项目时会遇到的困难。让我们一起来看一看下面这样一个不可思议的投资案例。销售公司对它进行了大量的广告宣传来吸引客户，然后提供了一份200多页的文案来向你解释你所购买的产品。

如果你在睡眠方面存在失眠、难以入睡的问题，那么开始阅读一份年金投资合同，你将很快就能克服失眠然后安然入睡。

我对保险投资产品，尤其是年金的接触要追溯至1988年末，那时需要接触这些产品也是因为我父亲的突然去世。我家中共有5个孩子，而作为其中唯一一个具有金融市场工作经验的人，我自然被选中来帮助母亲处理父亲的人寿保险问题并为母亲未来的金融投资计划做一些指导(那时我的母亲是54岁)。在我父亲离世后不久，我和母亲会见了两位衣着非常光鲜的保险代理人，他们审查

了我父亲的人寿保险合同条款设定,并就保险公司提供的投资选择和机会与我们进行了讨论。这两位保险代理人当时就试图说服我母亲购买一款年金产品。后来我让他们带着其闪亮的产品手册先行离开并亲自送他们出去。虽然我当时在该投资领域仍然是新手,但是我在金融市场中的工作经验已经非常丰富,我知道我需要对这些投资方案的出现进行大量研究(当时并没有谷歌或者其他互联网)和测试。我通读了外行人士很难理解清楚的那些专业产品投资文案合同,我发现其中存在很多隐藏的费用项目,因此我认为这项产品的成功销售会大大有利于保险代理人,而不是我的母亲。但是,我们最终非常谨慎地决定将一小部分人寿保险资金投资于一种固定收益的年金产品,并最终有些不情愿地对该产品进行了购买。事实证明,我们对该产品的投资时机非常好。那款年金产品当时设定的年收益率将近 10%,且在未来 20 年中收益率不变,因此该产品的总收益水平远高于当时 20 年期限的国债产品。自那以后的 30 年中利率水平一直在下跌,因此我们获益于良好的投资时机,虽然我们并没有对市场或者利率走势进行预测,但是我们就父亲该部分人寿保险所做出的投资配置成功地跑赢了市场。

27 年的时光一闪而逝,其间保险行业并没有发生太多变化,但是就像那些已经或者即将退休的人们所知道的那样,利率水平显然已经下降,而美国证券市场的交易水平却处于历史高点。但保险公司仍然通过闪亮的产品手册以及复杂的合同文档来对年金产品进行市场营销,并且声称这些产品能够为投资者带来高于市场平均水平的投资收益。

什么是年金?

年金最早是自罗马时期开始发展起来的。公元 225 年,一位罗马的法官制作了第一份为世人所知的"年金"死亡表,其就是通过一次性付款来换取每年一次的终身津贴[马文·费尔德曼(Marvin Feldman),2012]。

年金是指一份存在于你和保险公司之间的合约,你需要向保险公司一次性支付款项或者多次支付款项来获得退休或者其他长期生活保障。作为回报,保险人会同意立即或者自未来某个时刻开始定期向你支付款项[美国证券交易委员会官网(SEC. GOV),无具体发布时间]。

年金产品通常能够为投资者提供可以递延纳税的收入,也可能包括死亡抚恤金，也就是向你的受益人支付一笔特定的最低金额的抚恤金，比如说你购买该产品期间支付的全部款项。尽管年金产品的投资者可以对收入增长部分递延纳税，但是当你从年金总额中提取资金时，你需要按照一般收入所得税率而不是资本利得税率进行纳税。如果你提前从年金中提取资金，那么你需要向保险公司支付一定数量的解约金和税务罚金。

年金产品是通过以下方式进行运作的：最开始你需要向年金产品进行投资（提前向保险公司进行一次性付款），然后保险公司会在未来某个时刻或者未来一系列时刻向你支付款项。保险公司可以每月、每个季度、每年甚至是一次性向你支付所投资年金产品的收益。而你从年金产品中每次能够获得的收益是由很多因素决定的，其中包括支付期限的长度。关于支付期限的设定，你可以选择你的整个余生，也可以选择一定年限。

年金产品并不是适用于所有投资者的万能投资项目，它们更不是太好以至于不真实的产品，尽管很多年金产品就是被这样宣传进行销售的。当你在多样化投资组合中合理地对其进行配置并且完全理解了年金投资合同中的款项，那么这时你对年金产品的投资也可能是成功的。因此，让我们仔细了解不同类型的年金产品和你或许应该远离年金销售者的原因。

年金有哪些类型？

年金产品存在许多不同的形式，但一般分为固定的和可变的年金。付款可以是立即开始（即付年金）或者是在一段收益期之后（递延年金）。

许多投资者会选择通过一次性支付款项来购买即时生效的年金产品，保险公司会在未来向其支付收益。如果你选择的是即付年金，那么你将在初始投资不久之后就会收到回款。例如，有的投资者会在接近退休年龄时选择购买一种即付年金产品。在当前利率水平环境下，购买即付年金产品实际上并没有任何金融投资价值。投资者可以通过购买 AAA 级的美国证券获得类似的投资回报，还能避开销售人员和年度费用的支出。

递延年金有预付款和分期付款两种方式。如果你投资了递延年金产品，那么在准备从年金中提取款项之前，你在年金产品中的资金一直处于投资状态，通常情况下，你会自退休之日起开始提取款项。递延年金在你提取款项之前的资金一直在随时间而累积增加，而即付年金的资金回款会立即发生。当然，当投资者决定开始回收投资时，递延年金也可以转换成即付年金。

对递延年金进行投资的最有效方式就是在你多样化投资组合中配置一小部分递延年金，然后将其回款推延至遥远的未来以期获得收入流。这样你对递延年金会进行更少的支付，心境也会更加平和。

年金的特点

年金是永久性收入和费用投资分层的正确选择吗？

年金对于那些想在退休阶段能够获得稳定收入的投资者来说，或许是一种不错的选择[财经报道(CNN Money)，无具体发布时间]。尽管有时候年金是一种有效的退休生活理财工具，但是因为其所包含的高费用，对某些投资者来说年金也可能是非常糟糕的投资选择。那些金融理财规划师或者保险销售人员却经常试图引导老年人或者退休人员来购买年金产品。处于这一生命阶段的投资者往往会比较脆弱，并且他们往往会因为保险销售人员说的那些类似于“保障和安全”等安慰人心的话语就选择依靠他们来帮助自己进行投资决策。许多费用都是预付的，并且销售佣金和费用也都隐藏在投资合同中。在一些案例中，相关费用在原始投资资金中所占比例甚至高达 8%。任何考虑投资年金产品的人都应该首先对其进行全面的研究，然后在此基础上再判断这种产品对于其特殊情况来说是否真的是合适的投资选择。

对年金产品的投资包括两个基本阶段，即累积和年金化。简单地说，累积阶段是投资者将存款资金转进年金账户，累积阶段结束时，投资者可以选择定期提取款项或者每年度提取款项。处于累积阶段的年金收益可以递延纳税，但是在提取款项时，年金增长部分需要按照一般收入所得税率进行纳税。

上述对于年金产品的描述似乎是很简单的，也是通过最基本的方式呈现的，但是如果进行深入研究的话，那么你会发现这种产品非常复杂，需要进行大量的分析和评价。对于不同保险公司，它们在年金合同中使用的语言、条款和条件也不尽相同。投资这些产品需要承担高额交易费用和年费，投资者应该阅读细节，明白他们在购买什么，并且不应该购买那些具有高收益预期的产品。因为在目前的利率结构下，退休人员不会接触到那些低风险和高收益同时存在的投资产品。

年金类型

接下来，我们将进一步研究并查看年金的基本类型。

固定年金产品能够在规定年限内向客户提供保障性收益率的回报，并且可能提供额外的死亡抚恤金。在当今市场环境下，目前的保障性收益率不足 2%。可能我稍有一些偏激，但是任何一个精神正常的人又怎么会愿意对年收益率仅为 2%、10 年期限的产品进行投资呢？最简单的比较方式就是将固定年金与存款单进行比较。目前存在于市场中的许多年金投资合同都允许保险公司在每个时间段或者期限结束时重新设定固定收益率水平，当然，这种规定是有利于保险公司而非投资者的。正如上面所说的那样，每家保险公司都有自己的合同条款，而且之间差异会非常大。

如果你选择了固定收益水平的年金产品进行投资，那么你就没有权利选择年金账户所对应的具体投资内容，保险公司会负责管理这一部分投资事项，但是它们会承诺按照事前商定好的固定收益率对你支付回报(财经报道，无具体发布时间)。

固定年金无法保护投资者免受通货膨胀的影响。随着时间的推移，通货膨胀会降低客户的实际购买力。投资者通过支付一些费用就可以购买通货膨胀保险。此外，如果你决定根据通货膨胀情况来调整你合同中的月度付款，那么你就得支付一定罚款或者额外费用。这里我可以向你推荐一款能够保护你免受通货膨胀影响的可行性替代投资产品，详情请参考第 146 页上关于 I 系列债券的部分。

当你决定对固定年金产品进行投资时，你也需要选择你想要的最终回款计算方式。你共有四个选项：

1. 保障期限收入(也称为特定期限年金)。针对这种计算方式，保险公司会承诺在一段特定时间期限内(比如说 5 年或者 30 年)向你支付一定数量金额。并且如果你在规定期限结束以前去世的话，那么你的受益人同样也可以在规定期限的剩余时间内收到款项。

2. 终身支付方式。这是一种向你承诺在你一生中对你支付款项，但是没有幸存者福利的支付方式。按照终身支付方式，保险公司每次向你支付的款项数额是固定的。该支付金额由年金投资总额和生命长度预期决定。直到你去世，所有支付便立即停止——你的继承人得不到任何东西。

3. 包含保障期限的终身支付方式(也称为含特定期限的终身方式)。这是一种终身支付与保障期间支付的组合支付计算方式。你可以在终身都收到承诺性付款,其中也包含一个提前商定的特定时间段。如果你在这个特定时间段内去世,那么你的受益人将继续在该期间的剩余时间收到付款。比如说,包含10年特定时间期限的终身支付方式是比较常见的,如果你在5年之后就去世了,那么你的受益人将在剩余5年内仍然可以得到保险公司付款。

4. 联合幸存者年金。按照这种方式,你的受益人自你去世后在他/她的余生中能够得到保险公司承诺性付款。这种方式在已经结婚的夫妻中非常受欢迎。

浮动年金

保险行业对浮动年金的定义如下:与共同基金类似,能够为投资者提供灵活性、投资选择以及在投资者将其保险金投资于有限数量的子账户时为其提供遗产保护。通常,投资选择意味着沉重的费用负担。投资者设立的子账户可投资的范围很广,包括股票基金、债券基金或现金等。当你子账户的投资项目收益变现情况不佳时,浮动年金也可能向你提供保障性的最低收益水平(当然你需要为该项权益付出额外费用)[财富网络(Money. cnn),2013]。

浮动年金含有很大的投资风险,可能会发生亏损。投资者子账户的典型投资标的就是证券市场。作为一名投资者,当你选择了浮动年金产品时,你也需要就如何分配你的资金进行相关决策。你会拥有浮动年金为你提供的子投资账户。当然,你账户的价值取决于你所选择的基金产品的收益表现。尽管浮动年金能够为你带来递延纳税的好处,但是其年度支出将大大超过直接投资常见共同基金产品所产生的费用支出——因此我会建议你直接对常见的共同基金进行投资,这当然是一个更好的选择。

相关风险

浮动年金可能并且真的会发生亏损。联邦存款保险公司(FDIC)或者政府都不会为浮动年金提供担保。如果你正在寻找一个帮你储蓄且没有损失风险的投资项目，那么你应该考虑像美国国库券和债券、银行存款单或货币市场等这些能够给你带来固定收益的产品。

保险公司的财务实力将影响其提供额外福利的能力，如死亡抚恤金，保障性最低收入福利和长期护理福利。如果保险公司破产，年金产品投资者不会收到他们之前预期的所有收益。自 2009 年以来，国家已经进行了多次司法改革来更好地保护那些遇到保险公司破产情况的投资者，保险公司的资产负债表也更加规范化了。但是评估金融服务公司的财务实力对投资者来说仍然非常重要，他们需要非常警惕金融服务公司可能无法兑现相关金融服务义务的可能性。

与所有已经购买的保险产品一样，投资者应该质疑保险公司的可靠度、财务实力以及它在未来进行持续支付的能力——也就是说，投资者应该评估保险公司的信誉。

行业内存在多家公司会对保险公司的信誉进行评级，如贝氏评级(A. M. Best)、标准普尔(Standard & Poor's)以及穆迪评级(Moody's)等，这些公司都会对被审核公司的财务情况进行评价，并且每家公司都有自己的评价规则。通常情况下，你投资过程中能够选择合作的保险公司应该是那些贝氏评级为A+或者穆迪以及标准普尔评级为 AA-甚至更好的保险公司。你可以通过网络或者你的保险经纪人来获取保险公司信誉等级排名信息。如果你所合作的保险公司将要破产，那么你很有可能会发生投资损失。因此选择那些你坚信当你退休时仍能够正常运营的保险公司进行合作是至关重要的。然而，尽管当保险公司破产时仍有国家担保基金来保护年金投资者利益，但是其覆盖范围非常有限，并因州而异。

其他风险——缺乏灵活性

年金是一种需要投资者履行多年合约的长期投资项目。但是每个投资者的未来都存在很多不确定性。因此保持金融投资项目的灵活性和流动性对投资者来说非常具有价值。而年金产品会将投资者困在有限的投资池中。如果你的情况或者计划发生改变，或者投资环境发生改变，再或者年金产品收益平庸，那么你选择从年金产品提现以转向投资更好、更合适的项目将会非常困难并且成本高昂。股票指数年金可以向投资者提供保障性最低利率以及受益人保护。股票指数年金具有固定和浮动年金的共同特征。潜在的附加收益依赖于像标准普尔指数这样的指数型基金收益情况。大多数保险公司通常会对你的收益水平做出限制,因此即使在极好的上行市场年份中,投资者的收益水平也依然有限。

以下案例来自我的一位新客户——76 岁的弗雷德(Fred),我们将在此介绍他之前购买的股票指数年金产品以及与解约相关的费用结构。

在 2009 年的秋天,弗雷德购买了一款名为团体弹性保费递延年金(Group Flexible Premium Deferred Annuity)的股票指数年金产品。当我询问其为何购买这款股票指数年金时,他告诉我这款产品对应了标准普尔涵盖的全部股票种类,并且销售人员承诺在签订合同时给予他保费金额 10%的奖励。这款产品的最高年化收益率为 3.5%,而投资者的损失风险承担率为 120%,也就是说,这位投资者在承担了全部损失风险的同时仅能得到有限的收益。此外,这款产品规定客户在第一年中选择退出需要承担 18%的解约费用,而这一比例在后续的 9 年中每年递减 2%。这款产品的流动性非常差,并且客户如果想要在不支付解约费用的前提下回收资金,那么他就必须等待 10 年的时间。尽管该产品提供的奖励看上去非常具有吸引力,但是弗雷德从中获取收益的能力非常有限。

浮动年金附加条款

投资者的恐惧和贪婪是保险销售员的动力。在几年前,几家保险公司通过承诺终身最低保障性收入进行市场营销,成功使得投资者将 1.5 万亿美元购买了浮动年金产品(财富网络,2013)。当时投资者被其人寿福利附加条款所吸引,该条款向投资者承诺,不管未来市场表现如何或者你的资金账户是否已经耗尽,保险公司都会向你提供基本保障性收入,这也成为促进那次销售成功的最大驱动力。

在 2008～2009 年金融危机之前,年金附加条款保证超过 8%的回报(这其中大部分是你自有美元的回报),每年提取 7%,因此投资者将其视为风险有限的保障性投资产品并进行了疯狂抢购。然而,在过去几年中,大部分销售这些产品的保险公司不得不撤销担保,同时提高对新产品收取的费率并减少投资选择和配置。

还有几家保险公司甚至提出回购现存消费者的年金合同并取消其合同附加

条款,因为这些附加条款对保险公司来说过于昂贵(对年金投资者来说是好事,但是对于保险公司来说却是坏事)。那么这些保险公司为什么这样做呢?因为伴随利率出现崩溃性下降而人们却活得更加长久这一现象,保险公司兑现合同承诺的能力明显降低,并且对自身未来持续支付能力产生了怀疑。很多保险公司都受到了很大伤害,它们需要重新调整产品投资合同条款。如果你已经持有了浮动年金产品,那么你需要再次审阅合同条款、你目前账户价值以及合同条款可能发生的潜在变动。事实上,为了保护保险公司的利益,许多保险合同正在或者已经发生了很大变化,比如说限制投资选择、降低最低收益水平和保障性收入,当然也提高了费率水平。有时候保险公司会提高或者标错产品价格,但是精明的投资者总是还有机会得到好的交易。

行业中也存在以下情况:保险公司开始认为定价不合理因而需要调整对客户的长期福利政策。大型保险公司能够请求州保险委员会来调整利率并后续要求增加政策性付款。如果保险公司突然间对产品进行提价,但是其游说能力非常强且具有改变保险政策能力,那么这种不平等事项的发生当然是有利于保险公司的。而对新手投资者来说,则根本不存在公平和平等的"竞技场"。

以下就是伴随保险公司不断调整产品过程中对年金产品政策所做出的结构性改变案例。

杰信人寿保险公司(Jackson National)公布了旗下年金产品的分层定价政策[默卡多(Mercado),2014]。

杰信人寿保险公司为旗下广受欢迎的浮动年金人寿福利附加条款制定的新定价计划于 2014 年 9 月 15 日(星期一)开始正式执行。杰信人寿保险公司仅将五层定价政策应用于旗下两款保障性最低回款福利年金产品,其名称分别是 LifeGuard Freedom Flex 和 LifeGuard Freedom 6 Net。

"这是我们公司浮动年金产品经营哲学的延续," 杰信人寿保险公司经销商总裁——格雷 · 茨克特(Greg Cicotte)这样说道。"我们试图让我们的投资顾问能够为每位客户提供定制化的产品。"五层定价政策能够使得投资者更好地选择要投资的浮动年金产品,其依据就是对他们来说到底什么是最重要的:更高的回款还是更低的成本。

根据 2014 年 6 月 11 日杰信人寿保险公司与美国证券交易委员会制定的相关文件,理解分层定价政策的两项关键元素就是客户未来将会得到的年金收益和成本。

首先有一个收入水平，低层使得投资者能够以较低的成本获得较少的保证收入。

杰信人寿保险公司的行为使得广受欢迎的浮动年金销售者能够在不使用1035交换合约全面限制购买杰信浮动年金产品的前提下，减少投资者对该产品的投资(更多详情参考第143页的1035交易)。

金融顾问们一定还记得杰信人寿保险公司曾决定暂时停止对浮动年金产品的销售，事实上，杰信公司在2012年下半年也采取过这样的举动。当然该举动确实有效，投资者在当年剩下的时间里确实终止向浮动年金产品的资金转移。

通过采用新的分层定价结构，杰信人寿保险公司确实能够在不给销售人员带来困扰的前提下，减少投资者对浮动年金的资金转移和浮动年金产品的购买。

那么这一举动能够为投资者带来什么好处吗？事实并不尽然，尽管5级确实能够暂时阻止浮动年金产品的销售，但是投资者仍然可以选择购买稍微便宜与收益较低的4级浮动年金。而这种类型的浮动年金仍然会受到监管层越来越多的关注。

那么为什么会存在五层定价呢？在我看来，这只会带来更多的困扰、隐藏费用以及销售佣金。

当购买年金产品时，投资者需要明确知道自己想从中获得什么。

在2008～2009年的经济低谷时期，一方面投资者非常恐慌，而另一方面年金产品承诺为其提供保障性收益，因此当时许多没有戒备心的客户从没有职业道德的保险销售人员那里购买了很多年金产品。让我们来看一个真实生活中的例子，2011年的时候我们遇到了一位名叫玛利亚(Maria)的客户，一个金融顾问/销售人员向她销售了不是1种而是3种年金产品，这位销售人员显然认为对于46岁的玛利亚来说，使用其退休账户来购买多种年金产品是适宜的。当然并不是所有的金融顾问/销售人员都是同一类型的人，但是当我们在美国金融业监管局网站上搜索这位销售人员时，确实发现他的很多不正当行为记录。当然，这位销售人员向玛利亚销售多种年金产品的原因就是销售积分以及产生的佣金，将3种产品捆绑在一起销售能够为这位销售人员带来丰厚的收益，但是却使得投资者更难从该项投资中抽身解约。

当今时代，对一个人展开调查是非常容易的。你可以通过网络搜索美国金融业监管局网站经纪人调查板块来全面调查你的经纪人，你需要关注他是否持有相关从业证件，是否有过投诉历史。当我在该网站上搜索向玛利亚销售年金产品的那个销售人员时，我发现了很多关于他的负面信息。而这些信息都是由相关报道源(经纪人、公司或者监管机构)提供的。如果玛利亚是一位受过良好知识教育的投资者，那么她在知道那个销售人员存在很多投诉案件的前提下就不会购买这些年金产品了。一个销售人员职业历史中存在这么多的污点，这足以引起我们的警惕和担忧。

作为一个金融顾问，在我的职业生涯中会接触到很多被错误引导的退休投资者，他们其中一些甚至是被深得信赖的本地银行所误导。去年，我遇到过一对退休夫妻，他们去一家本地的美国银行分行办理业务，他们能够直接叫出这家银行工作人员的名字，这也令他们感到非常舒服。

像往常一样，一名工作人员建议他们与银行的专业投资经纪人会面。经过一系列讨论和评估，这位银行投资专业人员向他们销售了一款浮动年金产品。他们的投资总额超过625 000美元。而这款年金产品承诺为其提供终身可以领取的回报。

当然这些退休人员也希望获得尽可能多的收益。

但是他们没有完全了解的一个情况是，浮动年金的年费非常高：大约是投资总额的 4%。也就是说，他们需要每年支付25 000美元的费用，实际上，他们每年支付的这笔费用都足够买一辆汽车。此外，如果他们想要立即取得全部款项的话，那么他们需要支付 7%的解约费用，也就是43 750美元。

许多当地银行都指出这些投资项目是适合投资者的，并且其相关费用信息也都是公开的，并且这些产品的交易都是在长达数月的咨询服务后达成的。但是退休人员现在提出质疑的是，他们得到的那些金融投资建议是否真的是为了实现他们的最大利益而提出的。

像许多其他消费者一样，他们说自己并不了解他们的投资经纪人不需要遵守金融专业人士最严格的职业要求——信托标准。而信托标准规定从业人员需要完全站在客户利益角度提出相关投资建议。

非流动性或者说回收资金能力的匮乏

与传统或者经典的投资产品不同,年金产品具有独特的特征和收益,这些传统投资产品包括股票、共同基金和债券等。此外,年金产品的投资合同更具限制性。

但是,我对这种产品的最大反感在于,其严重缺乏流动性。年金产品都规定了具体的投资期限。许多年金产品的最低投资期限设定为 7 年,而有些年金产品的投资者在能够真正从年金账户中收到回款收益之前,需要等待极长的期限。在年金收益累积阶段,有些年金投资合同可能允许投资者每年从账户中提取 10%的原始投资资金,但是如果投资者真的需要提取的资金比例大于 10%,那么他需要支付的惩罚费用是非常苛刻的。

此外,许多年金产品中还包含其他保险类的产品,比如说死亡抚恤金,实际上,一些如上所述的年金产品中甚至包含内置的附加保险条款。其投资合同中可能包括死亡抚恤金("基本人寿保险"),其承诺在投资者去世后向其受益人一次性或者分期支付款项。但是,在所有年金产品的附加条款中,投资者都需要为附加保险服务支付相关费用。事实上,显然存在一种更好的替代方案:投资者可以在年金产品之外直接购买一份更加便宜的人寿保险。

收益的评估:浮动年金的投资选择

尽管浮动年金产品的收益具有"保证性",但是长远来看,其收益较传统投资产品要少得多,比如股票、债券等。在确定签署一份多年的投资合同之前,投资者应该将其与其他存在的替代性投资方案进行比较。例如,尽管固定年金为投资者提供了保证性利率,但是保险公司每年都可能调整该利率,因此其收益率可能要比投资者进行其他投资更低,比如政府、市政、公司债券以及其他普通的固定收益投资产品等。

浮动年金产品的账户价值通常会跟随其包括的子投资账户——债券、共同基金、股票或者货币市场——收益表现而发生变动。但是与投资者直接进行这些产品的投资相比,浮动年金产品产生的管理费用、运营费用以及其他费用都会降低其收益水平。此外,与共同基金类似,投资者应该对每一个子账户投资经理收益与其收取的费用进行评估。

让我们来看一下传统指数年金产品的收益率:在一般情况下,其收益率等于基准收益率减去保证金、差价或管理费比例。例如,如果基准收益率上升8%,而相关费率总计3%,那么你的收益率就是5%。随着时间的变化,几个百分点可以使投资者的整体回报产生明显差异。这里,我们将对两项投资项目的收益情况进行比较,第一项是标准普尔指数基金,第二项是截止到2013年12月31日的为期30年的假设性年金投资,当然这两个项目的原始投资总额都为100 000美元。其中,年金产品对标所有标准普尔指数的股票,并且其年度保证性最低收益率为3%,而最高收益率不能超过10%,以下就是比较结果:

100 000美元的投资:标准普尔指数基金 vs.年金

	投资总额 1982/12/31	时间跨度	年化收益	期末价值 2013/12/31
标准普尔指数	100 000美元	30年	10.79%	2 164 428美元
指数年金	100 000美元	30年	7.4%	851 409美元

此外,一些年金产品将其收益变现与不包含利息以及利息再投资的指数挂钩,因此,我们可以非常明显地看出其收益会比那些包含利息以及利息再投资部分的指数基金产品要低。很多公司都在推销"类标准普尔指数"年金产品,而其并不包括利息以及利息再投资部分的收益。这种类型的市场营销实际上就是在欺骗投资者,投资者以为自己购买的产品与基准收益相同,他们也在很大程度上不会问利息是否会被计入其投资总额中。之前提及的弗雷德在杰信人寿保险公司购买的产品就是这样。

费用和收费

与其他投资产品相比,比如共同基金,年金产品通常会给投资者更多的保护和保证,但是投资者需要为之付出相应成本。浮动年金的年费通常情况下会远远高于类似的共同基金组合产生的费用。与传统投资项目(如共同基金)相比,年金产品往往会产生高额的持续性费用。

佣金

首先,大多数年金由保险经纪人或其他销售人员出售,他们会对投资者收取比例达10%左右的高额佣金。

注意解约费用:有些年金产品对投资者发生于投资合同期限内早期年份中的解约行为会收取异常高的解约费用,有些甚至高达20%。但是当你作为投资者遇到这种情况时,你应该在解约行为实际发生之前仔细查看投资合同条款和联邦法律,因为有些年金投资合同允许你每年提取10%的初始投资金额且不需要支付任何解约费用。

如果你选择在年金投资合同生效后的5~7年内解除合约,那么你可能需要向保险公司支付你提取金额7%~10%比例的解约费用。这是一个你选择从年金合同中拿回自有资金会遇到的非常残酷的惩罚。通常情况下,这个解约费用比例每年会下降1个百分点,直到7年或8年后达到零。解约费用是向保险公司支付的,因为自年金投资合同生效起,保险公司已经就该产品的成功销售向保险代理人支付了报酬。保险代理人在年金合同生效后也不会继续跟进其部署的投资策略进展情况,他只会去寻找下一个受害者。此外,如果你选择在59.5岁之前从年金合同中解约提款,那么你不仅需要向美国政府支付10%的提前解约费用,还需要就你的投资收入进行纳税(你的本金不需要纳税)。

高额的年费

当你选择对浮动年金进行投资时,你还会碰到高额的年费支出。你将支付1.25%或者更高比例的年度保险费用,0.5%~2%的年度投资管理费用,以及浮动年金附加保险条款产生的0.6%或者更高比例的费用。这些费用只会为年金的销售者和供应商带来利益。

如果没有涉及更多费用的话,那么将以上提及的各项费用进行加总,你会发现,你每年所需要支付的费用比例为3.5%~4%。而这笔费用将使得你的退休储蓄罐承受一笔很大的损失,有些情况下甚至完全抵销了你从浮动年金产品中所获得的收益。然而与浮动年金形成强烈对比的是,普通共同基金产品的平均年费比例仅为1%,而指数基金产品的年费比例甚至低于0.5%。

我们将通过下表展示投资者在对浮动年金进行投资时,会遇到的常见单独收费项目以及其对100 000美元金额的投资项目产生的影响。

浮动年金费用项目	年费比例(%)	年费支出(美元)
死亡费用风险	1.25	1 250
管理费用	0.15	150
选择性的保障最低死亡抚恤附加条款	0.61	610
选择性的终身收入附加条款	1.03	1 030
潜在的共同基金费用	0.94	940
总费用成本	3.98	3 980

死亡风险费用实际上就是支付与浮动年金投资合同相关的担保费用、销售佣金以及管理费用。

选择性的保障最低死亡抚恤附加条款是指投资者购买了人寿保险。但是实际上,投资者单独购买人寿保险产生的年费比例要比 0.61%低得多。

选择性的终身收入附加条款通过"退出福利"为投资者在退休阶段提供保障性收入,并且该项收入不会受到市场变化的影响。

除去上述三项费用,投资者还需要为浮动年金产品支付的其他相关费用比例接近 1.09%,但是行业中也存在很多企业为投资者提供总年费比例为 1.25%的年金产品。

如下表所示,每个浮动年金提款费用比例都是随时间变动的,一般时间期限为 7 年,也就是说,合同生效的 7 年以后进行提款不会产生费用支出,并且存在另外两种提款费用计划(时间期限更短)可供投资者选择。

提款费用(提款费用在保费支出中的比重)								
	保险合同生效后的时间段							
	1	2	3	4	5	6	7	7+
基本计划	8.5%	7.5%	6.5%	5.5%	5.0%	4.0%	2.0%	0%
5 年计划	8%	7%	6%	4%	2%	0%	0%	0%
3 年计划	7.5%	6.5%	5%	0%	0%	0%	0%	0%

并不是所有的年金产品都会产生高额费用。一些投资公司销售的年金产品中不会包含死亡风险费用、附件条款,也不会收取销售佣金和解约费用。这些产品被称为直接销售年金,它们并不像那些需要通过传统保险公司进行销售的年

金产品,投资者在购买过程中并没有保险代理人的参与。也正是因为没有保险代理人,因此这些产品不会对投资者收取销售佣金。销售这种低成本年金产品的公司包括富达国际(Fidelity)、先锋(Vanguard)、嘉信理财(Schwab)、普利斯集团(T. Rowe Price)、阿曼里特斯人寿保险公司(Ameritas Life)和美国退休教师基金会公司(TIAA-CREF)。

信托标准

在信托关系中,一个人在向另一个人寻求帮助、建议或者保护时,会给予对方信心、信誉、信赖和信任。这种信托关系要求受托人时刻都要将对其给予信任的委托人的利益放在首位。在考虑将年金纳入投资组合是否合适的问题时,信托标准与适合性标准的争论一直都会存在。

现实中,许多投资者并不知道什么是信托标准,而对其进行相关教育培训需要很长的时间。许多投资者也不清楚经纪经销商、保险销售员与独立的金融顾问之间到底有什么区别。为了彻底弄清楚这些概念的含义,投资者必须进行大量的研究。

当你已经拥有一份年金投资时所具有的选择权

我是不是应该将我现在持有的年金与另一种新年金产品进行交换呢,也就是 1035 交换?

如果一位年金销售人员建议你将现有的年金替换成一种新年金产品时,请你务必要格外地小心谨慎。这可能是销售人员向你收取额外费用的唯一方式。你一定要阅读清楚所有的销售文件,并确保你了解每一项潜在费用。你永远不要只是根据销售人员的解释做出决策。你应该要求向你做出更换年金产品推荐的销售代理人提供一份年金成本分析报告,他需要在这份报告中对当前年金投资合同的费用以及解约收费与新年金费用做出清晰的对比分析。只有更换年金产品这件事情更有利于你而不是这位销售人员时,你才应该进行更换。自从美国国税局(IRS)开始对其进行规范管理后,这种年金产品之间的更换被称为 1035 交换。保险销售人员很有可能告知你进行 1035 交易是一项很划算的交易,因为其能够在不产生税费的前提下让你获得一种新的年金产品。但是你可能没有被告知该笔交易能够为这位保险销售代理人带来一笔丰厚的销售佣金收入。

此外，如果你转向另外一个年金产品的话，你将要重新开始新的潜在解约期。比如说，你已经持有一份年金投资项目长达10年，那么你将能够在不支付任何解约费用的前提下提取你账户中的款项。但是如果这时你将持有产品更换成另外一种新年金产品的话，你将在提取款项时被收取解约费用。

然而1035交换不都是负面的；一个有吸引力的方面在于基金累积阶段的收益可以享受递延纳税。你投资于年金产品中的资金收益确实可以递延纳税。当你最终决定从年金账户中进行提款时，你的原始投资部分不需要纳税，但是你的收益需要按照一般所得税率进行纳税。

但是考虑到你的纳税人身份，1035交换的另外一个不好的方面就是你持有的年金投资组合中的收益需要按照一般所得税率进行纳税，而对于大多数投资者来说，长期资本所得税率会更低。另外，传统的人寿保险不同，年金产品投资带来的死亡抚恤金收益需要纳税。当然，在进行结构性投资尤其在涉及年金产品时，你在进行任何长期性的投资决策时应该及时咨询金融或者税务顾问，因为在这类项目的投资合同发生变更或者你从中回收资金时通常会被收取非常苛刻且高额的罚金。

你在什么时候应该考虑进行年金投资呢？

通常情况下，只有在你最大限度地运用了其他能够提供税收优惠的退休投资产品后你才应该考虑进行年金投资，比如说401(k)计划和个人退休账户。自1986年版的《税收法案》实施后，进行产品投资的最大优势就是允许投资者对其进行大资金储蓄投资并且可以享受递延纳税优惠。与其他享受递延纳税优惠的退休账户不同，年金账户对投资者年度储蓄资金并没有进行额度限制，因此投资者能够为退休生活提前储蓄尽可能多的资金，这对于那些非常接近退休年龄并且需要抓紧储蓄为退休做准备的人来说尤其重要。

如果你拥有更多的闲余资金可以留作退休之后使用，特别是你现在正处于高阶税率收入阶层时，那么年金产品递延纳税收益对你而言将非常有意义。所有投入年金产品的资金将会年复一年为你带来复利收益，但是并不会收到来自美国政府的税单。与那些需要进行纳税的投资项目相比，年金产品能够使得所有投资资金充分为你带来收益是一大优势。当你现金匮乏时，你可以选择从年金账户中一次性提取款项，但是许多退休人员更喜欢选择在一段相当长的时间甚至余生中能够获得保障性收入，为其提供稳定的资金流。此外，年金还可以作为其他退休收入来源的补充，比如说社会保障计划和养老金计划。

有时候，年金产品也会被销售给那些已经持有个人退休账户或者其他退休账户的不知情投资者。而在个人退休账户内持有年金产品并不是一件好事。由于年金产品的一项主要优势就是你的资金收益可以享受递延纳税优惠，但是个人退休账户本来就是递延纳税的，因此在持有个人退休账户时再对年金产品进行投资就没有太大的意义了。这就有点像在室内穿雨衣或者在吊带裤上系腰带一样，多此一举。但是也存在一些特殊情况。如果你已经退休或者非常接近退休年龄，但是你认为社会保障计划在退休之后提供资金不足以保障退休生活，那么你可以使用 401(k)计划和个人退休账户中的一部分资金来购买那种即时年金来为你的退休生活提供额外收入。

年金的最新发展

下面一则来自《投资新闻报》(*Investment News*)的摘录指出美国财政部和国税局都发布了这样一条信息：投资者可以在 401(k)计划账户中配置年金产品。这是十分荒谬的！我们来读一下这则摘录：

《投资新闻报》[施克夫(Schoeff),2014]：

行业内一些行政官员和专家指出，美国财政部和国税局同意投资者在 401(k)计划账户的目标日期基金中将年金产品当作默许投资项目，这使得年金产品提供终身收入的特征更受欢迎，也有助于保证大批出生于婴儿潮的人的储蓄资金足够维持他们的寿命。

美国财政部就计划发起人如何扩大使用递延收入年金公布了指导意见，同时财政部还发布了一条特殊指令，允许特定贡献计划提供包含年金产品在内的目标日期基金产品。

财政部同意市场上供应的年金产品根据投资者的年龄来区别定价。这就意味着，即使计划中既包含未达到年金产品最低投资者年龄要求的人，也包含达到年金产品投资者年龄要求的人，不再实行歧视性规则。

财政部还同意退休计划参与者可以同时投资年金产品和其他储蓄性投资工具。

财政部在一份声明中指出,"员工不必将退休账户的全部资金用于购买年金,他们完全可以使用其中一部分储蓄来购买年金以获取保障性生活收入,并且将剩余部分储蓄用于其他投资项目"。

养老金资源研究所(Pension Resource Institute)的首席执行官——杰森·罗伯茨(Jason Roberts)指出,这些机构的举动能够通过提供保障性退休生活收入水平来使得退休计划发起人感到更加舒适。但是这一做法并不符合逻辑。

"这使得它像类固醇的目标日期,"她说,"提供保障性生活收入的想法是好的,我们确实需要做一些事情来使得401(k)退休计划能够真正为退休人员提供保障性生活收入。我已经看到过太多表现平庸的退休计划。"这是非常恐怖的,我们可能向401(k)退休计划中配置了垃圾投资项目。普林斯女士(Ms. Prince)赞同财政部为提高退休保障水平所做出的努力,但是她指出,虽然新的目标日期基金规则听上去非常合理,但是其是否真正有效还有待验证。"这其中还存在太多有待回答的问题,"她还说道,"这还取决于投资组合到底如何构建,如何向投资者解释清楚以及投资过程中存在的相关费用。"

将包含高额费用的年金产品置于401(k)计划以及其他公司退休计划账户的投资组合中是否真的是一件好事呢?大多数投资者甚至都不知道在其投资计划中如何配置基础共同基金产品,更别提年金这种复杂的保险产品了。再者,考虑到当前利率结构,人们很难从固定年金产品中获得收益。

几年前,我发现了一款相对合理且能够提供通货膨胀保护的投资产品,并且这种产品相较于年金更加安全。这就是每年购买美国Ⅰ系列债券。投资者可以在美国财政部直销网站(US Treasury Direct)购买Ⅰ系列债券产品。

5月1日设定的现行利率值为0,而2014年11月1日设定的利率值为1.48%。下一次利率重新设定日期为2015年11月1日。

储蓄债券:鲜为人知的好产品

厌倦了低利率?货币基金市场和一年期银行存托凭证利率均低于1%。相当差劲。

但是，很大程度上被忽视的美国储蓄债券I系列(它能够跟随通货膨胀水平调整利率)是能够应对低利率现状的一种好的解决方案。由于该债券产品得到了华盛顿方面的支持，因此也是非常安全的。

在后续6个月内，30年期限的储蓄债券利率为3.06%。这与30年期国库券的年收益率相当，而国库券并不像储蓄债券那样跟随消费者价格指数(Consumer Price Index)进行利率调整。政府也发行了一款跟随通货膨胀来调整利率水平的债券，其名称为通货膨胀保值债券(Treasury Inflation-Protected Security，TIPS)。但是由于市场对于这种产品的需求过于旺盛，30年期限的通货膨胀保值债券收益水平要比同期限的储蓄债券低。

储蓄债券并不像曾经那样受到投资者的欢迎。在2011年，储蓄债券的销售额为15亿美元，而这只是10年前销售额的1/4。部分原因是，你可以在任何你喜欢的时间在公开市场上对标准国库券产品进行交易，而储蓄债券只能由美国财政部于12个月以后进行赎回操作，并且如果你选择提前(前5年内)交易，那么你需要放弃3个月的利息用于支付罚金。

储蓄债券销售下降的另外一个因素是4年前政府将投资者每年对储蓄债券的投资上限由30 000美元下调至10 000美元。而10 000美元的年度投资限额使得那些高净值客户很难发现储蓄债券在其投资组合中所发挥的作用，而一般家庭投资者(丈夫或者妻子)每年重复进行的投资大概是10年期限、总额为250 000美元的投资。每张债券的售价是25美元，而且就是按照面值进行销售。或许储蓄债券的微弱吸引力来自它的亲民形象：储蓄债券于经济大萧条时期第一次发行，几十年来它是送给孙子孙女的最好礼物，其受欢迎程度就像为他们购买了一双新袜子一样。

但是那又怎么样呢？许多投资者都错过了一个很好的投资机会。事实上，市场上也存在其他种类的储蓄债券，它们的利率水平远比通货保值型的储蓄债券要低，比如说EE系列储蓄债券(0.6%)。I系列债券对投资者来说可以算得上是一种不需要多做思考就可以进行的投资。

I系列债券的利率水平每6个月会发生一次变动，重置日期分别是每年的5月1日和11月1日。因此尽管投资者在2011年11月到2012年4月间购买的I系列债券利率是3.06%，但是其在重置日后的6个月内也同样需要适用新的利率。

I系列债券是在1998年第一次发行的。在30年期限内，其利息每月累积并每半年按照复利计算一次，并且债券利息在赎回以前都能够享受递延纳税优惠。

你可以通过在政府提供的网络购买服务网站平台上注册一个账户来购买、管理以及赎回I系列债券，该网站名称为美国财政部直销网站。从今年开始，债券产品不再通过纸质形式发行，当然政府这一举动是出于节约印刷成本。拥有美国财政部直销网站账户的投资者可以将其持有的E系列、EE系列以及I系列的储蓄债券由纸质变更为电子形式(例外情况：如果你通过部分或者全部退税收入购买债券，那么你仍然可以持有纸质形式的债券凭证)。关于储蓄债券这一特征的更多信息，你可以访问网址 www. irs. gov。

债券产品可以免征国家和地方所得税。此外，当债券利息用于教育费用支出时，投资者还可以享受额外的税收优惠。合格纳税人可以在进行税务申报时将债券所得利息从总收入中扣除。可以享受债券利息额外税收优惠的教育费用支出包括学费和其他相关费用。

在这一章结尾处，我会总结为什么你不需要年金，如何保护自己利益，还有一些你在进行投资决策时需要向自己和年金销售人员提出的问题。总而言之，你不需要购买年金产品：

1. 如果你可以自己管理资金或者你已经聘请了合适的专业人士。年金产品只是因为其合同保障性收益而值得拥有，因此如果你非常擅长管理且非常乐于管理自己的资金，那么你就应该自己进行管理。如果你现有的投资顾问已经充分证明他确实能够管理好你的资金，那么你是非常幸运的，并且你应该继续与这位专业人士合作。

2. 如果你并不需要额外的生活收入。如前文所述，年金产品产生于罗马时期，其存在的目的是向投资者提供养老金类型的保障性生活收入。尽管浮动年金和指数年金产品都非常负责，并且非常不幸的是每年销售出去的年金产品中绝大多数就是上面所提及的这两种，但是绝大多数人选择进行年金投资的主要原因就是解决寿命风险(比如说你的钱并不足够维持你的生活)。如果你认为自己并不需要为余生提供额外的收入保障并且你非常擅长管理自己的资金，那么你可能并没有必要对年金产品进行投资。

3. 如果你想要股票市场增长所带来的收益。虽然经纪人总是在过度营销过程中鼓吹年金产品的假设性收益，但是年金产品并不是增长型产品。即使是那些最好的、不征收佣金的浮动年金产品也只存在有限的投资选择并且非常限制不同账户间的资金流动(比如说共同基金)。指数型年金产品在最开始阶段是被设计用来与信用违约互换利差产品进行竞争,如前文所述,其历史收益表现也反映了真实的收益率水平,并且投资者在当前过低利率状况下并不适合购买固定年金产品。从投资角度来看,有佣浮动年金产品存在着局限性,并且这类产品通常收取的高额费用严重影响了投资者的年度收益。

4. 如果你想在一种投资产品上满足所有需求。附加条款是指你在一些年金投资合同政策中申请添加的附加利益条款(你需要在合同期限内为附加利益条款支付年费),而附加条款的存在通常是为了解决你的终身收入、遗产或者长期照料服务等需求。保险公司以及代理人非常乐于向你推销这种千篇一律的产品,但是你最好通过年金投资策略一次只解决一个问题,这样你才能得到最好的服务。大多数情况下,当你购买年金产品只是为了寻求一个问题的解决方案时,其产品为你提供的合同保障性收益会更高。针对年金这种投资产品,并不是解决的问题越多越好。

5. 如果一家保险公司只向你展示推销了一种产品。由于年金产品只因为其合同保障性收益而被投资者持有,因此你应该在寻求问题解决方案时选择多家保险公司进行咨询。就像你购买任何产品一样,货比三家是一种很好的方法。你还需要谨记非常重要的一项信息:只有能够得到保险公司的支持,年金产品的保障性收益才有可能实现,因此你需要对保险公司的信誉安全情况进行详细调查。

年金产品具有一些非常显著的缺点,因此那些向你推荐浮动年金产品的经纪人应该就以下几个重要方面向你做出详细阐释:投资过程中的流动性问题、潜在的解约收费以及其他费用问题、提款时遇到的税收处罚问题、死亡费用问题、管理费用、投资咨询费用以及市场风险等。如前文所述,如果你购买了浮动年金产品,那么你需要每年支付的持续性投资管理费用以及其他费用比例总计约为4%。而这些费用的结构非常复杂且并不清晰。那些销售年金产品的保险代理人会鼓吹这些产品的优点而弱化存在的缺点,因此你应该首先仔细研读年金投资计划并向这些销售人员提出大量的问题。在你进行投资之前,你还应该将这些产品的费用结构与那些常见的无佣共同基金产品进行比较,这些无佣共同基金产品不向投资者收取销售佣金或解约费用,并且其平均年费率非常低,其中指数型基金产品小于0.5%,而积极管理型基金约为1.0%。

如果保险代理人的营销说辞过于夸张,根本就不可能是真的,那么这时你就应该将这位代理人所述的年金产品预计发展以及收益情况详细记录下来。然后你与这位保险代理人都在这份书面记录上签名并列示日期,这就代表该保险代理人能够背书认可其推荐信息。这是能够充分挖掘投资合同现实的一种简单有效的方法。如果你被强制购买一种产品,或者在购买过程中你的警惕意识非常强,那么你就应该果断选择不进行该项投资。你可以向销售人员提出疑问:我的资金会被这项投资限制多久?你会因为这项产品的成功销售获得佣金或其他形式的报酬吗?可以得到多少报酬?我在这项投资中需要承担的资产减值风险有多高?

最后,你需要向自己提出以下问题:我是否已经充分利用了401(k)退休计划或其他递延纳税的退休计划呢?我有为长期投资项目设定目标吗?在解约期限结束之前我会需要使用这笔资金吗?我在59岁半以前需要使用这笔资金吗?我是否完全了解浮动年金产品的运作机制、能够提供的收益以及我需要支付的费用?我是否已经阅读并理解了产品投资合同呢?年金产品投资合同中是否包含了我并不需要的长期照料服务附加条款呢?我是否已经咨询了多家保险公司并对比了浮动年金产品的特征呢,比如销售佣金以及其他费用支出?我是否了解年金支出对个人税收状况的影响呢?我是不是在个人退休账户内配置了浮动年金投资项目呢,并且我是否知道个人退休账户已经为我提供了递延纳税优惠呢?我是否被强制做出了快速购买决策呢?

我希望这一章能够为你阐述清楚年金的优势和劣势。虽然在市场动荡时期,由于大多数投资者都存在恐惧心理,年金产品表面上看似乎是一种安全的资产配置选择。然而,正如本章所提到的,年金产品有很多容易被一般投资者忽视的缺点。因此在你购买任何年金产品之前,请务必进行全面的调查研究并向销售人员提出大量问题。

第八章　在你的生活中,那些最重要的专业人士真的是专业人士吗?

——约翰·伯克*

这本书并不试图向读者就所提及的证券、市场以及相关发展情况做出完整的介绍。尽管书中所有信息均存在可靠的信息源,但是我们也不能完全保证本书之前章节中的信息材料是准确和完整的。在制定投资决策时,并不存在什么信息能够对全部可得的必要信息做出一个完整的总结,因此也就不能单由这一总结性信息做出投资推荐。本书中所有章节作者的任何观点仅能代表章节作者自己,并不能代表雷蒙德·詹姆斯金融服务公司(Raymond James Financial Service, Inc., RJFS)的观点。本书中所述观点仅根据本书最初出版时的可得数据做出,其可能伴随潜移默化的市场变动而发生改变。雷蒙德·詹姆斯金融服务公司并不会对市场上根据本书提供信息所做出的交易或者投资决策负责。所有的财务、退休以及房地产投资计划都应该根据每位客户的特有情况进行个性化制定。

本书并不试图教唆或提议投资者对所提及的任何证券产品进行实际买卖操作。投资者必须牢记,我们并没有保证本书中提供的投资建议或策略就一定是

---

* 约翰·伯克目前是一位就职于雷蒙德·詹姆斯金融服务公司的独立投资顾问。

成功的、能够产生利润或不承受任何损失风险的。在投资者卖出所持有的投资产品后，其也有可能发现自己错失了潜在的增长机会。本书中所讨论的任何投资建议、特定投资项目或者投资策略并不适合于所有的投资者。投资项目的过去收益表现也不能代表其未来收益情况。你应该与合适的专业人士讨论相关的税务或者法律问题。投资者还需要牢记，个人投资者不能直接对指数证券产品进行投资。

雷蒙德·詹姆斯金融服务公司与本书无关，也不会对本书中任何一位作者所提出的观点和服务进行背书认可。

我的职业生涯从经纪人起步

"欢迎来到英国保诚集团，这是你的电脑桌，祝你好运。"这就是我步入职业生涯中的第二家经纪公司工作时的简短的入职介绍。我当时还不到 30 岁。那时我已经在其他地方进行了一些培训，因此并不是以完全没有工作经验的背景进入这家公司的。但是很快我就发现那些完全没有工作经验的销售代表在保诚学到的培训知识并没有比我多出多少，这些知识仅能够帮助他们学习和通过系列 7 考试而已，他们大多数需要在入职后的 3 个月内通过这一考试。

我在 1988 年加入保诚证券，职位是副总经理。从岗位职能来看，我是一名金融顾问，负责为我的 200 位客户提供投资建议并制订金融投资计划。

这个岗位可谓是责任重大。如果你，我的客户，目前身体健康，那么你的金融顾问要比你在生活中接触到的任何其他方面的专业服务人员更加重要。即使你现在身体状况并不是很好，你的金融顾问也要比你接触到的会计、建筑师、律师、牙医、银行信贷员、保险销售代表等重要得多。

金融顾问向你提供的投资建议将能够决定你的子女未来所读的大学类型。金融顾问向你提供的投资建议将不仅能够决定你的退休时间，也能够决定你的退休生活水平：你是每天晚上都要在家里吃饭呢，还是你完全能够支付得起每天在外面吃饭的费用？你能够去旅游吗？你能够得到最好的医疗服务吗？

尽管金融顾问这一职业非常重要，但是他们大多数并没有获得过金融领域的专业教育。即使是在今天，他们也只是需要花费几个月的时间获得从业资质证书而已。因此考虑到金融顾问这一职业的重要性，他们应该需要接受更长时间、更全面的培训。

如果我们可以将金融顾问从业人员视作专家的话，那么金融顾问将是最年轻的专家了。在1975年5月1日之前，行业中不同公司所收取的佣金比例规则都是标准化的。这一天也被金融经纪界称为劳动节，因为自这一天开始，固定的佣金机制完全放开，金融顾问的工作变现真正开始对其所得收入产生影响。在1975年5月1日前，如果你想要购买100股IBM公司股票，那么不论你选择哪家经纪公司进行购买，你所支付的佣金都是完全一样的。这时股票经纪人会向你售出股票并完成交易，他完全没有动力向你提供其他的金融投资建议来提高投资价值。

美国证券交易委员会委员菲利普·鲁姆斯(Philip Loomis)在1975年6月份的演讲中做出这样的评论，“数年前，纽约证券交易所建立了费率制度，并且其对这些费率的研究设定过程有将旨在有效激励销售人员销售行为的公平报酬因素考虑在内”。他还说道，现在费率开始被解除管制，这是由于纽约证券交易所之外的一个独立市场已经发展到了一定程度，在这样一个悲惨时刻，纽约证券交易所将这一市场比作“寄生虫”。换句话说，是存在的多种市场力量最终迫使美国证券交易委员会解除了其对费率制度的管制。

这些市场力量对费率制度的改革步伐非常缓慢。当我在1984年取得了行业从业执照时，对股票交易收取的佣金比例是2%或再高一点，而对债券交易收取的佣金比例达到3%。

那时，投资者在向金融顾问支付费用这件事情上并没有选择权(按照资产价值比例或者小时收费)。针对特定的投资产品，我甚至能够拿到高达8.5%的佣金。当时行业还处于卖方市场时代。

作为入职培训的一部分，我曾与来自全国各地的新经纪人在曼哈顿接受了两个多月的培训。我认为“培训”一词在这里使用得有些牵强。实际上，公司就是让我们向那些潜在客户拨打营销电话，并帮助我们挖掘有潜力的客户名单。我们被安排坐在一间大的简易办公室里，隔壁就是容纳了100位金融顾问的办公室。就像那部电影《华尔街》中的经纪公司场景一样，我们的办公氛围远远算不上专业。

在我成功销售了第一笔大额投资订单(总额为50 000美元，获得佣金2 500美元)之后，培训经理走到我的身边，西装革履地站在我的办公桌旁，非常激动地向大家宣布了这一消息并对我表示热烈欢迎。随后他还专门为我购买了一个巧克力蛋糕表示鼓励。

同时,金融规划专家这样一个专业岗位的发展却非常缓慢。甚至在1975年的劳动节之后的第10年,也就是1984年,我们绝大多数还是经纪人或者销售人员,并且在工作过程中,我们中也很少有人考虑与客户之间建立一种金融规划与投资管理这样的专业服务关系。新成立的金融理财师国际协会(International Association of Financial Planners)于1973年培养出的第一批毕业生仅有42名[布兰登(Brandon),2009],但是他们的证书直到很久以后才得到业界对其含金量的认可。就像《金融理财师的发展历史》(*The History of Financial Planning*)一书中所描述的那样,"金融理财师在能够帮助普通大众进行投资之前,需要首先建立起自身的职业信誉。他们在进阶之前需要面对很多障碍"。

这些障碍主要是他们并没有接受过该专业领域内的大学教育或者课程学习、缺少资金,并且在1975年劳动节前他们并没有从股票经纪人转型为金融理财师的兴趣和动力。1975年的劳动节确实释放出华尔街上从业人员的竞争压力,慢慢迫使经纪人转型,获得股票销售之外的更高阶职能。

我的职业生涯开始于1984年,我刚开始步入新办公室的场景与1987年版《华尔街》电影非常相似。美林银行(Merrill)在史坦顿岛的办公室当时只有四位老练的产品专员以及我们这些销售新手,且其中只有一位女性。我们当时每天的工作就是向客户打电话销售产品。但是我们对那些销售佣金比例低于4%的产品并不感兴趣,因此公司对我们规定销售定额。而公司销售定额的确定并不是根据客户数量或者买入的资产价值,而是根据销售佣金比例。

当公司制定销售定额之后,我们能够完成的可能性并不是很大,因此我们大多数会选择在5年之内跳槽。尽管那时我的金融专业文凭很少见,但是它与我的工作表现也没有太大关系。我之所以能够成功被录取,完全是因为我在大学期间暑假的上门销售经历。在另一个行业中的成功销售经历能够成为你的应聘优势。

那时候我们在工作上得到的公司支持很少,我需要与另外6～7个金融顾问共用一个销售助理。我也需要与另外一个金融顾问共用一台科特龙报价机,从这台设备中我仅能够得到客户的报价以及仓位信息而已。我们需要每天记录交易成本数据,并形成书面台账,这被我们称为"工作备忘录"。我记得那时我们经理会检查工作备忘录，如果我们没有按照规定格式进行记录的话，他就会将我们的活页夹扔得满地都是。

创造业绩的压力

我们在工作中需要承受巨大的压力。经理会每周一次向我们发送一份报告，上面登记着我们的名字以及当周佣金总数。当时的我们大多数都非常年轻，并且每天工作时间都很长。我们的工作动力非常简单：佣金。因此我们拼命工作。这其中并不牵涉到什么专业性，并且我们并没有在做金融理财规划相关的事情。

甚至当时我做出的股票投资选择也都是来自于股票研究分析师的建议。当时我 22 岁，并不知道如何构建股票投资组合，也没有接受过关于这方面的任何培训。我必须在股票研究分析师的建议下挑选出好的股票。随着时间流逝，我开始对股票研究分析师的选择做跟踪分析。实际上投资者的收益情况并不好，应该说是很糟，似乎市场上并不存在很大的投资空间。我们做出的销售推荐更新非常频繁，这非常有利于佣金收入而不是投资者的收益。最终，公司为我们提供了培训方案，但是并不强制我们参加，并且实际上我们大多数也没有参加。

但是外界压力在渐渐地迫使我们改变。五一劳动节对我们行业产生了影响——我们销售团队的客户都选择转向折扣经纪人，而这一职业在 1975 年之前并不存在。在 1975 年，所谓的电讯经纪行，必须说到英国保诚集团，已经占据了 100%的市场份额。[1] 电讯经纪行非常抵制发生任何改变，但是从一定程度上来说，我们经纪人并不抵制发生改变。慢慢地但又非常明确地，尽管没有电讯经纪行的支持或者任何直接的财务激励，我们都开始参加各种课程学习以成为注册金融理财规划师（Certified Financial Planner™，CFP©）或者特许金融顾问（Chartered Financial Consultant，ChFC）。

作为金融行业出版商亚瑟·温森伯格（Arthur Weisenberger）的主席以及注册金融理财规划师协会（the International Association of Financial Planners）的顾问，唐纳德·普丽缇（Donald Priti）回忆道，早些年“是非常困难的……当时存在

[1] 电讯经纪行的名字来源于他们进行交易的方式——通过电线完成股票交易。

的那些金融公司都不会回复我们的电话,非常无视我们”(布兰登,2009)。

但如果金融公司没有看到进行改变的必要,而那些金融顾问看到了。我们的生意正在流失到折扣经纪商那里。为了维持生计,我们需要拿出比做销售更多的努力,因为我们销售的产品变得越来越简单,投资者完全可以在不支付销售佣金的情况下进行购买。我们不想被称作经纪人,我们希望被称为金融顾问。

此外,那些渴望获得金融顾问这一新兴专家职业的人希望能够将自己与销售人员区分开来,尤其是那些最差的销售。在英国保诚集团,我们的入职仪式非常简短,而我们获得的培训则更短。我们经理办公室安装的是一扇旋转门。在保诚工作的 7 年之中,我见过 7 位不同的经理。并且正是由于如此高频率的岗位流动,公司对销售人员的绩效审查非常匮乏。

正是在英国保诚的工作经历使我发现当客户雇用了错误的金融顾问时,事情会变得多么糟糕。尽管一个金融顾问很难去评价另外一个金融顾问对客户资金的管理能力,但是当他们离职之后我们就有机会对其工作情况进行评价。离职金融顾问所管理的账户会被重新分配到留下的金融顾问那里。现实中,我经常会为投资者在金融顾问那里受到的糟糕待遇感到震惊。

我第一次被分到的重分配账户是来自于一位名叫杰夫(Jeff)的离职金融顾问,我是在打垒球时认识他的。杰夫喜欢赌博。在毅然决定放弃赌场之后,他将自己管理的账户变成赌博游戏。他会在未经授权的情况下使用客户账户进行一些交易。他就是赌这些交易能够获得利润,这样他就可以为此向客户做出解释“你账户里发生的交易是我的失误,但是既然这些交易事实证明是成功的,那么你需要我将其放在你的账户中吗?”当然,杰夫实施这些诡计的动机就是销售佣金而已。

那时是 20 世纪 90 年代,当时股票市场维持上涨行情,因此杰夫的诡计得逞了一段时间,但是当其使用锐步(Reebok)的公司账户再次进行一些交易(同样是未经征求的意见和授权的诡计)时,锐步公司承受了损失,他也因此被踢出公司。当他的这些账户被重新分配到我这里时,我被告知千万不要进行未经授权的交易。当然,公司并不想让我们自动将客户的利益当成全部,只有在被迫的情况下才会这样做,也不会想让我们来推动这种事情发生(从客户利益出发考虑事情)。

这不是公司第一次也不是最后一次建议我不要帮助客户。

我接触到的重分配账户中最令我感到震惊的是来自于一位名叫麦克(Mike)的离职金融顾问，他给客户造成的损失要远比一些未经授权交易严重得多。那时麦克在我们团体中并没有朋友。他非常擅长避免与人发生眼神接触，因此我们也很难与其进行交流。并且他说话声音很轻。

但是麦克以一种非常糟糕的方式搞砸了一些人的生活。他找到一种方法能够让其在不引入任何新客户甚至不经过账户的情况下就获得非常大额的佣金收入，这也是一种常见的欺诈客户行为。麦克要比我遇到的其他欺诈客户的经纪人更加具有动机性。

为什么不用借来的钱进行投资？

麦克让他的客户通过保证金借贷来购买更多产品以获取更多佣金。当然，如果通过保证金借贷资金购买的产品收益大于应付利息，那么这笔交易确实能够增加收益，也就是说，它在放大风险的同时也放大了收益。更糟糕的是，他让他的客户相信其投资是按照毛价值计算，而不是按照扣除借贷资金和应付利息之后的净价值计算。也就是因为这样，他的客户都愿意通过保证金借贷来购买更多的产品。但是通过借贷资金购买的更多产品交易产生了两个价值：毛价值(扣除负债之前的价值)和净价值(扣除负债之后的价值)。麦克让客户相信他们可以完全忽略负债部分。

在他离职以后，他的一些客户被重新分配到了我这里。其中一位是已经退休了的牧师，他将自己的生活积蓄全部进行了投资。麦克完全出于获得佣金的立场对其资金进行了错误投资。这位牧师所投资的资金已经发生了亏损，但是他甚至都不知道这件事情；他还认为自己的投资的价值是按照毛价值进行计算的。

我向这位牧师做出了解释，关于其投资资产的价值存在两个相关数值：其中较大的那个数值是毛价值，而另外一个较小的数值是净价值，是扣除负债部分之后的价值。当他知道其投资资产价值应该按照净价值计算时，他崩溃了。在我们的会面结束以后，我看到他一直在办公楼外绕圈徘徊。看着这位牧师，我意识到我一定要成为与麦克完全不同的人。

我了解到麦克后来又被另一家经纪公司聘用，主要原因就是他获取佣金的能力,这是被所有经纪公司都看重的。

随着时间流逝,我发现那些孤单的老年人非常脆弱,他们是像麦克这样的经纪人最喜欢的客户类型。麦克会花时间拜访他们,时间久了,客户就很容易对那些存在问题的交易放松警惕。或者他们会因为麦克愿意在他们身上花时间而喜欢他,这使得他们很容易忽略麦克的不合规行为。

我们中的许多人都付出了很多努力,做了很多事情才让自己与像麦克那样的顾问区别开来。但是并没有哪一家电讯经纪公司要求我们进行这种改变。我在电讯经纪公司工作了10年之久,我必须承认,在这期间我一直屈服于这些电讯经纪公司在业界的"威望"。我也理解和相信这些电讯经纪公司对那些不为其服务的金融顾问表示出的蔑视。当然,当发现我在自保诚之后的另外两家电讯经纪公司开始工作时受到了同样的入职欢迎仪式"这是你的办公桌,祝你好运"后,我理应变得更加戒备才对。

我们需要面对这个事实:无论是经纪人还是金融顾问,他们都不是圣人。跟其他人一样,我们就是为了工资收入才去工作的。但是时间久了,我慢慢发现,工作过程中如果我们不是更担心自己的生计而是客户的利益,那么赚钱这件事情反而会变得更加容易。

但这并不是电讯经纪公司的企业文化。事实上,这些公司根本就没有企业文化可言。难道它们就不应该做出一些努力来建立自己的企业文化吗?或许它们确实有过一种花哨的广告标语"我们通过传统方式赚钱——我们能够赚到钱",但这只是一句空口号。如果这些公司真的树立了"赚钱"的企业文化,那么就应该有相关的政策或者培训来支持这种文化目标的实现。但是事实上并没有,这些公司对此毫无作为,不管是精明的政策还是应该为新进员工提供的完善培训(不管他们之前的工作经历怎样)。

从我自身经历来说,我大概是10年之前离开了电讯经纪行业,而在那之前,我的每一次跳槽经历都会为我带来大额的奖金支票(支付大额奖金的做法非常普遍。这些电讯经纪公司愿意通过支付大额奖金来吸引那些拥有很多客户源并且经验丰富的老手加入)。

我花费了21年的时间才真正脱离电讯经纪这个行业环境。事实上,在我离开之后的前几年里,我还经常向自己提出这样一个问题——为什么我花费了那么久的时间?我认为最重要的原因就是其他公司的吸引力不够大。在很久以后，像嘉信理财、富达国际、雷蒙德·詹姆斯金融服务公司、美国利普乐金融集团(LPL Financial)这样的公司才为金融顾问提供了与电讯经纪公司相当的待遇。

这个行业取得了什么进步吗？

实行佣金制的经纪人还是像原来那样标准化吗？我再次查看《金融理财师的发展历史》(*The History of Financial Planning*)来寻找这一问题的答案。他们在2009年提出了这样的问题："在金融理财师概念出现了40年之后，将其专业化的理想是否已经实现了呢？金融理财师在人们心中的专业形象是否与法律、医疗或者神学领域的专业人士一样呢？这是否真的是'四百年来出现的第一个新兴职业类型吗'？"(布兰登，2009)

在我参考他们所给出的答案以前，我又再三考虑了金融理财师的重要性，他们能够帮助或者伤害人们生活的程度要远比其他除医生以外的职业类型更加深。金融顾问为客户提供的投资建议将决定他们什么时候能够退休、他们退休之后的生活水平以及他们的生活储蓄是否能够支撑余生？

当我在会议中就这一问题与我的同行进行讨论时，尤其是在我指出我们为客户提供好的投资建议的重要性时，我常常会被他们稍有防御性地反问这样一个问题：与金融顾问相比，提供好的投资建议难道不更应该是经纪公司的责任吗？

是的，在一定程度上，金融顾问通常情况下确实会将证券选择(选择购买某一只特定的债券或股票)的责任转移到投资组合经理身上。但是证券选择对整个投资项目收益并没有很大的重要性。更加重要的是，资产配置——决定投多少在证券里，投多少在股票里，是否推荐共同基金或者股票组合——而这是金融顾问的工作内容。现实中，是金融顾问而不是基金经理应该与客户会面沟通交流以确定其投资能够承担的适当风险。金融顾问在指导客户确定在投资过程中能够承担的适当风险方面最为重要。

1986年，由盖瑞·P. 布里森(Gary P. Brinson)、L. 伦道夫·胡德(L. Randolph Hood)和吉尔伯特·L. 比鲍尔(Gilbert L. Beebower)所著的一篇获奖论文指出，资产配置在决定投资组合收益水平方面的重要程度系数达93%(布里森，1995)。当时这篇文章在学术界受到了很大关注并引发了激烈的争论，但是其基本观点并没有太大的争议性。投资者在投资过程中做出的股票和债券投资分配比重决策，要比具体的股票和债券选择决策重要得多。也就是说，决定将多少钱投进垃圾债券而不是更加安全的债券的决策，要比具体选择哪只高杠杆或者3A级的债券决策重要得多。

理论上，应该是金融顾问与客户共同决定，而更多情况下则是由金融顾问单独决定客户应该将多少钱投资债券，并具体将多少钱投进垃圾债券以及客户应该将多少钱投进股票，并具体将多少钱投进海外股票。

进行资产分配决策的人需要回答以下这些重要问题：客户应该购买小型公司还是大型公司的股票？客户应该购买指数基金产品吗？哪些投资需要使用客户的退休账户而哪些投资需要使用一般纳税账户？如果客户需要资金，那么他应该从哪里得到？新进资金需要投向哪里？这些都是相关的资产分配决策，并且这些决策需要客户和金融顾问共同商议做出，而不是靠基金经理或者经纪公司的经纪人。金融顾问可以雇用其他人来选择具体要投资的股票或者债券，但是至关重要的资产分配决策还是应该由金融顾问和客户共同做出。

因此，金融顾问的职业素质要求很高，并且他们需要尽最大努力确保所做出的资产分配决策是在严谨思考和研究基础上制定的。但是金融顾问是否已经完全理解了这些，接受他们日益增加且更加重要的责任，又超越了之前唯佣金论的职业追求呢？金融顾问在投资方法策略研究方面真的变成专家了吗？

这些问题背后的论据也是非常复杂的。发表于《金融理财师》杂志上的一篇名为“日益降低的财富挥发性：通过Zeta函数测定的金融投资建议价值”的文章研究了美国劳工统计局(US Bureau of Labor Statistics)的一项调研结果[格拉布尔(Grable)，2014]。美国劳工统计局对其统计对象进行了持续多年的反复调研，并且在2006年的调研内容中加入了退休板块，主要对其退休后财务情况进行调研。

在退休板块中，调研对象被询问是否向金融顾问要求帮助。他们在2007～2009年的财富价值被再次统计确认，以观察有无获得金融顾问帮助的调研对象在这3年中的财富变化差异情况。并且这段时间涵盖了金融危机时期。

那么其研究结论是什么呢？那些获得了金融顾问帮助的调研对象比那些没有获得金融顾问帮助的调研对象在4年中的累积财富增长率高3.31%。这一结果看上去是非常正面积极的，但是两者之间的差异并不显著。

一家名为达尔巴尔(Dalbar)的研究公司每年都会发布一份研究报告，其主要是将投资者收益与各种指数进行比较分析。在其中一份研究报告(达尔巴尔，2006)中，该公司比较了有无投资顾问参与的投资者之间的收益差距。同美国劳工统计局的调研结果类似，达尔巴尔公司也得出结论：那些得到金融顾问帮助的投资者收益会更好一些，但是并不显著。

但不论是《金融理财师》杂志上发表的研究报告还是达尔巴尔公司的研究，两者都没有研究那些以获取佣金为目标或者销售导向的金融顾问与那些可能更加专业的金融顾问之间对客户收益表现情况的影响差异。我认为，研究这两类不同的金融顾问对投资者收益结果的影响差异会非常有趣。

金融顾问是一种职业吗？

《金融理财师的发展历史》一书提出了这样一个问题：金融顾问工作者们是否已经在业界获得了职业地位呢？

《金融理财师的发展历史》作者认为：针对上述问题目前还尚无定论。甚至即使金融顾问工作者们对该问题的看法也存在颇大分歧。但是他们提出了一个非常有趣的观点：能够对上述问题做出回答的不应该是金融顾问自己，也不应该是政府。“比尔·卡特(Bill Carter)曾在 20 世纪 80 年代到 90 年代任职于几个金融理财组织的国家委员会，他在经历了 2008 年金融危机后阐述了以下观点，‘金融顾问还只是刚刚开始转变为职业。但并不是我们能够最终决定金融顾问是不是一个职业，应该是由普通大众决定’”。(布兰登，2009)

这一观点听上去是合理的，但是我并不确定它就是正确的。因此我将在本章的余下章节中尝试回答这一问题。

根据我的经验，公众对这一问题的看法也很纠结。我已经作为一名金融顾问为数千个家庭服务了 30 多年的时间。我发现在与客户的第一次会面中，他们很少有人能够向我提出正确的问题。人们会对金融顾问的服务水平做出评价，这也经常是他们是否选择这位金融顾问并与之持续合作的唯一判断依据。下面我会通过举例来展示我的观点。

帕特(Pat)任职于我工作过的第二家电讯经纪公司，我将这家公司称为诈骗经纪办公室。帕特是我认识的人当中最为积极乐观的一个。他经常笑，总是找机会聚会,擅长记住别人的名字,也喜欢开玩笑。并且他的大多数客户都喜欢他,这是因为他会及时接听客户的电话也会经常打电话给客户。

但是单就帕特的工作质量来说,他并不是一个努力工作的人,并且由于他没有努力获得新客户,因此他的客户数量并不多。就像那时候的大多数经纪人一样,他的收入主要依靠佣金。如果进行更多交易的话,他完全可以获得更多的收入。

严格出于获取佣金目的而为客户进行的投资交易被称为频密交易(churning)。客户可能很难区分频密交易与合法交易。那么这两者之间的分界线又到底在哪里呢?

以帕特为例,他非常擅长从事非法交易,因为他的很多交易都是在客户不知情的情况下进行的。在未经客户授权情况下进行的返佣交易显然是不合法的。在帕特离开后他的很多客户账户被分配到了我这里,而在那之前我并不知道他对其客户做的这些事情。(帕特在被解雇之前就选择离职了,并且他在之后的一份工作中还促成了庞氏骗局交易。)

浏览帕特名下的客户账户目录,我可以发现很多频繁交易。但是其客户告诉我他们并没有授权这些交易。由于我知道交易确认通知会以邮件形式发送给他们,因此我问他们是否曾经就收到的交易确认通知邮件进行过投诉。他们说因为自己非常信任帕特,所以他们认为帕特的这些行为是为了帮助他们。

大多数向客户提供的投资报表并不明确显示投资收益。它们通常会展示出个别资产的收益情况,以及自顾客买入这项资产后其涨跌浮动情况,但是报表并不展示整体投资收益。更糟糕的是,尽管一些报表会展示客户账户的整体收益情况,但是它们通常将存款也看作"增长"部分。

以帕特为例,如果客户能够在投资报表中看到投资收益结果的话,那么他们就比较容易判断出帕特是否是站在客户立场上进行上述未经授权的交易了。在投资报表中清晰展示投资收益情况可以使得投资者很难再搞混事实。如果报表中含存款和提款,那么许多客户都计算不清楚其收益情况。而如果客户不知道投资收益情况的话,那么金融顾问就可以通过只向投资者展示成功投资并忽略失败投资来混淆事实。

更令我感到惊讶的是,当我与重分配的帕特的客户进行会面时,他们中并没有人试图去追究帕特的欺诈交易给他们带来的损失,并且他们告诉我说帕特是一个很好的人。

一定程度上，如果客户选择雇用我们仅仅是因为我们是非常好的人的话，那么我们就不能说是非常专业的。即使我们非常擅长接听客户电话、让客户开心、为客户邮寄生日卡片，但是只有我们完全掌握了帮助客户做出资产分配以及其他重要的投资决策所需要的知识后，我们才可能是专业的。尽管对客户友好或被客户喜欢确实是一项难得的职业特质，也能够帮助我们开展业务，但是这些并不是使我们成为专业人士所需要的特质。

那么政府方面又怎样呢？政府在我们是否为专业人士这一问题上又有没有明确的观点呢？这里我们再次引用《金融理财师的发展历史》一书，"法律专家乔纳森·梅西(Jonathan Macey)于2001年在《金融理财师》杂志中指出，'他们并没有得到任何观点。政府的机构划分非常明确——证券监管机构只关心证券，而保险监管机构也只关心保险。他们甚至都不知道什么是金融理财师，就更不会将其视作一项职业了'"。(布兰登，2009)

好消息是，自梅西的一番言论之后，政府已经做出了一些改变，当然改变的目的是帮助投资者。尽管政府机构还没有最终决定是否通过要求金融顾问学习更多知识来使得他们转变为专业人士，但是他们已经开始区分哪些金融顾问实际上就是销售而哪些金融顾问能够履行信托标准。

为什么你需要一个受托人？

信托标准比那些依靠佣金生活的销售人员所适用的职业标准要高。那些依靠佣金生活的销售人员只要诚实就可以。但是信托标准要求金融顾问只能做符合客户最大利益的事情，即使有时候这些事情并不能使得他们自己的收入最大化。

尽管那些依赖佣金生活的销售人员不需要履行信托标准，但是我们中的大多数是这样做的。比如说，那些持有注册金融理财规划师证书的人向客户收取的并不是佣金，而是费用，他们就必须履行信托标准。注册金融理财规划师委员会这样规定："所有提供金融理财服务的注册金融理财规划师专业工作人员具有履行信托标准的义务。"(注册金融理财规划师委员会)对于那些具有洞察力的人来说，他们可以通过有无注册金融理财规划师证书来区分一般销售人员和专业人士，但这并不是对金融顾问专业人员的唯一界定方法——他们的其他特质我们将在本章结尾处阐述。

显然，相较于那种以诚实标准为基础的关系，一般投资者都更加愿意建立信托标准为基础的关系。如果卡特的观点——只有普通大众才能决定金融顾问是否已经成为一个职业——是正确的话，那么那些履行信托标准的金融顾问显然会更加贴近大众对其职业素质的要求。

信托标准的提出在业界造成了很大的轰动效应。美国证券交易委员会和美国劳工部(US Department of Labor)正在努力频繁地推进信托标准在业界的大规模采用。美国证券交易委员会的前任主席玛丽·乔·怀特(Mary Jo White)在一次行业会议中指出：她个人认为美国证券交易委员会应该要求受其监管的经纪人以及其他金融专业工作人士履行统一的信托标准[贝尔(Baer)，2015]。

美国劳工部正在推动在所有合格的养老金计划中履行信托标准。对此，注册金融理财规划师委员会也做出回应："注册金融理财规划师委员会强烈认同投资咨询服务过程应该履行信托标准，也非常乐于看到白宫和美国劳工部通过推行信托标准来实实在在地保护美国投资者以及他们的退休储蓄。"

但是在行业内也存在很多人反对信托标准。许多人认为很多情况并不适合采用信托标准。客户也可能会坚决要求采用佣金制度，也就是说，他们更加愿意支付佣金而不是费用，这是因为他们的交易发生得不那么频繁。在他们的情况中，可能很多年都不会发生交易，因此也就没有佣金支付。确实在这种情况下，实行信托标准并不是很公平，他们之间并不是专业人士与客户的关系，而仅仅是销售人员和顾客的关系。

对于那些需要与金融顾问建立持续性往来关系的投资者来说，根据常识他们会更加愿意其金融顾问履行更高的职业标准，也就是信托标准。

在我任职于电讯经纪公司的职业生涯中，我被鼓励成为一名销售人员而不是金融理财师。公司不仅会对金融顾问的收益进行排序，而且还会鼓励我们销售那些能够为公司带来更多利润的投资产品。有一次，公司批发商(共同基金销售机构)还因为我没有销售利润更加丰厚(对经纪公司而言)的共同基金产品而责备我。

当时我并没有在意来自批发商的责备，但是在那之后不久，我被纽约总部传唤。地区经理问我为什么不销售那些利润更加丰厚的共同基金产品，我回答说这些产品的销售存在利益冲突，因为我可以从中获取更高的收益。为此，他非常生气并且告诉我说我不是一个好的团队成员。

作为一个团队成员实际上是件非常矛盾的事情。所有的回报划分都应该符合客户利益。团队概念不应该被定义为公司与员工之间的忠诚，而应该指以客户开心作为团队利益的理念。

大多数客户都向我们表示他们更愿意我们履行信托标准。信托标准是维系客户与金融顾问之间关系的一种难能可贵的纽带。能够严格履行信托标准的金融顾问更加符合“专业人士”要求。是否还存在其他特质能够帮助大众来区分专业金融顾问与非专业金融顾问呢？

或者换句话说，考虑到金融顾问这种角色在生活中的重要性，你应该如何确定你的金融顾问是合格的呢？

良好的服务水平以及好的人品当然是大多数投资者需要金融顾问具有的特质。但是好的金融顾问还具有哪些不明显的特质呢？

以下是我推荐投资者在与其金融顾问会面时提出的问题，并将它们按照重要性进行了排序。

1. 你有多少年的工作经验？

2. 费用结构是怎样的？

3. 你取得了哪些职称，并且你做了什么来更好地培养你的专业素养？（本章末尾提供了完整的职称列表）

4. 你的投资过程是怎样安排的？

5. 你是否提供理财规划服务？

6. 你是否提供审查？

7. 投资过程中对应的托管公司是哪家？这家公司提供在线咨询服务吗？

8. 托管公司是否计算并为我们提供可得的投资收益？

9. 你在中央登记处是否有过投诉记录？如果有，为什么？

10. 你多大了？

11. 你有自己的网站吗？

12. 你收取的最低费用标准或者管理的最低资产规模是多少？

在这些问题中，有些问题是非常清晰明了的，比如说第一个。但是也有一些问题需要做出进一步的解释。

费用结构是怎样的？

投资者投资过程中遇到的费用结构可能是以佣金为基础的，也可能是以费用为基础的，其中以费用为基础的结构分两种情况：一种是按照投资资产的一定百分比收取，另一种是按照时间收取。

你的投资过程是怎样安排的？

由于大多数人都并不了解投资过程，因此投资过程看上去非常复杂。事实上，投资过程包含两个方面。第一个方面是谁进行资产分配决策，而客户在资产分配决策过程中又发挥多大的作用？金融顾问可以使用由他人提供的模型进行资产分配决策，也可以自行在办公室中做出决策。而通常情况下是后者，并且如果是这样的话，那么金融顾问自身的资历就非常重要了。

投资过程的第二个方面是证券选择。就如之前提到的那样，相关研究指出证券选择并不是那么重要，但是金融顾问经常会通过展示令人印象深刻的证券选择案例来做一些推销。也就是说，金融顾问会向投资者推销那些为其做出证券选择决策的人的研究和专业能力。他们通常是共同基金公司或者单独管理账户(Separately Managed Accounts，SMAs)。如果是通过单独管理账户进行证券选择的话，那么你就是实际拥有这些股票份额或者直接持有债券，并且你可以在投资报表中看到这些证券。但是，由于金融顾问并不参与证券选择决策，因此你在选择那些证券产品进入你的账户这件事情上的话语权非常小。

此外，这些基金公司或者单独管理账户也会向你收取相关费用，因此你必须问清楚这些费用的构成，它们与金融顾问向你收取的费用是不同的。

在任何情况下，我都从来没有看到过一个基金经理或者单独管理账户经理会为客户做出资产分配决策；也就是说，只有在金融顾问选择使用模型来做资产分配决策这种情况下，才是非金融顾问的其他人为客户做出资产分配决策。

投资者希望金融顾问能够尽到两种专业职责：投资管理和理财规划。这两种职责明显不同。理财规划包括投资管理，但是理财规划是解决问题的一种方式。比如说，你可能会问“我需要为退休生活储蓄多少钱？”或者“按照我当前的生活水平，我什么时候才能退休？”

投资管理是寻找合适投资项目的工作。大多数金融理财师喜欢首先制订理财规划以帮助他们弄清楚合适的投资项目是什么。相较于投资计划，相邻理财规划之间的一致性更加明显。也就是说，当你向不同的理财师询问你的退休问题时，得到的答案会是类似的；但是当你询问投资过程问题时，你得到的答案可能会完全不同。

你是否提供复核？

金融顾问跟进客户的投资情况这种现象被称为“复核”过程。这可能是每季度一次、每半年一次或者根本就不发生。对于大多数金融顾问来说，费用规模决定了复核频率，当然这也是符合常理的。所有业务都是根据费用的不同水平来提供不同等级的服务。但是你总是希望会有人来定期查看你的投资情况或理财规划。

无论如何，你需要在投资过程中存在金融顾问以外的第三方，也就是托管公司。你总是不希望金融顾问在持有你的资金的同时，具有将其与金融顾问自有资金或公司资金混合使用的能力。事实上，如果那些诡计多端的金融顾问就是你的资金托管人，那么他们就能非常容易地从你那里窃取钱财。

投资过程中对应的托管公司是哪家？这家公司提供在线咨询服务吗？

托管公司是持有你投资资金的公司。它通常会每个月或每个季度向你出具一份报表。你也应该要求能够通过网络端口接触到你的投资账户，并且绝对不能让金融顾问改变你投资账户的网络地址。一位来自“诈骗经纪办公司”的经纪人就是通过改变客户投资账户的网络地址这种方式窃取了客户的资金。这些客户并没有收到这些未经授权交易的确认通知。

你在中央登记处是否有过投诉记录？如果有，为什么？

所有持证金融顾问在中央登记处(Central Registration Depository，CRD)都有相关监管记录。普通大众可以查阅到这些记录，但是在你与金融顾问的首次会面中直接询问他或者她是否在中央登记处有相关记录并不粗鲁。尽管有些顾问确实可能存在受到不公平投诉的个别情况，但是你不应该与那些存在多起投诉案件记录的金融顾问合作，不管你多么喜欢这个人都不行。你可以通过浏览投资顾问公开披露网站获取你需要的信息。

你多大了?

询问你的金融顾问多大年纪也并不粗鲁。或者如果这个问题让你感到不舒服的话,你也可以问他退休之前还打算工作多少年。并且如果你们已经谈到这个话题的话,你还需要询问如果这位顾问退休了——或者遇到更糟的情况,比如说他病重或者死亡了,那么谁会接管你的投资账户?

你收取的最低费用标准或者管理的最低资产规模是多少?

最后,如果这位金融顾问决定接你这单生意,那么你最好知道你在多大程度上契合了他的选择标准。如果你根本上不能满足其最低选择标准,那么这次会面就完全结束了,如果你满足了他的选择标准但你只是勉强达到他的最低选择要求,那么你愿意与其合作吗?如果确实发生了这种情况,那么是否有选择标准更低的其他金融顾问可供选择呢?

选择你的金融顾问时需要考虑的更多事项

在金融顾问选择客户时,其考虑的主要因素是客户的资产规模,因为受其管理的资产规模(Assets Under Management,AUM)与其能够收到的费用收入具有很大的相关性,除非费用是按照小时数收取。那些资产规模较小的客户,比如说资产总额低于200 000美元,将很难找到金融顾问。他们的选择范围可能会是经验不足或者有不良记录的金融顾问。对他们而言,比较可行的解决方案是与受到资深金融顾问导师指导监督的初级金融顾问合作。

寻找合适的金融顾问对人们来说是一件困难的事情。我认为,这与寻找好医生一样。我并不了解医学,用来分辨好医生和坏医生的最好方法是什么呢?在我与牙科医生最近一次见面时,我向她提到了这个问题,她笑了笑并告诉我说我是正确的。她还向我提到一些新客户是在他们搬家之后或他们的牙科医生退休之后才找到她的。这些新客户通常会向她吹嘘自己原来的牙科医生,但是当查看这些客户的口腔时,她经常会发现不良填充物或者被忽略的问题。

既然人们往往会只看他们想看到的东西,那么当你已经雇用了他/她做你的金融顾问,你又如何判断他/她是否真的能够非常优秀地完成工作呢?本章之前列出的那些问题应该能够帮到你。并且一般情况下，常识能够帮你辨识你对其服务水平的满意程度，或许也能帮你判断金融理财规划问题是否得到了解决。但是投资建议又怎样呢？

可悲的是，简单的解决方案并不能解决这一问题。最简单的就是将投资组合的收益与特定的股票指数进行比较，比如说道琼斯工业平均指数(Dow Jones Industrial Average)或者标准普尔 500 指数。但是除非你的投资组合中全是股票，不然这些指数与你的资产类别就不匹配。两者之间的关系类型并不是苹果和橘子，而更像是苹果和芹菜。你的投资组合中可能包括现金、债券、海外股票，以及其他投资产品(比如非交易性的房地产投资信托基金)等。但是，道琼斯工业平均指数和标准普尔 500 指数都是纯股票指数。

另一种稍微复杂但是更加具有逻辑的方法是构建一个基准指数组合来考评你的投资组合收益。比如说，如果你的投资组合中正好一半是股票一半是债券，那么你就可以将标准普尔指数与巴克莱总体债券指数(Barclays Aggregate Bond Index)的平均值当作比较基准指数，而巴克莱总体债券指数是债券市场中得到普遍使用的一个指数。

但即使是这种比较复杂的基准指数组合方法也存在两大缺陷。首先，就如上面所述，你的投资组合中可能包含美国股票和美国债券之外的其他类型投资产品，那么这种处理方法就会因为没有完全覆盖投资产品类型而无法满足比较要求。其次，这种方法更大的缺陷在于它为了树木放弃了整片森林，忽略了影响投资组合收益的最重要因素——谁确定了这种投资组合以及在股票和债券(以及其他投资组合分项)之间的分配，又应该如何评价这种投资决策？

基准指数组合方法还存在一个问题，那就是它会导致与投资收益进行比较的基准发生变动。也就是说，金融顾问总可以找到可以使得投资收益看上去较好的基准指数。投资顾问可以在投资收益率附近寻找基准指数进行比较。

即使是沃伦·巴菲特也在这个问题上出现过失误。很多年来，作为伯克希尔·哈撒韦公司的传奇首席执行官，巴菲特先生告诉公司服务的投资者应该通过账面价值来评估其投资收益。如果其账面价值的涨幅超过了股票市场，那么其收益表现就是很好的。

在与市场上使用最为广泛的股市基准标准普尔 500 指数的收益率进行比较之后，巴菲特先生在最近的一份年报中也改变了基准指数的选择，他指出，伯克希尔·哈撒韦公司的股票收益应该与标准普尔指数进行比较。这是因为其账面价值与原来的基准进行比较已经不再具有优势,但是其股票价格却在持续上涨,虽然该价格水平并不受伯克希尔·哈撒韦公司管理人员的控制。因此,他更换了比较基准,这样对他来说更为方便。

尽管账面价值对伯克希尔·哈撒韦公司来说可能是一种好的比较基准,但是对投资者来说,它却没有实际意义,也不存在将其与投资收益进行比较的案例。投资者需要担心其投资组合的收益情况,并应该从要求获取汇报收益情况的投资报表开始采取行动。如果投资者的投资组合中全都是股票,那么标准普尔指数就是一个好的比较基准。但是如果其投资组合中包含多种资产类别,那么投资者又应该如何评价其收益情况呢?

一种衡量收益的更好方式

还有另外一种简单而又复杂的衡量收益方式。

晨星是一家评估共同基金产品的研究公司。它会记录多种类别的共同基金产品的收益情况(晨星顾问工作站)。其中一种共同基金被称为"资产分配基金"。资产分配基金会进行各种类型的投资,包括各种规模公司的国内股票、债券,各种规模公司的海外股票、海外债券,非交易性的房地产投资信托基金,以及其他一些衍生产品等。这种类型的基金产品与多样化的投资组合具有较大的可比性。并且这种基金的经理以及投资者的目标相同:以尽可能小的风险来获得尽可能大的收益。

为了帮助投资者区分不同程度的风险,晨星公司进一步将资产分配基金划分为三种类型:保守型资产分配基金、稳健型资产分配基金、激进型资产分配基金。同时为了方便投资者,晨星公司就这三种类型分别计算了平均收益水平。

举例来说,在 2015 年 3 月 23 日,根据晨星公司发布的数据,稳健型资产分配基金近一个月的收益率为 0.42%,从年初至今的收益率为 2.86%,未来 12 个月的预计收益水平为 7.87%。此外,在过去三年中,稳健型资产分配基金的年均收益率为 9.97%,而未来五年内其预计年均收益率为 9.14%。晨星公司指出,报告中所列示收益情况依据 952 只稳健型资产分配基金产品样本。

那些投资风险偏好为稳健型的投资者可以将自己的投资组合收益与稳健型资产分配基金进行比较;那些投资风险偏好为保守型的投资者可以将自己的投

资组合收益与保守型资产分配基金进行比较；那些投资风险偏好为激进型的投资者可以将自己的投资组合收益与激进型资产分配基金进行比较。

如果金融顾问与投资者在投资风险偏好类型上有所分歧，那么他们非常有必要进行一次辩论。尽管客户需要金融顾问为其指导构建投资组合，但是客户应该在投资风险偏好决策上发挥很大的作用。

客户与金融顾问之间的这种讨论或对话应该取代那些销售营销对话。或许仍然有人希望自己得到销售投资建议并付出适当佣金，但是很少有人会将与金融专业人士之间的关系等同于自己与医生或者律师之间的关系。

如果你在市场上努力寻找一位专业的金融顾问而不是金融销售人员的话，你应该如何分辨其中的不同呢？我们知道法律从业人员之所以能够称呼自己为律师是因为他们通过了所在国家的专业律师资格考试。非常不幸的是，金融顾问职业并不是那么清晰。但是业界确实存在很多职称能够帮助投资者区分金融顾问。每种职称都有不同要求，详细信息我们已经列示在下表中。

简　称	全　称	持证人数	专　长	课　程
CFP	注册金融理财规划师	71 296	金融理财	5 门大学课程——平均学习时长达 350 小时，10 小时考试
ChFC	特许金融顾问	51 875	金融理财	9 门大学课程——平均学习时长达 400 小时，无考试要求
CIMA	特许投资管理分析师	6 895	投资建议	两门考试，在顶级商学院参加一项注册教育课程——平均学习时长达 350 小时
CLU	特许人寿保险承保人	104 179	保险	8 门大学课程，平均学习时长达 400 小时，无考试要求
CFA	特许金融分析师	超过 100 000	投资	在最短两年时间内通过 3 项 6 小时的考试

其中，知名度最高的职称是注册金融理财规划师。截至 2014 年 12 月 31 日，美国共有71 296名注册金融理财规划师（注册金融理财规划师委员会）。我自 1992 年开始成为一名注册金融理财规划师。注册金融理财规划师委员会并不希望我们使用“注册金融理财规划师”这一称谓，因为它暗示我们得到了特殊认可。注册金融理财规划师委员会更喜欢我们称呼自己为注册金融理财规划师专业人士。

在 20 世纪 70 年代注册金融理财规划师职称开始出现，取得该职称的人数正在逐渐增加。比如说，与 2009 年的60 634人相比较，目前取得注册金融理财规划师职称的人数增幅比例达到了 17.6%。

我们再从长远角度阐述这一现象，根据金融业监管局的数据，截至 2014 年年底，美国共有636 707名注册金融代表(金融业监管局)。金融业监管局也曾经被称为美国证券商协会。这一自律性行业机构会负责组织、管理考试以确定哪些人可以称自己为“许可金融顾问”。

比较上面提及的两个数字，我们可以发现在金融顾问中，注册金融理财规划师职称人员占比超过 10%。蒂娜·凯茨(Deena Katz)认为注册金融理财规划师是金融顾问工作人员专业能力的最好证明，她被许多人认为是金融理财专业的发言人。“这一职称要求应试者具备大学文凭，具有专业工作经验，并通过 72 分及格的专业考试。”换句话说，这项考试将测试应试者在现实工作中可能用到的最有用技能。[1]

但是也存在很多其他职称。而与注册金融理财规划师最为相似的是特许金融顾问。在金融顾问中共有46 000人取得了特许金融顾问职称，占比为 7%。

一般来说，特许人寿保险承保人职称在保险行业最受欢迎；而特许金融分析师职称在财富管理行业最受欢迎。保险技能与财富管理技能对金融理财师来说都非常重要。

尽管我们不可能知道有多少上表列示出的特许金融分析师会选择为客户提供投资建议(而不是共同基金经理或者机构分析师)，但是确实很少会看到一位特许金融分析师直接坐在客户的对面。

业界还存在很多其他职称，但是上表列示出的职称是最为广泛认可的。其中一些职称会受到美国金融业监管局的审查，比如当有些从业人员职称前面加上了资深前缀的时候，这暗示着他是一位专家。美国金融业监管局不想看到一些根本不是专家的工作人员称呼自己为专家，尤其是当老年人被利用的情况发生时。

当然，律师和会计师也都有自己的职称。许多注册会计师(Certified Public Accountants，CPAs)已经成为金融顾问。并且注册会计师受到了很大程度的尊重，在投资行业也是如此，尽管该职称的知识领域只与会计科目有关。虽然没有

---

〔1〕 在 2013 年中，凯茨和她的丈夫收到了金融理财协会(Financial Planning Association)授予的金融理财专业奖章。她也于 2003、2004、2006、2007 和 2008 年被评为最具影响力的投资顾问。

相关数据支撑，但是根据自身工作经验，我认为注册会计师中很少有人也是特许金融顾问。

在业界中，注册金融理财规划师、特许金融顾问、特许投资管理分析师、特许金融分析师以及注册会计师都受到了很大尊重，主要是因为这些职称对申请人专业知识的要求都是非常严格的。我们很少看到有金融顾问持有特许金融分析师或注册会计师职称，但是在注册金融理财规划师、特许投资管理分析师以及特许金融顾问持证人员中有130 000位金融顾问，足够投资者在其中进行挑选。所有持有这些职称的金融顾问都必须满足持续性学习要求，不然他们就会被吊销这些职称。

我们在此鼓励那些有志于从事这一职业的人可以从申请进入一所大学开始成为一名金融理财师。根据一篇发表在交易杂志《金融理财师》的文章，“每一种被认可的职业都有对应的顶级大学。其中医学和法律学校可以追溯至 18 世纪。作为一种较新的专业，金融理财行业在最近 40 年中一直致力于发展自己的教育系统”。

现在共计六所大学招收了 100 位金融理财专业的学生，根据这些学校在该专业的招生规模排列，分别是得州理工大学(Texas Tech University)、弗吉尼亚理工学院(Virginia Tech)、波士顿大学(Boston University)、堪萨斯州立大学(Kansas State)、佐治亚大学(University of Georgia)、圣地亚哥州立大学(San Diego State University)。

因此，在 1975 年的五一劳动节过去 40 年后，我们是否真的成为专业职业人士了呢？这一问题的答案在于一个人的工作经历，也就是说，在于金融顾问本身。呆伯特漫画的作者史考特・亚当斯(Scott Adams)就非常嘲笑这一职业。

史考特・亚当斯不仅在博客中将金融顾问比作看手相的人，而且他还在美国全国广播公司财经频道(CNBC)上解释了为什么他觉得坏投资建议带来的问题很大。“我们还在什么事情上比个人投资花的钱更多呢？”亚当斯说道[纳瓦罗(Navarro)，2014]。注意到香烟上有害标志的重要性，亚当斯认为或许这对金融分析师行业同样适用：“因为在多数情况下，个人投资者面对的最大风险就是来自于为其提供投资建议的金融顾问，所以为什么不采纳个人自己的投资建议呢？”

在那之后不久，亚当斯就创作了呆伯特漫画。阿索卡(Asok)对他的顶头上司说："我听从了你的投资建议，却在股票市场中赔光了我所有的积蓄。"他的上司回应说"我提醒过你过去的收益并不能代表未来收益吗?"阿索卡又说："那投资建议还有什么用呢?"针对这一问题上司回答说："投资建议只对那些给出这些建议的人有用。"

亚当斯的建议是人们应该自己做出投资决策，而不是与金融顾问合作。这对于大多数人来说是个坏主意。来自美国宾夕法尼亚大学的奥利维亚·S. 米歇尔(Olivia S. Mitchell)教授与来自乔治·华盛顿大学的安娜玛丽亚·卢莎蒂(Annamaria Lusardi)教授编制了三个问题来考察投资者的金融素养[达马托(Damato)，2015]。这三个问题都非常简单。其中第一个问题是：

假设你的储蓄账户余额为 100 美元，而银行储蓄年利率为 2%。如果你决定将这笔款项放在银行账户中，那么五年后你的储蓄账户余额是多少?

A. 大于 102 美元

B. 等于 102 美元

C. 小于 102 美元

其他两个问题的难易程度与第一题非常相似。

但是事实上在所有被问及这三个问题的美国民众中，三个问题全部答对的比例不到三分之一。

大多数人要么没有时间要么没有能力来做理财规划或管理自己的资金。

但是非常不幸的是，史考特·亚当斯的评价中确实有正确的部分。我个人认为自 1975 年的五一劳动节开始，我们确实已经取得了很大进步，因为在金融投资咨询行业内已经存在很多专业人士。但是我们仍然没有取得足够的进步来证明史考特·亚当斯的观点完全是错的。

一些金融顾问可能就是非常不专业的，并且这些不专业的金融顾问理应被称为"华尔街的陷阱"。但是通过付出努力，你可以避免接触这些陷阱，找到真正的专业人士来帮助你做出本章中提及的合理投资建议。

第九章　将投资者放在第一位

金融的未来

将投资者放在第一位。这就是我们努力完成本书写作的最大动力。尽管投机银行家需要政府援助这一广为流传的说法严重扭曲了导致 2008 年金融危机的原因,但此次危机并未改善金融服务行业早已不佳的声誉。虽然行业中确实存在害群之马,并且对他们的罚款金额截至 2013 年已经超过1 000亿美元[坎贝尔(Campbell),2013],但是我们真正应该关注的是,现在每天都有纯粹出于追逐私利目的的投资建议提供给许多个人投资者。而这一现象不论是金融危机发生之前还是之后都一直在发生。这就是金融服务企业在公众意见调查中一直获得较低信用评价的原因[哈珀(Harper),2013]。

针对这一现象的存在,我于 2013 年夏天彻底顿悟。结束了长达 23 年在摩根大通为机构客户(这些客户通常有能力来鉴别好的建议和坏的建议)提供服务的工作之后,我成立了自己的投资公司并开始为富有的个人投资者以及机构客户管理资金。在我详细回顾了佩内洛普持有非交易性的房地产投资信托基金的经历(详见第一章)后,我越来越怀疑这种产品的存在,尤其是其招股说明书也揭示出这种产品是多么不合理。我可以想象得到经纪人在推销这些产品时的笑声是多么的罪恶，而其每一笔成功的销售又都能够吸引另一个不知情的客户，他们在无情地滥用客户对他们的信任，而客户对此却完全不知情。坦白地说，这让我很生气。在我的成长过程中，我的祖父曾是一位银行经理人。他曾负责运营管理国民地方银行的一家当地分支机构(在多轮并购之后，该银行成为苏格兰皇家银行的一部分)。他主要是在伦敦周边的城郊社区开展贷款和存款业务。这是一份受人尊敬的工作，而早在计算机革新银行业之前，这同样也是一个受人尊敬的行业。当然，在金融服务业内部存在着大量职能不同且专业化的分支服务领域，但是绝大多数工作人员最终从事的工作都可以被简化成为其他人的资金管理提供建议和服务。任何时候客户对于金融专业人士的信任都应该得到实际的回报。但事实并非如此。

摩根大通以及我之前任职的其他公司都在诚信运营，这在一定程度上可以从他们的经营管理者身上得到体现。其中知名的经营者包括杰米·戴蒙(Jamie Dimon)、比尔·哈里森(Bill Harrison)、沃尔特·希普利(Walter Shipley)、约翰·麦吉利卡迪(John McGillicuddy)，他们分别是汉诺威信托公司(Manufactures Hanover Trust)、美国纽约化学银行(Chemical Bank)、大通曼哈顿银行(Chase Manhatten)和摩根大通的现任或者前任首席执行官。他们对于企业文化的界定建立在这样一种理念之上：简简单单做正确的事。但是经营管理者树立的文化理念得以在企业中有效传播还需要依靠像丹·莱顿(Don Layton)这样非常优秀的高级经理人。丹目前是房地美公司的首席执行官，而房地美是美国两大政府抵押贷款机构之一。总体来说，美国非常幸运能够拥有这样一位既聪明又技艺精湛的银行家来管理这家公司，虽然其之前糟糕的管理一定程度上也促进了金融危机的爆发。我在摩根大通工作的大部分时间都是为丹工作。卓越经营的标志之一是可预测性：如果你知道领导层的想法并且了解他在会议中可能会提出的问题，那么即使领导层没有参与会议，最佳的策略也能够被制定出来。这就是丹·莱顿为我们灌输的企业文化。你能够明晰领导层将要提出的问题，并且希望你所预期到的理想解决方案能够在《纽约时报》杂志头版上出现(本书中所列示产品的销售人员很少能够通过这种测验)。如果正确的文化价值观能够在整个组织中得到有效传播，那么高管就不需要在每个工作环节都亲力亲为，因为事实上他已经无处不在。

我认为，自己之前太理所当然地认为这种经营价值观存在于大多数金融服务企业之中。但是为佩内洛普进行非交易性的房地产投资信托基金的投资经理揭示出理想与现实的差距。

当我将佩内洛普的投资经理与接触到的其他新投资者进行对比分析时，一种问题模式开始出现。此外，与那些和我一样经营着相似投资业务的朋友的讨论让我相信，这些客户的经历并不是孤立的事件。我们在回顾客户之前获得的投资建议以及投资经历时都有相似的发现：大多数情况下，他们之前的金融顾问都没有将投资者的利益放在第一位。

并不是所有的投资建议都必须是能够产生收益的。当然如果你获取的投资建议能够为你带来收益固然是好事，但是需要意识到当你想要获得超过国债收益率的回报时，更高的收益与更高的风险是相伴存在的。问题在于那些过于昂贵且过于复杂的投资产品产生收益的概率是非常低的。并且你知道吗？这也就是我所从事的行业。我长期以来都在金融服务业从事工作，并且我接下来的职业生涯也将在这个行业中度过。通过向客户销售不合适且昂贵的投资产品来获得收入并不是一种值得的谋生方式。这样的销售人员越早转行，对我们所有人越好。如果本书能够促使那些道德上存在问题的金融销售人员转行，或者客户在交付资金时能够询问更多的问题，那么我们对于本书的付出就值得了。只要那些道德层面存在问题的人仍然在拖累金融行业声誉，那么我们就愿做黑暗中为投资者指明道路方向的那点微光。

如果你与投资专业人士展开一次非常轻松的对话，并将话题引到非交易性的房地产投资信托基金产品上来，那么大多数情况下你得到的反馈是这种事情并不该发生，这种产品甚至也不应该存在。我曾经遇到过一个人，他与第一章中提到的向佩内洛普推荐购买非交易性的房地产投资信托基金产品的销售人员就职于同一家公司。他当时也参加了很多销售培训课程，但是至少截止到我遇到他的那个时点，他并没有参与销售这种基金产品。我曾经询问他公司员工对美国地产行业的观点以及房地产投资信托基金投资存在的问题。他笑了，并告诉我销售人员向大量客户推荐非交易性的房地产投资信托基金以及其他类似证券的驱动力就在于其背后的佣金。虽然投资者投入资金中15%的比例都是各种费用支出，但是许多经纪人就是能够使得他们自己以及客户相信即使你的投资资金中只有85%(扣除费用后的剩余资金部分)能够真正发挥作用，这也仍然是一笔很好的交易。

了解清楚你的投资顾问为谁而工作

本书中提到的案例以及许多其他案例都凸显出这样一个事实:客户在识别和寻找合适的投资顾问过程中存在很大困难。正如我们之前讨论的那样,投资行业大致涵盖了两类公司:经纪交易商公司(B-Ds)和投资顾问公司(IAs)。令人困惑的是,这两类公司的雇员均称呼自己为金融顾问,虽然经纪交易商公司与投资顾问公司中金融顾问的工作方式存在很大差异。其中两类金融顾问的不同之处就在于其作为金融顾问的责任是什么,或者说他的忠诚和职责是面向哪一方的。投资顾问公司以及为其工作的注册代表[被称为投资顾问代表(IARs)]具有法定义务来将客户的利益放在首位。这是法律明文规定的,不存在任何例外情况。如果你打交道的金融顾问来自一家投资顾问公司,那么他会向你提供使得你的利益达到最大化的投资建议,否则他将会面临失去从业资格或者进一步制裁的危险。一般情况下,他会根据你的资产规模得到一定比例的管理费用收入,而确定不会得到你投资交易所产生的佣金收入。如果你的金融顾问在经纪交易商公司工作,那么他常被称为注册代表(RR)。他同样会向你提供投资建议,但是他的信托责任可能是面向其雇主公司的。他为客户提供的服务标准较低,即适合性和披露标准。但是存在一个特例,那就是注册金融理财规划师(CFP),他们也需要向客户履行信托责任,约翰·伯克在本书第八章中对此做了清晰描述。

这两类金融顾问之间的区别确实非常混乱,我们也完全不能期望那些非专业人士能够准确辨识出其中的差异,主要是他们所面对的每一位金融顾问都面带笑容且似乎都非常虔诚。事实上,我们可以这样看待这两类金融顾问:由于他们具有将客户利益放在首位的法定信托责任,一位投资顾问代表或一位注册金融理财规划师是与你坐在桌子的同一边来与你共同思考衡量最好的投资选择的。而经纪交易商的注册代表则是坐在你的对面。他的收入可能来自投资交易,也就是交易佣金,也可能来自他向你推荐的债券产品中存在的溢价,还可能来自新发行证券产品(比如说非交易性的房地产投资信托基金或者结构性票据)的承销费用。而对于所有这些交易以及为你提供的投资建议,他都真的不必将你的最大利益放在心上。他只需要确保给出的建议是合适的,并能够得到适当披露。

最近行业关注的焦点是这两个不同类型的金融顾问是否应该统一执行信托标准。《多德—弗兰克华尔街改革和消费者保护法》(Dodd-Frank Wall Street Reform and Consumer Protection Act,简称《多德—弗兰克法案》)向美国证券交易委员会提出建议考虑是否每一位向客户提供投资建议咨询服务的人都应该履行信托责任。而经纪交易商对此提出强烈抗议。虽然这种统一的信托标准显然会降低这些经纪交易商的获利能力,但是他们对此提出抗议的理由却是这会伤害到资金规模较小的投资者利益,这些客户已经不能够像之前那样为之带来利益,因此经纪交易商也就不需要维系这部分客户了。而那些主张实行能够实现客户利益最大化的信托标准的特许金融分析师协会以及其他机构则认为:同样都是金融顾问却执行不同的服务标准现象势必会给行业带来混乱。这的确是令人困惑的,有一段时间我也同意特许金融分析师协会的观点。但经过再三考虑之后,我又改为同意经纪交易商的观点。

首先,许多金融顾问,或者来自经纪交易商的注册代表,确实能够为客户提供好的投资建议。行业中仅仅是存在少数道德败坏的顾问没有按照正确的方式做事,这并不能够成为改变其他人员工作方式的充足理由。只要客户与金融顾问之间的关系能够得到充分披露,我并不认为当前行业组织形式存在太多的问题。我认为经纪交易商的模式与梅赛德斯代理商模式相似。如你所知,当你进入一家梅赛德斯代理商门店时,那些友好的销售人员确实会非常期望你能够购买一辆车,当然除非你确实买了车,不然他们也不会向你收取任何费用。那些坐在桌子对面的销售人员确实非常想与你达成一笔交易。那些从梅赛德斯代理商处购买汽车的许多客户也都能非常愉快地接受这种现象。尽管销售人员在向你进行推销的过程中总是会夸大积极的预期的效果而弱化预期的消极效应,但是这种推销方式确实是可行的,并不存在顾客会专门雇用一位代表来与汽车销售商谈判。当然,销售人员确实会真挚地希望你对所购买的轿车满意,他甚至可能认为梅赛德斯轿车是你能够用金钱购买的所有东西中最好的。然而,即使销售人员没有真的相信梅赛德斯轿车这一产品,你仍然会获得同样的信息,这并不会带来什么不同。你需要明白这一关系。你需要明白谁代表着汽车公司的利益。

现实中,为经纪交易商工作的金融顾问就等同于本例中梅赛德斯代理商的销售人员。尽管他们通常会有更高的教育背景且销售过程会更加复杂,但是他们也同样坐在桌子的对面。事实上，许多客户都能够接受这些服务方式，并且严格来说，只要客户了解他们所合作的金融顾问对其并没有履行信托责任的法定义务，那么这种方式的存在本身就没有什么错误。

此外，一些经纪交易商的金融顾问声称他们在某些时候对客户也负有信托义务。这取决于具体交易，因此这些金融顾问有时会履行信托义务，有时却不需要这样做。而我个人完全不认同这一观点。你不应该与客户之间建立这样一种关系：服务水平需要根据讨论的内容进行评定。你要么无时无刻不履行信托责任，要么就完全不履行信托责任。在与客户打交道的过程中，你不应该是一位兼职孕妇。

投资顾问公司中的金融顾问更加类似于医生或者律师，他们在为客户提供投资建议时具有法定义务将客户利益放在首位。并不是说医生和律师是完美无缺的，这仅仅是强调他们的工作模式，要求他们必须全心全意地代表病人或者客户的利益。工作过程中存在的利益冲突必须被披露，并且如果这种利益冲突非常大，那么客户需要被引导至其他专业人士那里。再次用桌子打个比方，在投资顾问公司工作的金融顾问会与你一起坐在桌子的同一边。

正如我们能够看到的那样，这两种工作模式都是可行的，并且我不认为在经纪交易商公司工作的金融顾问应该被诋毁，或者强制要求他们推翻原有的工作方式。其中存在的问题完全可以通过有效披露方式得到解决。正如投资顾问公司中的金融顾问将会告知客户他们有义务履行信托责任，任职于经纪交易商公司的金融顾问也应该同样告知客户自己并没有履行信托责任的义务。有时房地产经纪人会让你签署一份文件，声明你已经知晓该房地产经纪人会把房产卖方的利益放在首位，因此如果你是一位潜在的买家，那么你就会知道房地产经纪人的意见是站在谁的立场上做出的。

当然我个人认为投资顾问公司履行信托责任的工作模式更胜一筹，但是许多人并不以为然。如果准确信息能够以清晰易懂的方式呈现在客户面前，那么市场就会自行对两种方式的优劣做出判断。并且我认为，如果每一位任职于经纪交易商的金融顾问在与客户洽谈合作时都必须告知客户他们并不具有履行信托责任的法定业务，那么他们中的许多人也将愿意像其他那些投资顾问公司的金融顾问一样履行信托责任。因此，只要客户能够得到准确的信息，那么就没有必要对此进行较大程度的改变。

但是由这两类金融顾问之间存在的差异出发，该行业确实引出了一个非常有趣的观点。如果你从工作中能够得到的报酬大部分来自佣金、溢价和承销费用，那么你很有可能推荐囊括了那些费用的投资产品或项目。以非交易性的房地产投资信托基金为例，如果仔细阅读招股说明书，你就会发现投资者需要支付的费用比例高达投资资金的15%，也就是说，只有85%的资金真正用于投资。同时，在经纪交易商中资金滥用现象的发生要比投资顾问公司更为普遍。这主要是因为具有履行信托责任法定义务的金融顾问不可能向你推荐只有85%比例原始资金能够真正用于投资的产品。他们所提供的投资建议必须建立在一种非常大胆且最终不会被推翻的假设之上：投资建议完全是出于客户最大化利益而做出的。与之相反，任职于经纪交易商的金融顾问并不需要履行将客户利益放在首位的责任，他们仅仅负有信息披露和建议适合的较轻责任。对那些需要依靠向客户成功销售非交易性的房地产投资信托基金产品来获取佣金收入的金融顾问来说，其中显然存在的利益冲突并不会影响他们向客户做出这种不符合客户最大化利益的投资建议。他们确实有披露这一信息，并且通过仔细阅读客户也能够看到这些信息的存在。但是考虑到非交易性的房地产投资信托基金产品本身设计对消费者来说真的非常不合理，因此那些新客户在与金融顾问会面时首先询问其是否曾经成功销售过这种产品不失为一个自我保护的好主意。如果这个金融顾问确实向客户消费者销售过这种产品，那么那些谨慎思量再三的客户可能会选择放弃这位金融顾问，并且即使他最终还是选择与这位金融顾问合作，这些信息也可以有效帮助客户评估这位金融顾问过去在客户责任与自身利益之间平衡过程中所持的立场。

真正了解费用开支

事实上，本书中许多关于投资的章节都在努力提醒投资者应该回避这样一种现实中的常见现象：投资者更多情况下收到的投资建议都来自那些不需要履行信托责任的金融顾问。而这种现象的发生并非偶然。这与对冲基金市场有些许相似：由于传统的对冲基金市场结构透明性相对较低，这使得其客户比共同基金市场客户更容易受到欺诈，事实上也确实存在这样利用市场缺陷为自己牟取私利的道德败坏的对冲基金经理，尽管该行业中绝大多数对冲基金经理都是诚实的。就拿最近发生的一个案件为例,在 2015 年 1 月,韦弗资本(Weavering Capital)公司创始人——马格纳斯·彼得森(Magnus Peterson)——被伦敦法院以诈骗对冲基金投资者的罪名判处监禁 13 年,韦弗资本公司就是一家以伦敦的对冲基金公司[宾哈姆(Binham),2015]。韦弗资本公司在那之前就是通过虚构自己的对冲基金与公司控股的其他实体企业之间的衍生证券交易来掩饰客户的投资交易损失。对冲基金就是一个更加容易出现这种骗局的投资领域。这并不意味着对冲基金行业的人士都是骗子;只是那些道德败坏的金融从业者更加乐于经营管理对冲基金产品。同样地,尽管大多数任职于经纪交易商公司的金融顾问都是诚实的,但是那些道德败坏的金融顾问更加容易利用经纪交易商公司的运作模式来为自己牟取私利,当然代价就是客户的收益。其中的原因就在于经纪交易商模式中信托标准的缺失。

好消息是,本书写作所覆盖的行业现象已经受到了社会关注,并且我们相信阳光将是最好的消毒剂。在与业内人士闲谈过程中,就非交易性的房地产投资信托基金的话题,我通常能够得到的反应是"它正在等着问题的爆发"以及其他相似观点。实际上,我敢说,绝大多数投资专家也都认为这些证券在绝大多数情况下真的都存在定价过高问题,也不适合投资者进行投资。这里,我们会对那些销售这些产品的少数人提出非常惋惜的控诉,也非常遗憾行业中并没有更多直言不讳的人愿意站出来说出他们对这一不合理现象的想法。

封闭式基金可以算是一个有趣的投资领域。它的首次公开发行对投资者来说通常是不佳的交易机会,但是投资领域中有许多聪明人能够在二级市场中为客户发掘出该产品的投资价值。约翰·科尔·斯科特(John Cole Scott)是我的一位朋友,他就任职于一家封闭式基金投资顾问公司,也是一位可以被信赖的顾问,能代表客户的利益去聪明地驾驭市场。在封闭式基金市场中,存在很多市场低效现象可供投资者挖掘投资价值,但是切记不要参与封闭式基金产品首次公开发行交易。我相信大多数封闭式基金投资专家都认同这一观点。但是一旦你能够越过封闭式基金首次公开发行这一陷阱,其净资产价值与市场价格之间的价差投资机会值得你去关注。由于封闭式基金产品缺乏流动性,尽管有很多公司确实专长于这一投资领域,但是公司需要对这一投资项目具有很大的耐心,而机构投资账户也需要关注一下其他投资领域。

结构性票据日益成为监管部门审查的目标。美国证券交易委员会曾公示了一份投资者警示文件,上面罗列了其对结构性票据零售投资增长现象所产生的种种担忧。其在这份文件中郑重警示投资者结构性票据的定价、流动性差以及其他干扰获得可观收益因素的存在(美国证券交易委员会,2015)。杰森·茨威格(Jason Zweig)是一位任职于《华尔街日报》且非常受人敬仰的作家,他就这一话题发表了看法。他指出,结构性票据“有时会被那些不太谨慎的金融顾问推销给投资者”,他还提及另一监管机构——美国金融业监管局——也对该产品的销售向投资者提出了警示(美国金融业监管局,2011)。至少我们可以看到这些监管机构正试图阻止那些不知情的投资者选择这些昂贵且产品结构设计不合理的产品进行投资。通常情况下,美国证券交易委员会没有权利阻止那些营销过程只关注产品优点的证券产品的销售,而结构性票据也确实符合相关法律法规的规定。当经纪人不管金融监管机构的相关投资警示而坚持推销某种证券产品时,只要投资者能够认真思考这种行为背后的原因,那么他就能做出正确的投资决策。显然这是因为该产品的销售能够为经纪人带来丰厚收益,而经纪公司也愿意放弃这样一种盈利机会。而非常正常的是,那些发行或销售这些结构性票据产品的经纪公司自然认为它们是好的投资选择。通常情况下,这些经纪公司会向客户展示这些产品的历史成交情况以证明它们确实能够满足投资者的需求。我们可以思考这样一种现象:为什么大多数购买结构性票据的人是接受销售人员建议的个人投资者,而不是那些能够利用大量工具和知识来辨识出结构性票据过于昂贵的机构投资者。

本书中就对冲基金产品的讨论已经差不多结束了。如今的投资者主要是养老基金,其投资过程也大多依赖于投资咨询顾问,而这些金融顾问的收入来源有两个方面:推荐客户进行对冲基金投资资产配置,以及帮助寻求个人资金来实现这种配置。可以说是行业中最聪明的人在运营管理对冲基金,并且他们从不推荐多元化的投资组合。当今公共养老基金托管机构依赖投资咨询顾问主要存在以下两个原因:首先,这样可以减少他们受到来自《员工退休保障法》(Employee Retirement Security Act,ERISA)的监督,这部法律会监督他们所进行的投资活动。其次,养老基金托管机构自身并没有足够的专家来履行其托管职责。考虑到对冲基金产品的复杂性,对冲基金产品的投资推荐要远比共同基金产品更为复杂。最后,那些购买了许多公共养老基金的国家纳税人将不得不面对收益损失的现实,而这只是因为养老基金托管机构从其雇用的投资咨询顾问那里得到了非常糟糕且自私自利的投资建议。

通过分析对冲基金产品市场营销过程中所包含的经济行为，我们可以非常确定的是，如果你的金融顾问向你推荐了对冲基金产品并且你接受了该投资建议，那么他将收到一笔非常可观的收入。但是行业中也确实存在好的对冲基金产品和非常开心的投资者。这种好的产品根本就不需要一些经纪人来特意寻找客户。事实上，我见到过的那些在对冲基金产品投资中感到开心满足的投资者通常只有很少的投资咨询顾问(一般少于 5 个)，并且他们更多情况下都是通过一些非正式的个人推荐才进行的这种投资。而就对冲基金产品进行投资的最好方式也是非常简单保守的。你并不需要任何投资咨询顾问，但是你也真的可能会遇到某一个能够真正打动你的非常诚实且聪明的人。那样优秀的投资咨询顾问确实存在。如果你对该投资咨询顾问真的非常满意，那么你可以选择与之合作并进行小规模投资。但是切记，不要依赖对冲基金来为你的投资组合获取收益，并且行业中确实存在一些值得合作的对冲基金经理，而你如果足够幸运，也会遇到他们其中的一位。

金融行业部分领域中所蕴含的低效率是公共政策所面临的一大挑战。有证据表明：在某些金融业务条线中，银行和经纪公司能够获取非常不合理的高额利润，比如说投资银行业务、贷款和证券的承销业务以及一些投资产品的投资交易业务，如债券和其他更复杂产品的交易。2008 年是一个分水岭，政府就公众对华尔街的不负责任所进行的猛烈抗议做出了回应，并从两个方面采取行动：加强监管和提高资本要求。基于我一直都在金融行业的工作经历，我认为严格来说，这个行业从来就不缺乏监督。尽管公众一致要求公共政策对华尔街的不负责任做出应对，但是我并不确定降低金融服务成本就是公众抗议的最终目标。而事实上，正如银行机构首席执行官频繁指出的那样，政府加强监督并提高资本要求的应对举措反而会提高金融服务成本。并且我的一位在摩根大通工作的朋友告诉我说，参与公司日常会议的人也都是一些非常守法且顺从的人，就跟一般商业人士一样。对那些需要通过各种非常复杂的内部批准流程来将新产品推向市场的业务经理来说，这样的工作环境是非常无效的。当然，在所有的金融创新成果中，也只有极少一部分最终真的能够为客户带来更好的服务效果。然而，不管保罗·沃尔克(Paul Volcker)所相信的是什么，除了自动提款机(ATM)外，行业中也确实出现过其他有价值的创新成果。资产证券化就是其中之一；而衍生品市场则是另一个。但是行业中存在的一个最基本问题是,市场竞争并没有发挥它应有的作用。如果投资成本信息能够得到完整有效的披露,那么本书所提出的投资陷阱就不会造成大量的投资者亏损离场。我认为,我们需要做的是以一种更为简单易懂的方式向投资者解释投资过程中将会发生什么。但是现实中的金融交易只是通过那些布满密集文字的招股说明书和投资合同呈现给投资者,这虽然能够满足法律对该交易的披露要求,但是却不足以借此向那些非专业投资人士解释清楚交易细节。有效提高金融交易过程中的信息透明度才是唯一有用的应对措施。

试着问一些问题

当你在选择金融顾问时,准备一些问题是很有帮助的。他们对这些问题的作答将会帮助你做出正确的选择。

1. 你需要对我履行信托责任吗?如果你很在意这个问题的答案,那么唯一可接受的回答就是"是的"。其他的回答都不管用,比如说"通常情况下是,但在某些情况下不一定",或者"有时",再或者"不能,并且我如果向你履行信托责任的话我将不能够向你推荐最好的交易",这些回答都应该算作否定回答。当然,你仍然可以寻求与那些对该问题做出否定回答的金融顾问开展合作,但是你要知道,他是坐在你桌子的对面而不是旁边,并且他的收入即使不是全部也是部分来自你所进行的投资交易。

2. 我们应该如何评估你的业绩?这应该是你在投资过程中需要完成的一项简单且重要的工作:弄清楚金融顾问的投资建议是否真的有帮到你。归根结底我们会发现,对投资最好的评价方式是对结果进行定量分析。如果金融顾问倾向于定性评价你的投资收益,比如说"投资收益要好于预期"或者"考虑到当前经济环境,投资收益情况是好的",那么你就要非常小心谨慎了。没有人真的喜欢与基准进行比较。当我个人进行对冲基金投资时,我经常询问对冲基金经理应该如何评价其投资建议为我带来的投资收益情况,我应该如何确定他是否出色地完成了工作。考虑到对冲基金的投资结果本身就是定量的,你可能会认为对冲基金收益评价应该是简单且直接的,但是我遇到的每一位对冲基金经理都坚持该对冲基金并不能被简单拿来与其他类似的对冲基金进行比较。虽然对冲基金经理可能真的认为他所做的事情确实与其他人不同，但是明确的比较基准的缺失总归是有利于实现收益情况的人，也就是对冲基金经理一方。而现实中，对冲基金经理对此问题的作答也是多种多样的。对冲基金经理可能会向你建议各种评价方法，只要这种方法是可以计量的。他可能选择一种我从来没有听说过且非常模糊的对冲基金指数或者直接一个数值，比如说"至少 10%"（当然，我们同样需要就风险评估达成一致，不然 10%的收益目标也是没有意义的）。但是，最终我们需要就一种包含数字计量的评价方式达成一致。现实中总是存在一些人并不准备将其工作成果进行这样的定量评价，尽管他们终其一生都在做数字分析工作，我认为这是很可笑的。

3. 要花费多少钱？你需要在这个问题上做些调查，以确保得到一个完整的答案。例如，在我们开展的业务中，我们对投资者是按照季度收取费用的，收费规则是按照投资资产的一定比例计提。而当投资者通过我们进行投资交易时，他们需要就每一笔交易向嘉信理财公司支付 8.95 美元，嘉信理财是我们的资金托管公司。当然，在这个过程中我们并不会向投资者收取佣金，也不存在进行过度交易的动机。并且由于我们只运行针对股票产品的投资策略，因此也不存在其他费用。如果你选择的金融顾问任职于经纪交易商公司，那么你需要支付的费用可能包括佣金、债券溢价以及购买新发行证券时的承销费用等。债券溢价的增长会非常迅速，所以如果你持有的是交易所交易基金或者共同基金的话，那么你的情况就会好很多，因为在债券市场中针对这些产品对个人投资者收取的费用会少很多。而这一点我们已经在本书第二章中提及过。美国证券交易委员会曾发布过一份研究报告，其中证实了个人债券投资者需要支付的高昂成本开支。因此，如果你的金融顾问向你推荐购买债券产品，那么需要确保自己完全了解交易成本情况。此外，购买新发行的证券产品总是非常昂贵的，并且总的来说其价值要低于你的投资资本。我们在第二章中也讨论过封闭式基金的首次公开发行，并详细解释了为什么投资者不应该进行首次公开发行的封闭式基金投资。这种情况也同样适用于非交易性的房地产投资信托基金。而如果一些可怜的投资者确实非常不理智地购买了首次公开发行的证券产品并最终决定低价售出这项令人失望的投资，那么偶尔地，二级市场确实会存在不错的投资交易机会，但是作为个人投资者，你不可能发现这样的投资机会，且除非精通该投资领域，否则你也难以评估这样的机会。而总体来说，首次公开发行的产品收益远远弱于整体股票市场[瑞特(Ritter),2013]。来自佛罗里达大学的杰·瑞特(Jay Ritter)研究了1980～2011年间首次公开发行产品的收益情况,他发现这些产品经过适当调整后的三年平均收益率为－19.8%(这一收益率远远落后于市场整体收益水平)。在新股上市首日,其成交价格通常会出现大幅上涨,这是一种吸引更多投资者的市场营销策略。在实际交易中存在大量逆向选择过程,然而,在这一过程中你会遭遇更多亏损,而那些支付了最多佣金的客户将会抢先获得有吸引力的收益。你也将会通过那些真正的内部人士购买证券,他们比你更加了解那些存在问题的公司。他们会选择向你销售证券的时间和价位来最大化他们的收益,当然这并不是出于迎合你获得有吸引力回报的期望。如果你能完全放弃在证券首次公开发行时进行投资,那么你就回避了坏的投资机会并有可能获得好的投资机会。当你的金融顾问极力推荐让你参与最近最火热的首次公开发行产品投资时,你尤其要谨慎注意。无论是以什么方式,你都可能为此付出代价。你需要弄清楚这些产品的成本结构以确保自己完全了解所投资的产品。

4. 你是否会投资那些明确登记在监管机构投资警示目录上的产品?这是一个具有启迪意义的问题,因为如果金融顾问对此问题的回答是肯定的,那么你就需要进一步关注其对此回答所做出的解释。并且,到底金融顾问对该问题做出怎样的回答才是投资者可以接受的呢?最有可能出现的情况是,你被金融顾问告知那些监管机构的工作人员并不是那么聪明,他们并不能够发现市场中存在的那些微妙的投资机会;或者这位金融顾问就职的公司只销售存在问题的证券产品中最有吸引力的那些;再或者,他只是曾经销售过这类产品,后来就改邪归正了,就跟戒毒一样。但是无论这位金融顾问做出的解释是怎样的,考虑到他认为或曾经认为销售那些受到监管机构审查的产品是合理的,你都应该在真正与其进行合作之前再次慎重思考。当然,你最终仍然可能选择与其合作,但是如果你因为金融顾问对此问题的肯定回答而选择拒绝他的话,可能你的投资情况会更好。

5. 如果选择与你进行合作,那么你会面对怎样的利益冲突?你需要一位无时无刻都能够将你的利益放在首位的金融顾问。如果不是这样的话,你需要知道什么时候以及为什么你不能得到完全公正的投资指导。委托—代理问题是金融行业中多数业务合作均存在的普遍问题。你的金融顾问是你的代理人,不管其是否真的会对你履行信托责任,作为委托人,你都需要做好准备来妥善处理与其的合作关系，以获得最好的投资建议和最大化的投资收益。

你还可以做些什么？

美国金融行业的监管机构具有拜占庭式的复杂性。比如说，美国的投资交易市场监管机构分为美国证券交易委员会（监管证券）和美国商品期货交易委员会（CFTC，监管期货）。事实上，标准普尔500指数的交易所交易基金交易由美国证券交易委员会监管，而标准普尔500指数的期货合约交易却由美国商品期货交易委员会监管，这一事实也反映出美国政府机构官员都将个人利益放在首位。这两种持续共存的金融业监管机构可以追溯至美国参议院委员会（Senate Committees），它负责监管：金融（美国证券交易委员会）和农业（美国商品期货交易委员会，因为最终期货交易主要是针对农产品）。即使是在2008年金融危机之后的金融市场大整顿时期，公共政策制定者也认为美国证券交易委员会与美国商品期货交易委员会的合并不可能实现，这主要是因为两大监管机构的成员都能够从各自子行业中得到竞选捐款[维克辛（Vekshin），2009]。如果在美国参议院委员会的监管下将美国商品期货交易委员会并入美国证券交易委员会，那么政府将会失去农业委员会取得竞选捐款的重要来源，并且当时的财政部长蒂姆·盖特纳（Tim Geithner）认为这是一项不值得进行的改变。但是美国政府问责局（US Government Accountability Office，GAO）却在很早以前就坚定地认为美国证券交易委员会与美国商品期货交易委员会的合并是有意义的（美国政府问责局，1995）。当然，政府问责局是一个无党派的国会机构。

银行家们一直都在抱怨日益增加的监管并没有什么实质性的效用。摩根大通的首席执行官杰米·戴蒙在公司2014年的年报中指出：现在如果有一家银行做错了事情，那么就会同时出现多个监管机构各自相互独立地对这家银行开出罚单。这并不是说政府不应该惩罚那些犯错的银行，但是如果针对同一家银行的同一个错误总是会有多个监管机构分别实施惩罚，那么这看上去更像是这些监管机构在变相地取得税收收入，而不是审慎思考并以投资者利益为导向的政府监管。

我们很难相信当今金融服务行业并没有得到政府监管。但是我们确实能够写出这样一本案例书籍：在很多投资项目中，许多投资产品都不应该以它们当前的销售方式进行销售。尽管金融行业需要更多监管这一解决方案看上去很有吸引力，但是我们更相信金融行业需要为确保做正确的事而承担更大责任。如果行业中那些为客户提供诚实投资建议的大多数专业工作人员能够在看到不利于整体行业发展的事情发生时都大声疾呼出来，那么我们就能在恢复行业荣誉的道路上取得实质性的进展，也能够减少政府实行的日益增多的管制和监督政策。

本书之前提及的很多产品都可以在美国金融业监管局网站公示的投资者警示目录上找到，比如说非交易性的房地产投资信托基金、结构性票据和年金等。很多人可能会觉得这种现象非常不正常：尽管监管机构已经对经纪交易商对特定投资产品的销售发出警告，但是一些公司仍然在销售这些产品。那么监管机构发出的这些警告真的还有意义吗？或者说，他们只是过分谨慎甚至是错误的？投资者是否应该留心并且回避投资这些产品呢？面对金融顾问做出的购买非交易性的房地产投资信托基金的建议，当投资者询问其任职公司会如何处理该投资建议与美国金融业监管局的投资警示之间的矛盾时，这位金融顾问又会做出怎样的回答呢？

从这一角度出发，金融行业更类似于烟草行业，两个行业中的危险产品都在带有买方警示标签的前提下被销售。这真的就是我们所追求的行业标准的极限吗？金融顾问不应该有更高远一点的目标吗？

特许金融分析师协会的作用

特许金融分析师协会是一个非常优秀的组织机构，它就本书中所提到的现象具有发言权。特许金融分析师持证人员(我就是一位)需要通过 3 次长达 6 个小时的考试并且需要将道德伦理作为行事标准。特许金融分析师需要在投资分析方面具有非常夯实的专业理解，并且持续学习是对每一位特许金融分析师的基本要求，因此在我看来，通过特许金融分析师考试着实反映出应试者具备卓越的专业能力。特许金融分析师协会不会出售任何超出教育范畴的产品，并且不会出售任何会员资格。该组织的使命宣言是：

“为了服务于社会终极利益，引导全球的投资专业人士获得最高标准的道德素养、教育和专业技能。”

特许金融分析师协会的使命目标非常崇高，并且非常恰当。事实上，特许金融分析师协会的职业行为计划和纪律审查委员会在发现某些人没有严格履行行为准则和实践标准时就对他们实行处罚。这些受到处罚会员的名字会在特许金融分析师协会的杂志和网站上进行公示,并且他们的不当行为以及受到的具体处罚也会被详细披露,其中涉及的制裁包括永久吊销这些会员的特许金融分析师证书。在全球超过 13 万人(特许金融分析师协会,2015)的会员中只有极少一部分真正受到过协会的制裁。这在一定程度上能够说明特许金融分析师持证人员确实将协会的使命目标看得非常重要。再者,为了顺利取得特许金融分析师证书,每一位应试者为每一门考试都至少投入了 300 小时的专注学习时间,因此也很少会有会员愿意承担失去特许金融分析师证书的风险。

特许金融分析师协会曾发起一项名为"未来金融"的倡议,它是"在全球努力下,塑造一个可信的、前瞻性的、更好地服务社会的金融业"倡议活动的一部分。并且该倡议中一部分的主题就是"将投资者放在第一位"。在这一板块中,特许金融分析师详细列示了 10 项"投资者权利",并且认为任何投资者在享受金融服务时都应该履行这些权利。以下就是特许金融分析师协会提出的具体的投资者权利宣言:

1. 在遵守相关适用法律的前提下,进行诚实、有竞争力且符合道德标准的行动;

2. 在深度分析、审慎判断和尽职努力的前提下,提供独立且客观的投资建议和指导;

3. 投资者的经济利益要优先于专业人士和组织的利益;

4. 公平对待其他客户;

5. 在向投资者销售产品和服务的过程中,务必要披露存在或潜在存在的利益冲突;

6. 全面了解投资者的情况,务必根据投资者的财务目标和约束条件提供合适的建议;

7. 使用简单的语言,清晰、准确、完整和及时地与投资者进行沟通,并采用能够有效传达的方式将相关信息呈现给投资者;

8. 向投资者解释清楚需要向投资者收取的全部费用和开支,并证明这些费用开支都是公平合理的;

9. 对投资者的信息进行保密;

10. 将代表投资者完成的所有工作进行适当和完整的记录。

“特许金融分析师协会 2013 年出版。

任何转载或再版行为都需要经过特许金融分析师协会的授权。

版权归特许金融分析师协会所有。”

在以上投资者权利中,第 7 条能够大大帮助投资者更好地了解他们所购买的投资产品。按照目前执行的披露标准,投资者只能够得到一份数百页文字的投资说明文件。虽然这样的文件已经能够满足法律要求,但是通常并不能够帮助投资者进行理解。

特许金融分析师协会现在已经开始在这方面做出努力。考虑到现在那些劣质产品仍然在市场上大肆销售,那么为了真正地将投资者利益放在首位,我们必须首先指出那些没有将投资者利益放在首位的实例。特许金融分析师协会一定程度上代表了金融服务行业的正确行为标杆。公正地说,如果金融行业中的工作人员,无论他是不是特许金融分析师持证人员,都能够按照特许金融分析师协会提出的投资者权利宣言标准要求自己,那么金融服务行业将会变得更好。对投资者权利宣言的真正实践是金融服务行业非常有价值的奋斗目标。

特许金融分析师协会同样也给出了一份“真诚工作清单”,其中包括金融服务专业人士为促进行业更好发展所能够采取的 50 多项具体措施。这样一份“真诚工作清单”还通过以下这种说法在业界进行推广:“可以用来树立诚信形象,提供公司信誉的 50 个行动方案”。虽然本书旨在指导投资者,但是那些真正为其提供投资建议的金融顾问才是最终解决方案中的最重要部分。这份工作清单主要包括 6 个种类的行为:要求自己执行伦理和诚信的行为标准;鼓励他人也执行这样的行为标准;建立诚信的合作关系;透明沟通;持续学习;倡导建立更好的制度。

这里,我不会把“真诚工作清单”中的所有内容都展示出来。你可以通过浏览网页 http://www.cfainstitute.org 查阅详细信息。因此投资者权利宣言能够告知投资者在投资过程中享有的权利,而“真诚工作清单”则告诉金融行业工作人员如何开展工作才能够满足所有人的利益。它不仅指出了伦理和诚实的行为标准,还公开指出了权利滥用的情况。当然,这本书之所以能够出现在公众面前,就是因为我们这些作者相信金融服务行业还存在有待改善的空间。事实上,对那些凸显出来的不良现象进行客观公正的批判并不是那么难。如果所有人都知道非交易性的房地产投资信托基金所涉及的前置费用高达原始投资资金的15%,那么那些能够执行"真诚工作清单"的金融顾问自然不会参与这种产品的销售。并且他们在将所看到的行业错误从业行为向社会公众进行披露时也不会存在很大困难。事实上,你并不是必须通过撰写一本书来做这件事,你完全可以将这些现象写在你的博客或者投资者信件中。

规模更大不一定是更好的

在金融行业,规模较大的公司往往存在利益冲突。尽管大公司往往是行业关注的重点,但是它们也更难推进"真诚工作清单"中所有50个条目的执行。大公司往往赞同在工作过程中执行伦理标准,但是却鲜有大公司能够容忍员工严格执行"真诚工作清单"中的第二条,也就是"指出那些不道德的工作行为并以这些行为为耻"。公司规模扩大往往会增加触犯他人(可能是顾客)利益的可能性,并且利益冲突往往是公司规模扩大过程中所不可避免的。那些运行更简单商业模式的小型公司也更加能够将工作重点放在提供以客户为中心的服务上。"真诚工作清单"第三条是"努力实现无利益冲突的商业模式",对大型公司来说,这一目标更具激励性却不现实,而对小型公司来说,这却是一个合理的奋斗目标。

尽管通过大型金融公司进行投资能够增加客户投资安全方面的信心,但是现在也很少有大型公司能够提供其无瑕疵的资金投资管理记录。通常情况下,公司规模扩大是为了寻求不同商业单元之间的协同效应以及"交叉销售"机会。公司规模的扩大一定程度上能够反映顾客满意度,但是客户在选择金融公司时应该询问自己的最重要问题是公司规模的扩大是否真的对客户有利。

伴随运行规模的扩大,这些公司在投资收益方面也更难跑赢市场水平。比如说,发表在《纽约时报》上的一篇文章就发现大型银行运作的共同基金业绩表现低于市场平均水平。该文章通过分析晨星公司公布的高盛、摩根士丹利、富国银行以及我的老东家摩根大通运作的基金投资收益数据得出了这一结论。在这篇文章[波普尔(Popper),2015]中,白金汉资产管理公司(Buckingham Asset Management)的研究主管——拉瑞·斯韦德鲁(Larry Swedroe)评论道:"这对于公司来说是一项好的业务,但这并不意味着它是一项好的投资。"

本书的写作目的包括两个方面,首先就是帮助投资者,其次是在围绕华尔街以及其是否尽责的行业持续辩论中提供建设性的观点。在过去的30年中,金融服务业的增长并没有与经济改善的成果同步。正如本书中已经提到的那样,虽然金融行业对IT领域进行了大量投资,但是金融服务成本的基本度量结果并没有发生明显变化。也正如我在之前一本书《债券不是永恒的》中所提到的那样,与金融大繁荣开始的30年前相比,对通胀调整后的目前大众平均生活水平并没有发生改变。尽管在当今经济发展过程中金融行业仍然执行着很多重要工作,但是2008年的金融危机显示出金融行业所做的工作很多都是错的。投资银行非常遗憾地出现了资本不足的情况,其1美元股票所对应的资产价值高达30美元。无论如何,这种高杠杆交易的存在无疑是非常愚蠢的。自那以后,监管政策也发生了很多变化,对银行股权资本水平提出了更高的要求,并且出现了“系统性重要金融机构”(Systemically Important Financial Institution, SIFI)的设立。这样的公司被认为“太大了不可能出现倒闭”,既然这些公司隐性地得到了来自公共部门的担保,它们也会受到来自监管机构更大程度的监管并提高对其资本的要求。尽管美国金融行业错综复杂的监管机构给行业带来了负面效应,也证明了政府在将美国国民利益放在首位方面的无能为力,但是大型金融公司确实需要接受更加严格的监管。如果扩大经营规模对金融公司是一件好事,那么规模扩大应该能够产生更高的资本收益,进而对其提出的更高资本要求也就不再是问题。反之,如果扩大经营规模并不能产生上述正面效应,那么这些公司就应该考虑缩小经营规模。

通用电气公司(General Electric)近期采取的一项举措最能够证明上述观点,其决定撤销通用资本公司(GE Capital)子公司的大部分部门。尽管2008年金融危机给通用电气公司带来了融资问题,该公司也减少了在财务盈利方面对通用资本子公司的依赖,但是曾经有一段时间通用资本子公司的利润几乎占到母公司总利润的一半[斯图尔特(Stewart),2015]。通用电气公司的规模使其成为“系统性重要金融机构”,这也是公司做出上述决策的其中一个因素,通用电气公司希望通过撤销通用资本子公司的大部分部门使其摆脱“系统性重要金融机构”的称号,同时避免监管成本的增加以及资本要求的提高。

我们认为通用电气公司的上述决策不会为其公司带来不良后果。该公司的金融资产将在很大程度上被其他子公司掌握。而公司本身结构也将变得不再那么复杂,进而如果面对另外一次金融危机,其对公共部门的威胁也会减小。通用资本公司提供的服务仍将继续，只是公司所有人发生改变罢了。

2008 年金融危机所带来的另外一个后果就是使得金融行业从业人员的工作变得更加悲惨。那些任职于大型金融公司的人尤其如此，面对公众想避免再次发生大规模公共援助的强烈愿望，这些公司承担了进行多种金融变革的压力。有趣的是，我们总能够从任职于大型金融机构公司的朋友那里听到其对公司合规和风险管理经理内部权力的厌烦和抱怨。最近一次针对金融行业的全球调研也揭示出从业人员对薪酬水平以及“枯燥工作内容”普遍存在着不满情绪[麦克兰纳(McLannahan)，2015]。

当我在摩根大通工作的时候，任何新的投资产品都必须通过严格的新产品审查流程。在新产品上市前，公司必须得到各种与风险相关部门的批准同意，比如说市场部、法律部以及公司信誉部门。对新产品所开展的这种审查一方面是合适的，另一方面又是非常冗长乏味的。不足为奇的是，研究报告指出当今时代更加严格的审查已经成为一种行业规范。

很多人都在关注金融行业存在不合理的高薪酬现象。读者们显然很容易发现这本书的作者都是在金融服务行业谋生的，因此针对这一主题，读者们可能会认为我们的观点不够客观而不认同。诚然，任何业务的运营都需要人力和资本。对我而言，金融业务利润在两种投入要素供给方之间进行分配时，资本供给方分到的利润应该较人力供给方少(比如说雇员)。事实上，尽管银行职员或者经纪人并不能说自己的薪酬过低，但是金融行业进行利润分配时天平确实是向资本供给方倾斜，至少来说，由于当前政策在对金融公司运营过程中的资本要求要比以往提升很多，因此资本供给方也要求给予更多的利润回报。而这似乎也是很合理的。在我看来，对华尔街从业人员薪酬待遇的批判可以追溯至之前金融行业政策对金融公司运营过程的较低资本要求。而修正这一现象需要在两种运营投入要求之间寻求平衡，尽管我不认为那些关注私人部门薪酬待遇问题的公共政策具有价值，但是那些对金融行业薪酬状况不满的人至少可以对事情发生转变的趋势感到满意。

为了提高金融服务行业客户的收益水平，我们需要客户自身变得更加具有洞察力。为了找到一位真正能够将顾客利益放在首位的金融顾问，客户也需要开展很多工作，付出很多努力。由于这样的工作非常重要但是并不紧急，因此那些能够帮助你寻求建立最好投资关系的分析工作应该放慢脚步进行。这本书也旨在为客户提供有效的信息和工具以使得他们能够更好地把控投资情况。

毫无疑问,金融服务的提供者也需要做出改变,本书也旨在帮助他们。总的来说,我们需要提高我们的游戏质量。我们需要确保将客户利益放在首位、清晰解释投资机会、公平收取费用。由于金融行业中太多从业者并不能按照特许金融分析师协会提出的“真诚工作清单”或者其他类似行为准则开展工作,金融行业已经饱受中伤诽谤。因此,金融行业中的绝大多数尽职工作人员应该坚决维护行业信誉,确保如此多的投资者给予我们的信任能够得到充分的回报。

关于本书具体章节的作者

凯文·布罗利

自2003年开始,布罗利先生一直在四大洋开发公司(Oceans Four Development Corporation)做执行合伙人,这是一家位于佛罗里达州的房地产投资开发公司。

而在那之前,他一直是在英国伦敦从事投资银行业的工作。在1997～2002年,他在摩根大通担任总经理,主要负责管理欧洲信贷销售团队,客户群包括机构投资者。该团队所销售的产品包括从高等级到高收益的整个信贷范围、现金、信贷衍生产品以及结构性产品等。并且这支团队在担保债务凭证领域(CDO)是行业佼佼者。此外,他还在摩根士丹利公司工作了七年时间,在德崇证券(Drexel Burnham Lambert)工作了两年时间。

布罗利先生以优异的成绩在佛罗里达大学(the University of Florida)取得了艺术学士学位,并在位于爱尔兰首都都柏林的三一学院(Trinity College)取得了MBA学位。

布罗利先生现在与妻子还有刚刚大学毕业的两个女儿一起居住在佛罗里达州的德尔雷比奇。他非常喜欢骑自行车和钓鱼。

约翰·伯克

约翰·伯克拥有并管理伯克金融战略公司(Burke Financial Strategies)。在2015年,《金融时报》杂志将其列入全国前400名金融顾问名录中。自1983年开始,他就一直是一位实干型的金融顾问,并在职业生涯中为数千位客户提供了金融理财规划和投资管理服务。约翰也是一位广受尊重的投资战略分析师,他的研究成果曾发表于2010年7月份的《金融理财杂志》(*the Journal of Financial Planning*)中。他曾多次出现在美国全国广播公司财经频道和福克斯商业新闻频道(Fox Business News)上,并被多部金融专业出版物引用观点。

约翰的职业生涯开始于美林证券(Merrill Lynch),他在1983年12月被这家公司任命为金融顾问。后来,他又先后任职于美邦经纪公司(Smith Barney)和摩根士丹利公司,均进入了公司的管理层俱乐部。自其加入雷蒙德·詹姆斯金融服务公司,他分别在2011、2012、2013和2014年被评为公司极富声望的主席团成员。

约翰毕业于理海大学(Lehigh University),并取得了金融学学士学位。他又于1992年取得了注册金融理财规划师证书,并于2003年获得了金融理财专业的硕士学位。

除伯克金融战略公司以外,约翰还拥有一家继续职业教育学院(the Academy for Continuing Professional Education),这家学院主要是为新泽西州中部的会计工作人员提供继续教育课程。另外,约翰在自己所在社区和教堂也都非常活跃,并且他在位于新泽西州韦斯特菲尔德的圣保罗圣公会(St. Paul's Episcopal Church)任职会计。

鲍勃·琴特雷拉

特许金融分析师鲍勃·琴特雷拉是力量投资咨询有限责任公司的董事长和执行合伙人。鲍勃之前是一位证券共同基金投资组合经理,他在金融服务行业的工作年限长达29年,且其中23年他是作为一名专业的财富管理经理来为机构和个人客户提供服务。鲍勃于1993年取得了特许金融分析师职称,于1990

年在乔治·梅森大学(George Mason University)取得了金融学 MBA 学位,于1983 年在斯克兰顿大学(University of Scranton)取得了会计学学士学位。在力量投资咨询有限责任公司成立之前,鲍勃在麦凯盾牌公司工作长达 14 年之久,其间他是一名资深的财富管理经理(管理资产规模达 300 亿美元),也是高增长股票资产投资管理部的联合负责人。此外,鲍勃还在一家平衡性共同基金公司,即总体回报基金的投资委员会工作过。且在这份工作经历中,他曾服务于多种类型的金融机构客户,其中包括银行、政府代理机构(房利美公司)、蓝筹保险公司以及一些投资管理公司等。这些工作经历再加上教育背景为鲍勃在投资咨询和管理服务方面提供了广阔的发展前景。(注:特许金融分析师是属于特许金融分析师协会的注册商标。)

戴维·帕西

从 2010 年秋季开始,戴维在三角洲金融集团(Delta Financial Group)担任一名资深的投资组合经理,同时他也是一位注册投资顾问。戴维的职业生涯开始于 1982 年,他先后在国内和国际货币中心银行任职审计。从 20 世纪 80 年代中期到 2010 年,他曾先后任职于多家金融机构,并创立和管理了一只对冲基金(1996～2000 年)。除了拥有丰富的固定收益产品、投资组合管理以及衍生产品的交易经验背景,他还在风险管理、会计、运营和审计领域具有相关工作经验。

此外,戴维还是多家金融行业组织的活跃会员,且在慈善和公民团体组织中担任领导职位。

在 2011 年 5 月,戴维加入了阿斯彭大学(Aspen University)董事会并在审计委员会担任主任职位。阿斯彭大学是一家上市公司,也是一家以盈利为目的的教育机构,主要提供网络教育课程服务,主要服务对象是寻求研究生教育学历的学生。

戴维毕业于罗格斯大学(Rutgers University),取得了经济学和会计学双学位。

关于本书作者

在摩根大通工作23年之后，西蒙·拉克于2009年创办了SL顾问有限责任公司(SL Advisors, LLC)。西蒙·拉克在摩根大通主要任职于针对美国北部市场的固定收益衍生产品部以及远期期货交易部，他在几次银行并购中都出色地完成了业务，最后他负责管理50位专业工作人员以及年营业额约为3亿美元的业务。西蒙·拉克也任职于摩根大通的投资委员会，主要负责将10亿美元资金规模在不同的对冲基金经理中进行分配，并且他还创立了摩根大通孵化基金，这两项职务都能够为公司从新进入公司的对冲基金经理那里获得经济收益。

西蒙·拉克是位于新泽西州爱迪生镇的沃德洛—哈特里奇学校(Wardlaw-Hartridge School)的投资委员会主席，也是位于新泽西州韦斯特菲尔德的圣保罗圣公会的纪念基金信托投资委员会(Memorial Endowment Trust Investment Committee)主席。他还是《对冲基金幻影：大资金的假象——太过华丽不可能是真的》以及《债券不是永恒的：固定收益投资者所面对的危机》(2013年9月)的作者，其中《对冲基金幻影：大资金的假象——太过华丽不可能是真的》出版于2012年，且广受来自各大主流金融出版社的赞誉，包括《经济学人》《金融时报》《华尔街日报》等。

西蒙·拉克还是一位特许金融分析师以及纽约证券分析师市场诚信委员会(New York Society of Security Analysts' Market Integrity Committee)的副主

席。此外,他也经常做客各有线电视台讨论对冲基金和投资的商业节目。他同时还在催化剂业主有限合伙和基础设施基金公司(Catalyst MLP and Infrastructure Fund)担任投资组合经理。

参考文献

Adams Express Company. *About Adams Express*. n.d. http://www.adamsexpress.com/about-adams-express (accessed October 17, 2014).

AIMA. *The Way Ahead—Helping Trustees Navigate the Hedge Fund Sector, AIMA, CAIA*. January 28, 2015. https://caia.org/sites/default/files/documents/news/caia-aima-paper1-the-way-ahead.pdf.

ALPS. *Alerian MLP ETF*. February 24, 2015. http://www.alpsfunds.com/AMLP (accessed February 24, 2015).

Baer, Justin, and Andrew Ackerman. "SEC Head: Raise the Bar for Advisers." *The Wall Street Journal* (March 18, 2015), C5.

Berkshire Hathaway Annual Report, letter by Warren Buffett.

Brandon, Denby E. Jr., and H. Oliver Welch, *The History of Financial Planning* (2009), 17.

Brinson, Gary P., L. Randolph Hood, and Gilbert Beebower, "Determinants of Portfolio Performance," *Financial Analysts Journal* (January-February 1995).

Burne, Katy, and Aaron Kuriloff. *Regulators Want Data on Bond-Trade Fees* (January 13, 2015). http://www.wsj.com/articles/regulators-want-data-on-bond-trade-fees-1421193311.

Buttonwood. *Money to Burn. The Economist* (May 4, 2013). http://www.economist.com/news/finance-and-economics/21577088-muddle-headed-world-american-public-pension-accounting-money-burn.

CalPERS. *CalPERS Eliminates Hedge Fund Program in Effort to Reduce Complexity and Costs in Investment Portfolio*. September 15, 2014. https://www.calpers.ca.gov/page/newsroom/calpers-news/2014/eliminate-hedge-fund.

CFP © Board website.

CNN Money. "ultimate guide to retirement." n.d. money.cnn.com/retirement/guide/Annuities/?iid=EL (accessed October 2014).

Cookson, Clive. *Bankers Have Tendency to Lie for Financial Gain, Say Scientists. Financial Times* (November 19, 2014). http://www.ft.com/intl/cms/s/0/21ef6916-6fd8-11e4-90af-00144feabdc0.html?ftcamp=published_links/rss/home_us/feed//product#axzz3OhvfOq5G.

Dalbar's 12th Annual Quantitative Analysis of Investor Behavior, 2006 Edition.

Damato, Karen, "A Three-Question Test of Financial Literacy," *The Wall Street Journal* (March 28, 2015), B9.

Enrich, David, and Jean Eaglesham. "Clubby London Trading Scene Fostered Libor Rate-Fixing Scandal." *Wall Street Journal* (May 2, 2013). http://www.wsj.com/articles/SB10001424127887323296504578396670651342096.

Farrell, Maureen. "For you ... anything. Barclays Libor Emails Paint Ugly Picture." CNN Money (July 4, 2012). http://buzz.money.cnn.com/2012/07/04/barclays-libor-email.

Ferré, Emily Claire. "The Many Uses of Silver." *Geology* (January 31, 2015). http://geology.com/articles/uses-of-silver.

FINRA. *Public Non-Traded REITs—Perform a Careful Review Before Investing*. August 15, 2012. http://www.finra.org/investors/protectyourself/investoralerts/reits/p124232 (accessed August 25, 2014).

FXCM. *Profitability Analysis*. January 9, 2015. http://docs.fxcorporate.com/profitability_analysis_en.pdf.

"Government Affairs Regulations Under Federal Securities Law 2013 Fact Book." *Insured Retirement Institute*. 2013. http://www.irionline.org/government-affairs/annuities-regulation-industry-information/regulations-under-federal-securities-law (accessed November 9, 2014).

Grable, John E., and Swarn Chatterjee. "Reducing Wealth Volatility: The Value of Financial Advice as Measured by Zeta," *Journal of Financial Planning* (August 2014), 45.

Jain, Sameer. The Case for Investing in Non-Traded REITs. WealthManagement.com (November 8, 2013). http://wealthmanagement.com/viewpoints/case-investing-non-traded-reits.

Kay, John. "Enduring Lessons from the Legend of Rothschild's Carrier Pigeon." *Financial Times* (May 28, 2013). http://www.ft.com/intl/cms/s/0/255b75e0-c77d-11e2-be27-00144feab7de.html#axzz3QPUCpdB4.

Kennon, Joshua. "The Refrigerator Problem." About.com (2015). http://beginnersinvest.about.com/od/retirementcenter/a/aa110606a.htm (accessed February 24, 2015).

Kelly, Bruce. "Thompson's Former Nontraded REIT Drops Nearly 30%." *InvestmentNews* (July 21, 2014). http://www.investmentnews.com/article/20140721/FREE/140729997/thompsons-former-nontraded-reit-drops-nearly-30.

Lack, Simon. "Why We're Betting on CDE Management by Buying the Gold Miners ETFs." *Seeking Alpha* (June 29, 2012). http://seekingalpha.com/article/692431-why-were-betting-on-cde-management-by-buying-the-gold-miners-etfs.

Lewis, Michael. *Flash Boys*. New York: W. W. Norton & Company, 2013.

Loomis Jr., Philip A., Remarks at 1975 Annual Conference, The Financial Analysts Federation. From the archives of the Securities Exchange Commission.

Magyar, Mark J. *Christie's $2.4 Billion Cut Triggers Battle over Future of NJ Pension System. NJ Spotlight* (May 21, 2014). http://www.njspotlight.com/stories/14/05/21/christie-s-2-4-billion-cut-triggers-battle-over-future-of-nj-pension-system/?p=all.

Marvin Feldman, CLU, ChFC, RFC, Maria Wood. "Slideshow: The History of Annuities," *LifeHealthPro* (May 8, 2012). http://www.lifehealthpro.com/2012/05/08/slideshow-the-history-of-annuities?page=2.

Mercado, Darla. "Investment News." *investment* news.com. 9 8, 2014. http://www.investmentnews.com/article/20140908/FREE/140909942 (accessed October 1, 2014).

Morningstar Advisor Workstation.

Murphy, Paul. "Death of an FX Punter." *Financial Times* (January 16, 2015). http://ftalphaville.ft.com/2015/01/16/2091772/death-of-an-fx-punter.

Navarro Bruno J., "Beware Financial Advisors, 'Dilbert' creator says by Bruno J. Navarro," ETCCNBC.com (August 8, 2014).

Pasi, David. "Savings Bond: Little-Known Good Deal." *adviceIQ*, 2012: 1.

Philippon, Thomas. *Finance vs. Wal-Mart: Why are Financial Services so Expensive* (2012). http://www.russellsage.org/sites/all/files/Rethinking-Finance/Philippon_v3.pdf.

S&P Dow Jones. *Unveiling the Hidden Cost of Retail Bond-Buying*. June 30, 2014. https://us.spindices.com/documents/commentary/muni-transaction-costs-june 2014.pdf?force_download=true.

Saft, James. "Non-traded REITs Are a Relationship Ender." Reuters (January 23, 2014). http://www.reuters.com/article/2014/01/23/us-saft-reits-idUSBREA 0L25720140123 (accessed August 25, 2014).

Salmon, Felix. "Why Investors Should Avoid Hedge Funds." Reuters.com (August 8, 2012). http://blogs.reuters.com/felix-salmon/2012/08/08/why-investors-should-avoid-hedge-funds.

Schoeff, Mark. *InvestmentNews, The Leading Information Source for Financial Advisors*. 10 24, 2014. http://www.investmentnews.com/article/20141024/FREE/141029947 (accessed November 09, 2014).

SEC.GOV, US Securities and Exchange Commission. *Annuities*. n.d. http://www.sec.gov/answers/annuity.htm (accessed November 11, 2014).

Seides, Ted. "Is CalPERS a Canary in the Coal Mine?" *Enterprising Investor* (November 18, 2014). http://blogs.cfainstitute.org/investor/2014/11/17/is-calpers-a-canary-in-the-coal-mine/.

Shareholders Square Table. *Shareholders Square Table*. April 20, 2015. http://www.shareholderssquaretable.com/ (accessed April 20, 2015).

Silver Institute. *World Silver Supply and Demand*. Accessed January 31, 2015. https://www.silverinstitute.org/site/supply-demand.

Sorkin, Andrew Ross. "Doubts Raised on Value of Investment Consultants to Pensions." *New York Times* (September 30, 2013). http://dealbook.nytimes.com/2013/09/30/doubts-raised-on-value-of-investment-consultants-to-pensions/?_r=0.

Timiraos, Nick. "WSJ/NBC Poll: Congress More Unpopular Than Wall Street." *Wall Street Journal* (August 6, 2014). http://blogs.wsj.com/washwire/2014/08/06/wsjnbc-poll-congress-more-unpopular-than-wall-street/ Trevedi, Anjani. "Swiss-Franc Move Crushes Currency Brokers." Wall Street Journal (January 16, 2015). http://www.wsj.com/articles/swiss-franc-move-cripples-currency-brokers-1421371654?mod=WSJ_hp_LEFTTopStories.

Trugman, Jonathon M. "How NYSE, Nasdaq profit off 'Flash Boys'." *New York Post* (April 6, 2014). http://nypost.com/2014/04/06/how-nyse-nasdaq-profit-off-flash-boys.

Whelan, Robbie. "Nontraded REITs Are Hot, But Have Plenty of Critics." *Wall Street Journal* (June 15, 2014). http://online.wsj.com/articles/nontraded-reits-offer-high-returns-but-critics-cite-fees-and-illiquidity-1402670753.